Michael Scholten

QUENTIN TARANTINO UNCHAINED

Michael Scholten

QUENTIN TARANTINO UNCHAINED

Die blutige Wahrheit

Bibliografische Information der Deutschen Nationalbibliothek:
Die Deutsche Nationalbibliothek verzeichnet diese Publikation in der Deutschen Nationalbibliografie; detaillierte bibliografische Daten sind im Internet über http://d-nb.de abrufbar.

Für Fragen und Anregungen:
info@rivaverlag.de

1. Auflage 2016

© 2016 by riva Verlag, ein Imprint der Münchner Verlagsgruppe GmbH,
Nymphenburger Straße 86
D-80636 München
Tel.: 089 651285-0
Fax: 089 652096

Alle Rechte, insbesondere das Recht der Vervielfältigung und Verbreitung sowie der Übersetzung, vorbehalten. Kein Teil des Werkes darf in irgendeiner Form (durch Fotokopie, Mikrofilm oder ein anderes Verfahren) ohne schriftliche Genehmigung des Verlages reproduziert oder unter Verwendung elektronischer Systeme gespeichert, verarbeitet, vervielfältigt oder verbreitet werden.

Redaktion: Birgit Walter, München
Umschlaggestaltung: Pamela Machleidt, München
Umschlagabbildung: imago
Satz: Daniel Förster, Belgern
Druck: GGP Media GmbH, Pößneck
Printed in Germany

ISBN Print: 978-3-86883-698-1
ISBN E-Book (PDF): 978-3-86413-947-5
ISBN E-Book (EPUB, Mobi) 978-3-86413-948-2

Weitere Informationen zum Verlag finden Sie unter

www.rivaverlag.de

INHALT

Kapitel 1
Abbott and Costello Meet Frankenstein 7

Kapitel 2
Foxy Brown 13

Kapitel 3
My Best Friend's Birthday........................ 21

Kapitel 4
True Romance 25

Kapitel 5
Reservoir Dogs 34

Kapitel 6
Pulp Fiction 53

Kapitel 7
Natural Born Killers 78

Kapitel 8
Four Rooms und From Dusk Till Dawn 81

Kapitel 9
Jackie Brown................................. 91

Kapitel 10
Kill Bill 109

Kapitel 11
CSI: Las Vegas 131

Kapitel 12
Grindhouse. 134

Kapitel 13
Inglourious Basterds 144

Kapitel 14
Django Unchained 177

Kapitel 15
The Hateful Eight 193

Kapitel 16
Kill Bill – Volume 3? 202

Quellen. 209

Filmografie 221

KAPITEL 1

ABBOTT AND COSTELLO MEET FRANKENSTEIN

Es geschah 1995, nur ein Jahr nachdem Quentin Tarantino mit *Pulp Fiction* das westliche Kino revolutioniert hatte. Hollywoods neues Wunderkind saß in einem Coffeeshop am Santa Monica Boulevard. Er kam oft hierher, um zu frühstücken. Auch alte Schauspieler, deren letzte Erfolge viele Jahre zurücklagen, schätzten das Lokal. Sie unterhielten sich am Tresen und an den Tischen über ruhmreichere Zeiten. Tarantinos Blick war auf seinen Teller gerichtet, als sich ihm ein Mann näherte. Der Mann war elegant gekleidet, Mitte 50 und lief direkt auf Tarantinos Tisch zu. »Darf ich mich setzen?«, fragte er. Tarantino sagte »Nein«. Er schaute nur kurz auf, vermied jeden Augenkontakt und bewegte seine rechte Hand, als wolle er eine lästige Fliege verscheuchen.

Wortlos verließ der Mann den Coffeeshop. Es war Tony Tarantino, Quentin Tarantinos Vater, den er seit 1965 nicht mehr gesehen hatte. Damals war Quentin zwei Jahre alt, seine Mutter Connie war 18. »Ich wusste immer, dass mir dieser Kerl irgendwann über den Weg laufen würde«, erzählte Quentin Tarantino einige Jahre später dem Radiomoderator Howard

Stern, »doch außer ›Danke für das Sperma‹ hätte ich ihm nichts sagen können. Er bedeutete mir nichts. Ich wusste 30 Jahre lang nicht einmal, ob er überhaupt noch lebte.«[1]

Der Zeitpunkt, zu dem Tony Tarantino die Nähe seines Sohnes suchte, war denkbar schlecht gewählt. Als gefeierter Regisseur von *Reservoir Dogs* und *Pulp Fiction* war Quentin Tarantino zum Rockstar der Kinowelt aufgestiegen. Es wäre ihm ein Leichtes gewesen, der gescheiterten Schauspielkarriere seines glücklosen Vaters Schwung zu verleihen. Er hätte ihm lediglich eine Rolle in einem seiner nächsten Filme geben müssen. Doch warum hätte er das tun sollen? Wo war Tony Tarantino in den letzten 30 Jahren gewesen, als sein Sohn in der Schule scheiterte, für wenig Geld erst in einem Pornokino, dann in einer Videothek jobbte und keines seiner Drehbücher verkaufen konnte?

Doch Tony Tarantino wusste die neue Prominenz seines Sohnes auch ohne dessen Hilfe auszubeuten. Er ließ sich vom Magazin *Premiere* interviewen und im schwarzen Anzug fotografieren, während er im coolen Stil von *Reservoir Dogs* eine Pistole in die Kamera hielt. Diese Boulevardgeschichte ist der Grund, warum Quentin Tarantino den *Premiere*-Redakteuren bis heute kein Interview gibt. Allzu gern wurde Tony Tarantino auch Mitglied der »Silver Foxes«. Das von dem Produzenten David Krieff gegründete Unternehmen vereint die Eltern mehrerer Hollywood-Größen, darunter Al Pacinos Vater Sal Pacino, Patrick Swayzes Mutter Patsy Swayze, Cindy Crawfords Mutter Jenny Crawford und eben Tony Tarantino, vor der Kamera, um Fitnessanleitungen für die ältere Generation und Trashfilme zur Unterhaltung unters Volk zu bringen. Dank der fett gedruckten Familiennamen Pacino und Tarantino auf den Hüllen verkaufen sich die Direct-to-Video-Filmchen recht ordentlich. Quentin Tarantino, der in seinem Leben fast jeden Film gesehen hat, boykottiert die »Silver Foxes«-Werke seines Vaters konsequent: »Ich will ihn nicht sehen, ich will ihn nicht hören.«[2]

Das Aussehen hat Quentin Tarantino von seiner Mutter Connie geerbt, die Liebe zum Film dürfte ihm sein leiblicher Vater in die Wiege gelegt haben. Tony Tarantino, geboren 1940 im New Yorker Stadtteil Queens und aufgewachsen in Brooklyn, kam als Zwölfjähriger mit seinen italienischstämmigen Eltern Elizabeth und Dominic James Tarantino nach Los Angeles. 1960 begann er am Pasadena Playhouse ein Schauspielstudium. Schon sein Vater Dominic hatte in den frühen 1930er-Jahren kleine Rollen in Western gespielt. Parallel zum Schauspielstudium tingelte Tony Tarantino als Gitarrist und Sänger durch die Nachtklubs von Los Angeles und South Bay. Er machte einen Pilotenschein, war ein versierter Schütze mit Pfeil und Bogen, Handfeuerwaffen und Gewehren und erwarb einen schwarzen Gürtel in Kung-Fu und Karate. Dass der 21 Jahre alte Draufgänger im Sommer 1962 die 15 Jahre junge Schwesternschülerin Connie McHugh schwängerte, hatte nichts mit bewusster Familienplanung zu tun, sondern war ungewollte Folge des Vergnügens. Connie, deren Stammbaum irische Einwanderer und Cherokee-Indianer aufweist, kam aus schwierigen Verhältnissen. Geboren am 3. September 1946 in Tennessee, wuchs sie bei ihren Adoptiveltern Elizabeth und Ellis Shaffer in Ohio auf.

Am 27. März 1963 kam Quentin Jerome Tarantino in Knoxville, Tennessee, zur Welt. Seine Mutter Connie liebte nicht nur Elvis Presley, sondern auch die Cowboys aus der Fernsehserie *Gunsmoke* (*Rauchende Colts*), vor allem den jungen Quint Asper, der von Burt Reynolds gespielt wurde. Sie gab ihrem Sohn einen Namen, der wie Quint klingen sollte: Quentin. »Ich wollte, dass der Junge einen Namen hat, der groß genug ist, um eine ganze Leinwand zu füllen«, sagt Connie Tarantino.[3]

Zwei Jahre nach der Geburt des Sohnes reichte Tony Tarantino die Scheidung ein. Die kleine Familie zerbrach. Connie Tarantino zog mit Quentin nach Torrance, ein auf dem Reißbrett entworfenes, von trostlosen Ölraffinerien und Bohrtürmen umgebenes Industrie- und Wohngebiet im Südwesten von Los Angeles. Die alleinerziehende Mutter heiratete Curtis Zastoupil, einen Musiker mit tschechischen Wurzeln. Er wurde in den folgenden acht Jahren, in denen die Ehe hielt, für Quentin zur Vaterfigur. Die Familie hatte nicht viel Geld. Zu den wenigen Freizeitaktivitäten, die sie sich leisten konnte, gehörten Kinobesuche. Quentin kam mit, weil erstens kein Babysitter zur Verfügung stand und sich zweitens kein Kinobetreiber ernsthaft darüber Gedanken machte, inwiefern Sex und Gewalt auf der Leinwand die Entwicklung eines Kindes nachhaltig beeinflussen könnten.

Die großen bunten Bilder brannten sich in die Erinnerung des Jungen ein, auch die riesigen Filmplakate und die in Großbuchstaben geschriebenen Namen der Schauspieler zogen ihn magisch an. Wenn er mit seinem Stiefvater ins Kino ging, sagte Curtis Zastoupil Sätze wie »Siehst du diesen Typen? Der hat in der Originalversion von *Swiss Family Robinson (Die Insel der Verlorenen)* mitgespielt. Nicht in der Disney-Version, die wir kürzlich gesehen haben, sondern im Original von 1940. Da war er der Vater.«[4] Quentin dachte, dass jeder Erwachsene ein Filmexperte sei. Deshalb wollte auch er alle Details wissen. Er verinnerlichte alles, was er durch Kinobesuche, Fernsehen und Zeitschriften über Filme erfahren konnte. »In der Schule war ich total schlecht, ich konnte kaum richtig schreiben, konnte mir nichts merken. Aber ich wusste genau, wer in welchem Film mitspielte, wer Regie führte und wie die Handlung aufgebaut war«[5], erzählt Tarantino. Sport, Skateboards, Surfen und all die anderen Dinge, die kalifornische Jungs in seinem Alter interessierten, ließen ihn kalt. Sein Tunnelblick war auf Filme und Fernsehserien gerichtet. Die Szene in *Pulp Fiction*, in der Butch als kleiner Junge ganz allein vor einem klobigen Fernseher sitzt, schrieb Quentin autobiografisch. Er sah *Bonanza*, *Bugs Bunny*, *The Muppet Show*, *Speed Racer*, *Kung Fu* und *The Three Stooges*, aber auch Universal-Horrorklassiker wie *Frankenstein* und *Dracula* sowie die deutschen Edgar-Wallace-Filme *Der Bucklige von Soho* und *Die toten Augen von London*, die nachmittags von den lokalen Fernsehsendern in Los Angeles ausgestrahlt wurden. Am prägendsten erwies sich jedoch die 1948 gedrehte Horrorkomödie *Abbott and Costello Meet Frankenstein (Abbott und Costello treffen Frankenstein)*: »Mir gefiel, dass zwei völlig verschiedene Genres miteinander verbunden wurden. Die Szenen mit Bud Abbott und Lou Costello waren lustig, aber sobald das Monster auftrat, bekam ich es mit der Angst zu tun. Dracula will Costello das Gehirn herausoperieren und es Frankensteins Monster einsetzen lassen. Und dann wirft das Monster die Krankenschwester aus dem Fenster. Sie ist wirklich tot!«[6]

Mit fünf Jahren wollte Quentin Tarantino Schauspieler werden. Wenn er in seiner Fantasie bildstarke Szenarien entwickelte, sah er sich selbst als Filmstar. »Ich weiß noch, dass meine Mutter anderen erzählte: ›Wenn Quentin groß ist, wird er Regisseur.‹ Ich wusste aber nicht genau, was ein Regisseur macht. Mit fünf Jahren sieht man nur die Schauspieler auf der Leinwand und will so sein wie sie.«[7] Als er in die Schule kam und mühsam Schreiben lernte, verfasste er zum Muttertag eine Kurzgeschichte, die sehr dramatisch mit Connie Tarantinos Tod endete. Der Sohn entschuldigte sich wortreich: »Du bleibst für mich die beste Mama der Welt, aber so, wie die Geschichte verläuft, musstest du am Ende einfach sterben.«[8] Stets war die erdachte Handlung für ihn wichtiger als das wahre Leben. Als seine Mutter ihm verbieten wollte, beim Spielen mit *G.I. Joe*-Actionfiguren zu fluchen, entgegnete er: »Das bin ich nicht. Die Figuren sagen solche Sachen.«[9] Er wollte so cool sein wie Charles Bronson und die anderen harten Männer, die er aus Filmen kannte, die an Erwachsene gerichtet waren. Als er elf Jahre alt war, sah Quentin eine Doppelvorführung von *Deliverance* (*Beim Sterben ist jeder der Erste*, 1972) und Sam Peckinpahs Spätwestern *The Wild Bunch* (*The Wild Bunch – Sie kannten kein Gesetz*, 1969).

Kurz zuvor hatte Curtis Zastoupil die Familie verlassen. Connie Tarantino durchlebte im Alter von 26 Jahren ihre zweite Scheidung. Der zehn Jahre alte Quentin wurde vorübergehend zu seinen Großeltern Elizabeth und Ellis Shaffer nach Tennessee geschickt. Die Tatsache, dass es in dem kleinen Ort, in dem die beiden lebten, kein Kino gab, ließ für Quentin den Aufenthalt zu einer Art Strafe werden. Gelegentlich fuhren die Großeltern mit ihm ins Autokino, aber dort wurden nicht die Kung-Fu-Filme gezeigt, die in den frühen 1970er-Jahren die Leinwände eroberten. »Die ganze Welt feierte die Kung-Fu-Party, nur ich durfte nicht dabei sein«[10], blickt Tarantino zurück. Er musste sich mit den Werbespots im Fernsehen begnügen und war fasziniert von den krachenden Toneffekten, den fliegenden Menschen und den aufregenden Schwertkämpfen. »Ich war auch ein großer Comicfan, aber hier schien das Kino die Comics zu überflügeln«, sagt Tarantino. »Doch meine Großeltern waren weiße Unterschicht. Sie gingen nicht ins Kino oder in ein Restaurant, weil ihnen das zu fein erschien.«[11] Ersatzweise suchte Quentin einmal pro Woche die Schulbücherei auf und studierte in den Zeitungen die reißerisch gemachten Kino-Annoncen für Kung-Fu-Filme. Es sollte noch Jahre dauern, bis er die von den Shaw Brothers geschaffenen Meilensteine des Martial-Arts-Genres, darunter *Shào Lín san shí liù fáng* (*Die 36 Kammern der Shaolin*, 1978) und die Filme mit Bruce Lee zu sehen bekam.

KAPITEL 2
FOXY BROWN

Quentin kehrte zu seiner Mutter zurück, deren Männerbekanntschaften zu jener Zeit häufig wechselten. Die meisten Partner seiner Mutter waren schwarz. Quentin fand das cool, zumal die große Mehrheit seiner Nachbarn und Mitschüler ebenfalls schwarz war. In Quentins Teenagerjahren erreichte die Welle der Blaxploitation-Filme ihren Höhepunkt. Die Bezeichnung »Blaxploitation« war eine beliebte Verschmelzung der Wörter »black« (schwarz) und »Exploitation« (Ausbeutung), weil das Genre ein schwarzes Publikum anlocken und ihnen das Geld für den Kauf vieler Kinotickets aus den Taschen ziehen sollte.

Farbige Schauspieler mussten sich nicht länger mit Nebenrollen als Sklaven, Diener oder Kleinkriminelle zufriedengeben. Sie wurden zu coolen Cops und Helden, die unter korrupten weißen Beamten, Zuhältern und rassistischen Großstadtgangstern aufräumten. Die Filme waren actionreich und schickten überzeichnete Figuren durch eine schlichte Handlung von Gut gegen Böse. Die Blaxploitation-Filme waren auf den Geschmack des schwarzen Publikums zugeschnitten. In Zeiten, in denen Rassengesetze ausgehebelt wurden und die Black Panther Party auf politischer Ebene gegen die Unterdrückung von Afroamerikanern kämpfte, schmeichelten die Filme dem schwarzen Selbstbewusstsein.

Quentin Tarantino lernte die Blaxploitation-Welt auf Umwegen kennen. 1971 belauschte er ein Gespräch zwischen seiner Mutter und seinem Stiefvater Curtis, nachdem die beiden im Kino den Thriller *Sweet Sweetback's Baadasssss Song (Sweet Sweetbacks Lied)* gesehen hatten. Der mit einem Budget von nur 150.000 Dollar gedrehte Independent-Film, in dem Regisseur und Autor Melvin Van Peebles auch die Hauptrolle spielt, erzählt die Geschichte des Strichers Sweetback, der sich gegen brutale Polizisten und die Hells Angels durchsetzen muss. 1971 kam auch der wegweisende Kultkrimi *Shaft* des Regisseurs Gordon Park in die Kinos. Quentin war acht Jahre alt und sah die *Tonight Show*, in der der Moderator Johnny Carson den Hauptdarsteller Richard Roundtree zu Gast hatte. Aufgrund der von Roundtree verkörperten Figur eines New Yorker Privatdetektivs, der überwiegend in dem von Afroamerikanern geprägten Viertel Harlem ermittelt, galt *Shaft* als schwarze Antwort auf die James-Bond-Filme. MGM hatte mit geschätzten 1,25 Millionen Dollar ein stolzes Budget zur Verfügung gestellt und freute sich über das zehnfache Einspielergebnis sowie über zwei Oscars für die beste Filmmusik und den besten Song. »Ich war wütend, dass ich den Film nicht sehen durfte«[12], erinnert sich Quentin Tarantino, der sich zu jener Zeit mit Filmausschnitten begnügen musste. Das änderte sich, als sein Stiefvater Curtis 1973 das Haus verließ und neue Männer einzogen. Eine Zeit lang war Connie Tarantino mit einem schwarzen Footballspieler zusammen, der sie und den jungen Quentin an den Broadway in Downtown Los Angeles ausführte. Dort schlug das Herz der Blaxploitation-Bewegung. Namen wie Bernie Casey und Max Julien prangten in großen schwarzen Lettern an den beleuchteten Fassaden der heruntergekommenen Kinopaläste. »Welchen Film willst du sehen?«, fragte Quentins nächster potenzieller Stiefvater, während er seinen Wagen über den Broadway lenkte. Quentin hatte im Fernsehen Werbespots für den Actionthriller *Black Gunn* (*Visum für die Hölle*, 1972) gesehen, in dem Jim Brown einen integeren Nachtklubbesitzer mimt, der gegen die Mafia kämpft, die seinem kriminellen Bruder auf den Fersen ist. Der Drittklässler Quentin Tarantino saß auf dem Balkon des Kinos, als *Black Gunn* im Doppelpack mit *The Bus is Coming* gezeigt wurde, in dem ein schwarzer Vietnam-Heimkehrer seinen von rassistischen Cops getöteten Bruder rächt. Er prägte sich jeden Dialog und jede Kameraeinstellung ein.

Connie zog mit Quentin in eines der größten Schwarzenviertel von South Bay.[13] Auch hier reihten sich Blaxploitation-Kinos wie Perlen einer Kette aneinander. Quentin verbrachte jedes Wochenende dort. Er fieberte mit den Filmhelden mit und verliebte sich in schwarze Schauspielerinnen, die einen wilden Afrolook trugen und kurvenreiche Körper hatten. Ein Poster von Pam Grier, die in *Coffy (Coffy – Die Raubkatze)* (1973) und *Foxy Bown* (1974) die Hauptrollen spielte, hing über Quentins Kinderbett.

In der Schule war er ein Versager. Wann immer möglich, schwänzte er den Unterricht und verbrachte die Zeit lieber in Kinos und Comicläden. Je mehr Fehltage er hatte, desto größer war die Versuchung, gar nicht mehr hinzugehen, um dem Ärger mit den Lehrern und seiner Mutter auszuweichen. »Ich hasste die Schule, sie war wie ein Gefängnis«[14], erklärt Tarantino. Zwar hatte er Probleme mit der Rechtschreibung, dennoch las er gern Bücher und schrieb eigene Geschichten. Seine Lektüre waren Taschenbücher, Kinoliteratur und die Werke seiner Lieblingsautoren J. D. Salinger, Larry McMurtry und vor allem Elmore

Leonard. Als er 13 Jahre alt war, stahl Quentin in der Buchabteilung einer Filiale der Kaufhauskette Kmart den Leonard-Roman *The Switch* (*Wer hat nun wen aufs Kreuz gelegt?*). Er wurde erwischt, die Polizei brachte ihn zu seiner Mutter, er bekam gewaltigen Ärger, Hausarrest und Fernsehverbot. Um die bevorstehende fernsehfreie Zeit zu überbrücken, ging er zur Kmart-Filiale zurück und stahl den Roman ein zweites Mal. Diesmal erwischte ihn keiner.[15]

»Ich habe fast mein ganzes Autorenhandwerk von Elmore Leonard gelernt«, sagt Quentin Tarantino. »In seinen Büchern fand ich zum ersten Mal Charaktere, die sich über Filme unterhielten.«[16] Tarantino fragte sich, warum es nicht auch in Filmen Figuren gab, die sich über Alltagsthemen unterhielten. Zudem beeindruckte ihn Leonards nonlinearer Erzählstil. Der Schriftsteller ließ das erste Kapitel eines Romans oft mitten in der Geschichte spielen und erzählte die vorangegangenen Ereignisse in Rückblenden.

Als er in der siebten Klasse war, begann Tarantino, Drehbücher zu schreiben. Alle blieben unvollendet. »Ich machte damals den gleichen Fehler wie viele andere Drehbuchautoren«, gesteht er. »Ich schrieb coole Szenen, aber kümmerte mich nicht so sehr um die Geschichte. Nach dem guten Einstieg war es richtig harte Arbeit, den Film zu Ende zu schreiben. Deshalb habe ich immer nach knapp 30 Seiten aufgehört und mit einem neuen Drehbuch begonnen, das mir besser erschien.«[17] Inspirationen sammelte er in den Grindhouses genannten Kinos seines Wohnviertels. Das waren schäbige kleine Filmtheater, die in Doppel- oder Dreifachvorstellungen billige Horror-, Zombie-, Surfer-, Softsex- und Kung-Fu-Streifen zeigten. Auch bekanntere Produktionen, deren Filmspulen vorher monatelang durch die Projektionsräume vieler Kleinstadtkinos gewandert waren, erlebten hier eine letzte Vorführung, bevor sie auf Super 8 vermarktet wurden. Das Angebot war international: Martial-Arts-Klassiker aus Hongkong, japanische Samurai-Epen, Spaghettiwestern von Sergio Leone. Der deutsche Edgar-Wallace Film *Die blaue Hand* lief unter dem englischen Titel *Creature with the Blue Hand* im Doppelpack mit Eddie Romeros *Beast Of The Yellow Night*. Über die Leinwand flimmerten auch Auswüchse der Filmindustrie wie *Ilsa, She Wolf of the SS* oder Russ Meyers *Faster, Pussycat! Kill! Kill!* (*Die Satansweiber von Tittfield*) mit Tura Satana. Die mit üppiger Oberweite ausgestattete Schauspielerin, halb Japanerin, halb Cheyenne, brachte den pubertierenden Quentin beinahe um den Verstand.

Die als Schundfilme verschrienen Produktionen, die in Zeitungen und Magazinen mit sensationsheischenden Slogans und Illustrationen beworben wurden, zogen Quentin Tarantino magisch an. Seine Mutter mied solche Filme und verbot auch ihrem Sohn, diese anzusehen. Doch Quentin kletterte heimlich über den Zaun und stahl sich in die Vorführsäle. Als er alt genug war, um die Grindhouses legal zu besuchen, suchte er sich bald einen neuen Kick. Den größten Nervenkitzel boten die »All-Night-Movie-Theaters«, in denen rund um die Uhr Filme gezeigt wurden und in denen der Bodensatz der Gesellschaft anzutreffen war. »Dort drückten sich jede Menge Penner, Gangster, Zuhälter und Huren herum«, erinnert sich Tarantino. »Der Vorführraum war geschwängert mit Zigarettenrauch, es roch nach Whiskey und Sperma. Oder es versteckten sich Verbrecher auf der Flucht vor der Polizei in diesen Kinos. Ich habe mehr als einmal Handschellen klicken gehört. Es lag immer eine ungeheure Anspannung in der Luft. Und wenn man das dann überlebt hatte, war man absolut cool. Ich hätte auch vormittags gehen können, da wäre es viel sicherer gewesen. Aber für mich musste es der Samstag kurz vor Mitternacht sein. Ich hätte draufgehen können. Aber das war der Beweis meiner Filmleidenschaft.«[18]

In der neunten Klasse brach Quentin Tarantino die Middle School ab, ohne einen Schulabschluss vorweisen zu können. Heute bereut er diesen Schritt: »Zwar kann man mit dem, was ich getan habe, kräftig angeben, aber eigentlich glaube ich, dass es Spaß gemacht hätte, aufs College zu gehen. Damals dachte ich allerdings, Schule wäre immer so schlimm wie in der neunten Klasse.«[19] Er war 16 Jahre alt, log den Betreibern der Pornokinokette Pussycat Theaters aber vor, er wäre schon 18. Er arbeitete als Platzanweiser und fühlte sich völlig fehl am Platz: »Ich war jeden Tag in einem Kino, das nur Filme zeigte, die mich nicht interessierten. Ich fand Pornos schon immer ekelhaft.«[20] Als in den frühen 1980er-Jahren der Siegeszug von Videorekordern und VHS-Kassetten begann, brachen die Besucherzahlen ein. Die Kunden konsumierten die Pornos lieber zu Hause auf Video.

Den kargen Stundenlohn aus dem Pussycat Theater investierte Quentin Tarantino in privaten Schauspielunterricht. Drei Jahre lang belegte er Kurse bei James Best, der den Sheriff Rosco P. Coltrane in der Fernsehserie *The Dukes of Hazzard (Ein Duke kommt selten allein)* spielte. Es folgten weitere drei Jahre Unterricht bei dem Schauspieler Allen Garfield, der vor allem durch seine Rollen in *The State of Things (Der Stand der Dinge*, 1982) und *Beverly Hills Cop II* (1987) bekannt werden sollte. Schnell merkte Tarantino, dass es seinen Mitschülern in erster Linie darum ging, berühmt zu werden und an der Seite von Filmstars wie Robert De Niro und Al Pacino zu drehen. Er selbst hatte andere Ziele: »Meine Helden waren die großen Regisseure. Ich wollte nur noch Schauspieler werden, um mit Francis Ford Coppola, Brian De Palma und Martin Scorsese zu arbeiten. Ich hätte auch Italienisch gelernt, um mit Dario Argento zu arbeiten, oder Japanisch für einen gemeinsamen Film mit Akira Kurosawa.«[21] Der Schauspielunterricht langweilte Quentin Tarantino. Er wollte nicht das Seelenleben der Figuren ausloten und realitätsferne Dialoge herunterbeten, sondern bizarre und actionreiche Szenen seiner Lieblingsfilme interpretieren. Die Besuche in den Grindhouses waren weiterhin sein liebster Lebensinhalt. Im Alter zwischen 17 und 21 Jahren sah er jährlich mindestens 200 Filme und führte sorgfältig Buch darüber. Dazu kamen ungezählte Stunden vor dem Fernseher, weil die vielen Sender von Los Angeles rund um die Uhr Klassiker und Serien ausstrahlten. Für Kinotickets und Schauspielunterricht gab er Monat für Monat mehr Geld aus als für Essen und Trinken. Er überraschte seine Lehrer mit nachgespielten Szenen aus Jackie-Chan-Filmen oder aus *Flash Gordon*, obwohl er nie Fan von Science-Fiction-Filmen war. Dabei übernahm er den Part von Timothy Dalton und mimte Flash Gordons Freund Prinz Barin.

Zu dieser Zeit hatte er weder einen Videorekorder noch Zugriff auf Drehbücher. Wenn er schrieb, ergänzte er Szenen aus der Erinnerung um eigene Ideen. So lernte er, Dialoge zu verfassen. Ein anderer Schauspielschüler wies ihn auf sein Talent hin. »Als ich 19 oder 20 war, schrieb ich eine Szene, die mir in Delbert Manns *Marty* gefallen hatte, und packte noch einen komplett eigenen Monolog dazu«, erinnert sich Quentin Tarantino. »Dann gab ich die Texte meinem Schauspielpartner, der nach dem Lesen meinte: ›Der Monolog kommt zwar in *Marty* gar nicht vor, aber er ist genauso gut wie das Zeug, das Paddy Chayefsky geschrieben hat.‹ Das war für mich die erste Bestätigung, dass ich die Schreiberei ernst nehmen sollte.«[22] In dieser Zeit reifte auch der Wunsch, eigene Filme zu drehen. Der

Gedanke, die Worte »Ein Film von Quentin Tarantino« auf der Leinwand zu sehen, war verlockend. Auf ein bestimmtes Genre wollte er sich nicht festlegen, er wollte so vielseitig sein wie eines seiner großen Vorbilder: Howard Hawks, den er im Alter von 17 Jahren für sich entdeckt hatte. »Ich habe schon als Kind *Rio Bravo* [1959] gesehen, auch wenn ich damals natürlich nicht wusste, wer der Regisseur war. Ich sah den Film noch einmal in einem Programmkino und ich liebte ihn. Ich dachte, das sei der beste Film der Welt. Kurz darauf war ich auf einem Film-Marathon, bei dem von früh bis spät nur Komödien liefen. Einer der Filme war Hawks' *His Girl Friday* [*Sein Mädchen für besondere Fälle,* 1940]. Und wieder dachte ich: Das ist der witzigste Film, den ich je gesehen habe. Ein paar Wochen später lief im Fernsehen *Barbary Coast* [*San Francisco im Goldfieber,* 1935]. Er hatte den gleichen Stil wie die anderen beiden Filme. Da wusste ich: Oh mein Gott, ich muss alles sehen, was dieser Mann gedreht hat. Ich habe mir seine Filme aus Enzyklopädien zusammengesucht und jede Woche im ›TV Guide‹ danach gesehen. Damals wollte ich, dass in 20 oder 30 Jahren ein Jugendlicher zufällig einen meiner Filme sieht und sich denkt: ›Das ist gut. Wer ist dieser Typ?‹«[23] Doch die Bastion Hollywood wartete nicht darauf, von einem Schulabbrecher und Schauspielschüler erobert zu werden. Quentin Tarantino gab die Arbeit im Pornokino auf und hangelte sich von einem Gelegenheitsjob zum nächsten. Eine Zeit lang war er sogar Headhunter in der Luftfahrtindustrie, obwohl er nicht die geringste Ahnung von Flugzeugen hatte und auch noch nie geflogen war. Die Branche interessierte ihn nicht, brachte neben Langeweile aber auch Geld ein, von dem er sich einen Videorekorder kaufen konnte.

KAPITEL 3
MY BEST FRIEND'S BIRTHDAY

In der Kleinstadt Manhattan Beach, die an den Pazifik grenzt und im Einzugsbereich der South Bay von Los Angeles liegt, existierte seit den frühen 1980er-Jahren die Videothek Video Archives am 1822 Sepulveda Boulevard. Quentin Tarantino wurde Stammkunde, weil er die große Abteilung mit Klassikern und internationalen Produktionen, die nach Ländern sortiert waren, schätzte. Den Mitarbeitern entging nicht, dass fast täglich ein wandelndes Filmlexikon den Laden betrat, und es war nur eine Frage der Zeit, bis sie dem verarmten Schauspielschüler eine Stelle anboten. Der Mindestlohnjob wurde nur mit vier Dollar pro Stunde bezahlt, aber für Quentin Tarantino war der kostenlose Zugriff auf alle Filme der Videothek ein Geschenk des Himmels.

Den ganzen Tag über sprach er den Kunden Empfehlungen aus, berechnete einen Dollar Strafgebühr für nicht zurückgespulte VHS-Kassetten und schaute ansonsten jede Menge Filme. Auf dem Großbildschirm, der prominent in der Videothek stand, liefen nicht die aktuellen Blockbuster, sondern alles, was Quentin Tarantino mochte: Roger Cormans Horrorfilme, Tobe Hoopers *The Texas Chain Saw Massacre (Blutgericht in Texas*, 1974),

George A. Romeros *Dawn of the Dead* (*Zombie*, 1978), Sergio Leones bildgewaltige Spaghettiwestern, französisches Edelkino von Eric Rohmer und Jean-Luc Godard, die japanische *Streetfighter*-Trilogie mit Sonny Chiba und die deutschen *Winnetou*-Filme mit Pierre Brice. Tarantino unterschied nicht zwischen Hochkultur und Trash. »Ich mag jede Art von Film«, betont er und konstatiert unter Bezugnahme auf den Regisseur Joe Dante: »Er hat einmal gesagt, es gebe zwei Arten von Filmfans: Leute, die Filme lieben, und Leute, die nur Filme lieben, die sie lieben. Ich gehöre zur ersten Gruppe. Ich liebe Filme.«[24]

Quentin Tarantino wurde zum Star unter den Video-Archives-Angestellten, zu denen auch sein späterer *Pulp Fiction*-Koautor Roger Avary gehörte. Kunden kamen in den Laden und fragten ihn: »Welchen Film will ich heute sehen, Quentin?« Tarantino formulierte verlässliche Kurzkritiken und organisierte jede Woche in der Videothek ein kleines Filmfestival zu einem bestimmten Genre. Ab und zu ging er mit einer Kundin aus, doch außer einem gemeinsamen Abendessen und dem ein oder anderen Kuss lief nichts. Der Minimallohn des redseligen Film-Nerds schreckte das andere Geschlecht ab. So verbrachte Quentin Tarantino den größten Teil seiner Zeit vor dem Fernseher und mit gleichaltrigen Kumpels, die ebenfalls kein Geld und keine Frauen hatten. Die Collegeerfahrung des Anbandelns mit dem anderen Geschlecht und der gemeinsam mit Freunden bei Chips und Bier verbrachten Abende holte Tarantino, der sich durch seinen Schulabbruch um diese Option gebracht hatte, in den fünf Jahren nach, in denen er bei Video Archives arbeitete.

Er wollte jedoch nicht nur untätig auf dem Sofa sitzen, sondern die Filmfestivals im Sturm erobern. Parallel zu seinen Anfangsjahren bei Video Archives drehte er den Schwarz-Weiß-

Film *My Best Friend's Birthday*. Er arbeitete dreieinhalb Jahre daran, weil er das Budget von 5000 Dollar nicht auf einmal aufbringen konnte, sondern das Projekt immer dann fortsetzte, wenn er ein paar Dollar übrig hatte. Die 16-Millimeter-Kamera lieh er stets an Freitagen aus, damit er sie ohne zusätzliche Gebühr für den Sonntag über die Wochenenden nutzen konnte. Erst montagmorgens brachte er sie, völlig übermüdet von den schlaflosen Drehtagen, zurück. Roger Avary war einer der Kameramänner, Quentin Tarantino führte Regie nach eigenem Drehbuch und einer Idee von Craig Hamann, der ebenfalls bei Video Archives arbeitete. Craig Hamann spielt in dem Film Mickey Burnett, der gerade von seiner Freundin verlassen wurde. Mickeys Kumpel Clarence (Quentin Tarantino) beschließt, ihm gegen die Trübsal einen unvergesslichen Geburtstag zu bereiten. In Nebenrollen erscheinen Quentin Tarantinos Schauspiellehrer Allen Garfield und Rich Turner, der später kleine Parts in Tarantinos *Reservoir Dogs* und *Pulp Fiction*, in Roger Avarys *Killing Zoe* und in Craig Hamanns *Boogie Boy* (*Hard Proof*, 1998) erhielt. Linda Kaye, die in *My Best Friend's Birthday* Mickeys Exfreundin spielt, wurde später Stuntfrau und ließ sich für eine Szene in *Reservoir Dogs* von einem Auto anfahren.

My Best Friend's Birthday blieb unvollendet. Nach einem von Quentin Tarantino gestreuten Gerücht sind die letzten beiden Akte bei einem Laborbrand zerstört worden. Dagegen behauptet Roger Avary, Tarantino habe 1987 einfach keine Lust und kein Geld mehr gehabt, um den Film zu beenden. Wohl aber sei der schwarz-weiße Kurzfilm *Love Birds in Bondage* Opfer von Flammen geworden. In der unvollendeten Komödie von 1983, dem Vorläuferprojekt zu *My Best Friend's Birthday* (1987), spielten Quentin Tarantino und sein befreundeter Video-Archives-Kollege Scott McGill die Hauptrollen und führten gemeinsam

Regie. Tarantino, der in dem Film eine unbeholfene Sexszene zum Besten gab, beschuldigte McGill, den schlichten Streifen bewusst verbrannt zu haben. McGill versicherte allerdings, seine Mutter habe das Feuer gelegt. Die Wahrheit nahm Scott McGill mit ins Grab, als er 1987 Selbstmord beging.

Die 36 Minuten, die heute noch von *My Best Friend's Birthday* existieren, wirken dilettantisch und holprig. »Nach dem Schnitt wusste ich: Das war nichts, ich kann den Film nicht auf Festivals zeigen«, gibt Tarantino zu und sagt: »Jeder Mensch, den ich zu diesem Zeitpunkt persönlich kannte, hätte nach dieser Erfahrung aufgegeben.«[25] Auch er litt einige Wochen lang unter einer Depression, doch er beschloss, weiterhin sein Glück im Filmgeschäft zu versuchen. Rückblickend empfindet er die Low-Budget-Dreharbeiten als beste – und günstigste – Filmschule, die er absolvieren konnte.

My Best Friend's Birthday lässt deutlich Quentin Tarantinos Handschrift erkennen: Es werden andere Filme zitiert, die Wände in Clarences Apartment sind voller Filmposter, anstelle eines komponierten Soundtracks werden Songs von Johnny Cash, Elvis Presley und Chuck Berry verwendet, die Dialoge scheinen aus dem Leben gegriffen zu sein. Der Monolog, in dem Quentin Tarantino als Clarence Pool über Sex mit Elvis Presley sinniert, ist nahezu identisch mit dem Monolog, den Christian Slater als Clarence Worley in Tony Scotts *True Romance* hält, zu dem Tarantino das Drehbuch beisteuerte.

KAPITEL 4
TRUE ROMANCE

Die lange Vorgeschichte von *True Romance* begann 1986. Roger Avary überreichte seinem Video-Archives-Kollegen Quentin Tarantino ein selbst verfasstes Drehbuch für eine wilde Komödie namens *Pandemonium Reigns*. Auf 40 Seiten entfalteten sich die Abenteuer eines frisch verheirateten junges Paares und eines Trampers, die gemeinsam in eine surreale Stadt kommen. Tarantino gefielen der Stil und einzelne Ideen, aber weder er noch Avary mochten das Ende der Geschichte. Tarantino bat darum, das Drehbuch umschreiben zu dürfen, damit er den Figuren mehr Tiefe verleihen konnte. Er war fest entschlossen, die Geschichte diesmal bis zum Ende zu erzählen. Erstmals wollte er die 30-Seiten-Hürde nehmen, an der er schon bei den vielen anderen Drehbüchern gescheitert war, die er als Teenager und Schauspielschüler verfassen wollte. Am Ende wurden es mehr als 500 handgeschriebene Seiten. Tarantino bezeichnet das Drehbuch, dem er den Titel *The Open Road* gab, als seinen »großen amerikanischen Roman«, Roger Avary spricht von der »Bibel der Popkultur«.[26]

Das nie veröffentlichte Werk ist eine Mischung aus *True Romance* und *Natural Born Killers*. Als Tarantino und Avary erkannten, dass eine auf 500 Seiten ausgedehnte Geschichte jeden Kinofilm sprengen würde, teilten sie das Drehbuch in zwei eigenständige Teile auf.

Tarantino nennt *True Romance* den »autobiografischsten Film«, den er je geschrieben hat: »Man findet mich überall. Als ich mit 25 Jahren das Drehbuch schrieb, war ich wie Clarence.«[27] Der Antiheld Clarence Worley arbeitet gegen Mindestlohn in einem Comicladen (nicht in einer Videothek), seine Behausung, die er sich mit einem faulen Mitbewohner teilen muss, gleicht einer Film- und Elvis-Presley-Gedächtnisstätte, er sieht sich im Kino und im Fernsehen mit Vorliebe brutale Martial-Arts-Filme an, seinen Geburtstag verbringt er bei einem Triple-Feature der japanischen *Streetfighter*-Reihe. Auch Quentin Tarantino verbrachte seine Geburtstage stets im Kino.

In *True Romance* lernt Clarence bei einem Kinobesuch die junge Prostituierte Alabama Whitman kennen. Die beiden verlieben sich, heiraten spontan und geraten in einen Strudel aus Gewalt und Drogen. Die Liebesgeschichte entsprang Tarantinos Fantasie: »Als ich 25 Jahre alt war, hatte ich noch nie eine Freundin gehabt. Zwar hatte ich Dates, aber keine Freundin. So gesehen war Alabama meine Traumfrau. Nicht, dass ich eine Frau wie Alabama haben wollte. Ich fühlte mich von klugen Frauen angezogen, sie sollten schlauer sein als ich. Mein Traum war, überhaupt eine Frau zu haben. Und die sollte wie ein Kumpel sein, mit dem man ins Kino geht, Musik hört und abhängen kann.«[28]

Der Name Alabama ist eine Hommage an Tarantinos Jugendidol Pam Grier, die in *Women in Cages (Frauen hinter Zuchthausmauern*, 1971) eine sadistische Aufseherin namens Alabama spielte. Das Originaldrehbuch von *True Romance* enthält eine Szene, in der Clarence zu Alabama sagt, sie heiße wie die von Pam Grier verkörperte Figur in jenem Film. Indem Tarantino seine Hauptfigur Clarence aus Detroit stammen lässt, erweist er seinem Lieblingsschriftsteller Elmore Leonard Reverenz, dessen Kriminalgeschichten oft in Detroit spielen. Er kopierte auch Leonards Markenzeichen, die Figuren ausschweifend über Filme und die Nichtigkeiten des Lebens diskutieren zu lassen, und die Geschichte nicht linear, sondern in Rückblenden und Zeitsprüngen zu erzählen, die am Ende eine überraschende Auflösung ergeben. So wie sein Vorbild Jean-Luc Godard alle Regeln des französischen Erzählkinos gebrochen hatte, so wollte auch Quentin Tarantino die festgefahrenen Regeln des amerikanischen Kinos durchbrechen.

Die 1980er-Jahre waren jedoch der denkbar schlechteste Zeitraum für eine cineastische Revolution, da Hollywood ausschließlich genormte Zelluloidware, sympathische Helden und familiengerechte Gewaltdarstellungen in die Kinos brachte. Überraschende Wendungen fand Tarantino nur in den Handlungen der europäischen und asiatischen Filme, die bei Video Archives in den Regalen standen. So sah er 1986 *Matador*, den fünften Film des spanischen Regisseurs Pedro Almodóvar. »Die Szene, in der die Hauptfigur zu Horrorfilmen masturbiert, war meine absolute Lieblingsszene«, sagt Tarantino. Als er einem Video-Archives-Kollegen erklärte: »So einen Filmanfang möchte ich auch drehen«, entgegnete dieser lapidar: »Das würde dir hier keiner erlauben.«[29]

Trotzdem schrieb Quentin Tarantino das Drehbuch für *True Romance* ohne Schere im Kopf. Er wollte die Geschichte nicht verkaufen, um sie von einem anderen Regisseur inszenieren zu lassen. Er wollte den Film selbst realisieren. Sein Vorbild waren die Brüder Joel und Ethan Coen, die für ihr Regiedebüt *Blood Simple* (*Blood Simple – Eine mörderische Nacht*, 1984) bei Anwälten, Ärzten und anderen reichen Investoren hausieren gegangen waren und innerhalb eines Jahres ein Budget von 750.000 Dollar erbettelt hatten. Kein Hollywood-Studio wollte den fertigen Film in die Kinos bringen, doch nach positiven Reaktionen auf dem New York Film Festival und dem Toronto International Film Festival begann die Erfolgsgeschichte des Films und der Coen-Brüder. Quentin Tarantino beschloss, *True Romance* in gleicher Weise zu finanzieren. Er wusste, dass er sich als unkonventioneller Drehbuchautor im konventionellen Hollywood nur Ärger einhandeln würde, solange er nicht einen fertigen Independent-Film vorlegte, der alle Zuschauer und Kritiker begeisterte. Allerdings kannte er niemanden, der über Geld oder Kontakte verfügte.

Die Agentin Cathryn Jaymes, deren Aufgabe es eigentlich war, Quentin Tarantino als Nachwuchsschauspieler Rollen in Fernsehserien und Filmen zu vermitteln, erklärte sich quasi aus Mitleid bereit, den ambitionierten Videothekar, der weniger als 10.000 Dollar im Jahr verdiente, bei der Suche nach Investoren zu unterstützen. Nachdem sie jedoch das Drehbuch mit der ungewohnten Erzählweise, den überlangen Dialogen und einer von Flüchen durchsetzten Sprache an mögliche Abnehmer verschickt hatte, erhielt sie unter anderem diese exemplarische Antwort:

»*Dear Fucking Cathryn,*
how dare you send me this fucking piece of shit? You must be out of your fucking mind. You want to know how I feel about it? Here's your fucking piece of shit back. Fuck you.«[30]

(»*Liebe verfickte Cathryn,*
wie kannst du es wagen, mir ein solches verdammtes Stück Scheiße zu schicken? Du musst deinen verfickten Verstand verloren haben. Du willst wissen, wie ich es finde? Hier hast du dein verdammtes Stück Scheiße zurück. Fick dich.«)

Fünf Jahre lang interessierte sich kein Produzent, kein Studio, kein filmbegeisterter Anwalt und kein Kino liebender Arzt für *True Romance*. Aus Frust schrieb Quentin Tarantino das Drehbuch zu *Natural Born Killers*, von dem auch niemand etwas wissen wollte. Nun wurde es sogar seiner Mutter Connie, in deren Wohnung er immer noch lebte, zu bunt. In einem Streit schrie sie den Sohn an: »Übrigens: Deine kleine Autorenkarriere – die ist vorbei!« Wohl wissend, dass seine Mutter eine glühende Verehrerin von Elvis Presley war, der seine Mutter mit einem pinkfarbenen Cadillac und einem schönen Haus bedacht hatte, brüllte Quentin Tarantino zurück: »Okay! Wenn ich irgendwann berühmt bin, kriegst du *kein* Haus!«[31]

Trotz seiner großen Karrierepläne ergatterte Quentin Tarantino in der zweiten Hälfte der 1980er-Jahre nur Filmjobs, die aus heutiger Sicht amüsant wirken: Der Regisseur John Langley, der Stammkunde bei Video Archives war, machte Tarantino und Roger Avary 1986 zu Produktionsassistenten des Fitnessvideos *Maximum Power (Maximum Potential)* mit Dolph Lundgren. Immerhin wurden die beiden, zusammen mit den weiteren Assistenten Ron Hayes und Jerry Martinez, namentlich im Abspann genannt. Zu den Aufgaben während der Produktion gehörte es unter anderem, die Hundehaufen vor dem Strandhaus, in dem Dolph Lundgren sein Work-out machte, aufzusammeln.

Quentin Tarantino besann sich auf seine Schauspielausbildung und versuchte, wenigstens in diesem Bereich ein bisschen Geld zu verdienen. Da er außer seiner unvollendeten Eigenproduktion *My Best Friend's Birthday* keine Filmerfahrung vorweisen konnte, schummelte er bei allen Bewerbungen, indem er vorgab in George A. Romeros Film *Day of the Dead (Zombie 2 – Das letzte Kapitel,* 1985) einen Zombie und in Jean-Luc Godards

King Lear (1987) einen kleinen Part gespielt zu haben. Diese Lügen waren gut überlegt, denn er konnte sich sicher sein, dass sich kein Hollywood-Castingagent freiwillig einen experimentellen Godard-Film ansah oder zweifelsfrei hätte beweisen können, dass unter keiner der entstellenden Zombie-Masken ein Quentin Tarantino steckte.

Die Rechnung ging auf. Tarantino ergatterte 1988 eine gut bezahlte Komparsenrolle in einer Folge der populären Fernsehserie *Golden Girls*. Auf der Hochzeitsfeier der betagten Sophia Petrillo (Estelle Getty) treten zwölf Elvis-Presley-Imitatoren auf und singen ein Liebeslied des Hawaiianischen Musikers Don Ho. Tarantino spielte »Elvis #4«. Obwohl die Rolle winzig war, machte sich der Schauspielaspirant im Vorfeld viele Gedanken. Während die anderen Imitatoren in aufgedonnerten Las-Vegas-Kostümen des späten Elvis Presley erschienen, spielte er den frühen Hillbilly-Elvis, den einst seine Mutter Connie angehimmelt hatte.

Das wenige Sekunden kurze Gastspiel in einer weltweit erfolgreichen Fernsehserie konnte nicht davon ablenken, dass Tarantino bislang keines seiner ambitionierten Ziele erreicht hatte. »Wer mir einen Brief schicken wollte, musste nur ›Quentin Tarantino, Randbezirk der Filmindustrie‹ auf den Umschlag schreiben – und der Brief kam an, denn dort lebte ich«[32], erzählt der Filmemacher rückblickend. Jahr für Jahr jobbte er bei Video Archives, hielt sich weiterhin mit dem kargen Stundenlohn von vier Dollar über Wasser, hing mit seinen Kollegen ab, sah viele Filme, kiffte gelegentlich und saß dreimal kurz im Bezirksgefängnis, weil er das Strafgeld für kleinere Verkehrs- und Versicherungsdelikte nicht bezahlen konnte. Der Traum, im Alleingang drei Millionen Dollar für sein geplantes Regiedebüt *True Romance* zu erbetteln oder den Stoff an ein großes Hollywood-Studio zu verkaufen, war längst ausgeträumt.

Er bot das Drehbuch Produzenten von Low-Budget-Horrorfilmen an und war bereit, es billig abzugeben, damit er sich überhaupt als Drehbuchautor bezeichnen durfte. Doch selbst für wenig Geld wollte es niemand haben. »Jeder, der das Drehbuch las, empfand meinen Schreibstil nicht als neu, sondern als falsch«[33], erklärt Tarantino. Außerhalb der USA erkannte man jedoch das Potenzial. Der aus Marokko stammende französische Filmproduzent Samuel Hadida, dessen Pariser Firmen Metropolitan Filmexport und Delta Video englischsprachige Filme im französischen Sprachraum vertrieben, kaufte *True Romance*, an *Natural Born Killers* war er nicht interessiert. Der Vorschuss betrug 13.000 Dollar, weitere 20.000 Dollar wurden in Aussicht gestellt. So viel Geld hatte Tarantino nie zuvor besessen. Er kündigte seine Stelle bei Video Archives und plante das Honorar für einen Film ein, bei dem er endlich selbst Regie führen wollte: *Reservoir Dogs*. Gedreht auf 16-Millimeter-Film an zwölf Drehtagen, mit ihm in der Rolle des Mr Pink und seinen Wegbegleitern und Exkollegen von Video Archives in weiteren Rollen.

Samuel Hadida sah in William Lustig den richtigen Regisseur für *True Romance*. Zwar mochte Tarantino dessen umstrittene Horrorthriller *Maniac* (1980), *Maniac Cop* (1988) und *Maniac Cop 2* (1990), doch er hielt den New Yorker Expornofilmer für den falschen Mann, um *True Romance* zu inszenieren. Der Zufall wollte es, dass die damalige Low-Budget-Produktionsfirma CineTel Films Quentin Tarantino einige Aufträge erteilte, um von ihm als freiem Autor die Dialoge eingekaufter Drehbücher aufpeppen zu lassen. Kathleen Nell, die die Entwicklungsabteilung des Unternehmens leitete und zuvor für Regisseur Tony Scott gearbeitet hatte, nahm Tarantino 1991 mit ans Set der 30-Millionen-Dollar-Produktion *The Last Boy Scout* (*Last Boy Scout – Das Ziel ist Überleben*). Den Hauptdarsteller des Films, Bruce Willis, sah Tarantino nur aus der Ferne, aber Kathleen Nell machte ihn mit Tony Scott bekannt. Obwohl der jüngere Bruder des Regiestars Ridley Scott (*Alien*, *Blade Runner*, *Black Rain*) in der Branche als Vertreter seichter Action-Kost wie *Top Gun* und *Beverly Hills Cop II* belächelt wurde, war Quentin Tarantino ein Fan seiner Filme. Vor allem Scotts jüngste Werke *Revenge (Revenge – Eine gefährliche Affäre*, 1990) mit Kevin Costner und Anthony Quinn sowie *Days of Thunder (Tage des Donners*, 1990) mit Tom Cruise und Nicole Kidman waren seine Favoriten.

Am 21. Juni 1991 feierte Tony Scott seinen 47. Geburtstag. Kathleen Nell brachte Quentin Tarantino mit zur Party und erzählte Tony Scott von den beeindruckenden Drehbüchern, die der unbekannte Gast in seiner Freizeit verfasste. Scott wollte sie lesen und erhielt bald darauf Kopien der Drehbücher von *True Romance* und *Reservoir Dogs*. Er las sie auf einem Transatlantik-Flug nach Italien und war begeistert. Wieder am Boden, rief er um vier Uhr morgens mitteleuropäischer Zeit Quentin Tarantino in Los Angeles an: »Ich will *Reservoir Dogs* verfilmen.« Tarantino entgegnete: »Das geht leider nicht. Ich mache den Film selbst.«[34] Sie einigten sich darauf, dass Tony Scott *True Romance* inszenieren sollte. »Meiner Meinung nach ist es eines der gehaltvollsten und gelungensten Drehbücher, die ich je gelesen habe«, sagte Tony Scott in einem Interview zum Kinostart. »Die Figuren und Dialoge sind sehr gut konstruiert. Quentin hat genaue Vorstellungen davon, wie Menschen miteinander kommunizieren.«[35] Am Ende erhielt Tarantino 50.000 Dollar für sein Drehbuch – die Summe entsprach 1991 dem Mindesthonorar, das die Writers Guild of America, die Gewerkschaft der Autoren in der Film- und Fernsehindustrie der USA, für ein Drehbuch vorschrieb. Samuel Hadida produzierte *True Romance* mit Gary

Barber, Steve Perry, Bill Unger und mehreren anderen Partnern, sein ursprünglicher Wunschregisseur William Lustig fand sich damit ab, aus dem Rennen zu sein, und widmete sich den Dreharbeiten zu *Maniac Cop 3: Badge of Silence*. Die erste Klappe für *True Romance* fiel erst im September 1992. In der Zwischenzeit widmete sich Quentin Tarantino, der sich nun offiziell Drehbuchautor nennen durfte und dank Tony Scott einen wichtigen Schritt in Richtung Hollywood gemacht hatte, seinem Regiedebüt *Reservoir Dogs*.

KAPITEL 5
RESERVOIR DOGS

Der Filmtitel *Reservoir Dogs* soll auf einen Kunden von Video Archives zurückgehen. Quentin Tarantino empfahl ihm Louis Malles Film *Auf Wiedersehen, Kinder* (1987), der im Original *Au Revoir les Enfants* heißt und im deutsch besetzten Frankreich des Jahres 1943 spielt. Der Kunde war der französischen Sprache nicht mächtig und murrte, keine »Reservoir Dogs« sehen zu wollen. Tarantino gefiel der sprachliche Mischmasch. Er verwendete die Wortkombination als Titel, wobei sie im Film kein einziges Mal ausgesprochen wird.

Ansonsten reden seine Diamantenräuber, die allesamt schwarze Anzüge und Codenamen wie Mr Orange, Mr Pink und Mr Brown tragen, überdurchschnittlich viel. Erst sitzen sie in einem Diner und diskutieren über das Lied »Like a Virgin« von Madonna und darüber, ob es angemessen sei, in einem Speiselokal Trinkgeld zu geben, dann befinden sie sich in einem Lagerhaus und versuchen wortreich herauszufinden, wer von ihnen der Polizeispitzel ist, der den geplanten Diamantenraub zu einem blutigen Fiasko hat werden lassen. In Rückblenden wird die Vorgeschichte des Raubs erzählt, aber auch, wie sich der Spitzel auf seinen Einsatz vorbereitet.

Dass der Raub im Film gar nicht zu sehen ist, gilt als besonderer Clou von *Reservoir Dogs*. Jede große Hollywood-Produktion hätte vermutlich den Schwerpunkt auf die actionreiche Szene gesetzt, doch Tarantino verzichtete ganz bewusst darauf. Aus Sparsamkeit – galt es doch, *Reservoir Dogs* mit einem Budget von 30.000 Dollar und im Guerilla-Stil an zwölf Tagen zu drehen. Tarantino wusste, dass ihm niemand Geld für einen großen Film geben würde. Also wollte er das Honorar, das er für sein *True Romance*-Drehbuch erhalten hatte, in einen Film investieren, dessen unkonventionelle Machart die Branche revolutionieren und ihn als Regisseur etablieren sollte. Dieses Vorgehen garantierte ihm zugleich jede Freiheit. Kein Produzent konnte ihm inhaltliche oder stilistische Grenzen setzen.

Quentin Tarantino ließ sich von den Gangsterfilmen des Franzosen Jean-Pierre Melville mit Jean-Paul Belmondo, Alain Delon und Jean Gabin inspirieren, wobei Melville sich wiederum an den amerikanischen Gangsterfilmen der Warner Brothers orientiert hatte. Tarantino übertrug Melvilles Tonart auf seine coole Gangsterballade, die er in seiner Heimatstadt Los Angeles ansiedelte. Auch Momente von Ringo Lams *City on Fire* (1987) und Stanley Kubricks *The Killing* (*Die Rechnung ging nicht auf*, 1959) flossen in *Reservoir Dogs* ein. Die Idee, den Räubern verschiedene Farben als Pseudonyme zu geben, übernahm Tarantino aus dem Gangsterfilm *The Taking of Pelham One Two Three* (*Stoppt die Todesfahrt der U-Bahn 123*, 1974).

Erst handschriftlich verfasst, dann mühsam auf einer geliehenen Smith-Corona-Schreibmaschine abgetippt, hielt Tarantino das fertige Drehbuch in den Händen. Anfang 1991 richtete der Regisseur Scott Spiegel (*Evil Dead II*, *Tanz der Teufel 2*, *1987*) eine Party aus. Tarantino war eingeladen und kam mit Lawrence Bender ins Gespräch, einem ehemaligen Tangotänzer mit Ambitionen im Filmgeschäft, der gerade Scott Spiegels Low-Budget-Slasherfilm *Bloodnight (Intruder,* 1989) produziert hatte. Bender kannte das Drehbuch von *True Romance* und war gespannt, was Tarantino als nächstes Projekt liefern würde. Das Konzept für *Reservoir Dogs* weckte seine Neugier. Wenige Tage später stieg Lawrence Bender in seinen 15 Jahre alten roten Toyota und besuchte Quentin Tarantino.

»Das Drehbuch ist zu gut, um daraus nur einen kleinen Low-Budget-Film zu machen«, teilte er dem Autor mit, nachdem er *Reservoir Dogs* gelesen hatte. »Lass mich versuchen, Geld dafür aufzutreiben.«[36] Doch Tarantino wollte nicht warten. Wohl wissend, dass niemand Geld in einen ebenso unbekannten wie unerfahrenen Regisseur investieren würde, wollte er möglichst schnell seinen selbst finanzierten Low-Budget-Film drehen. Die beiden angehenden Filmemacher setzten einen Vertrag auf einer Papierserviette auf: Bender bekam zwei Monate Zeit, um einen möglichen Geldgeber zu finden. Gleichzeitig bestand Tarantino darauf, dass niemand außer ihm selbst Regie führen durfte. Das erschwerte Benders Vorhaben weiter. Bender wusste jedoch, dass er ein Ass im Ärmel hatte: Über seinen Schauspiellehrer Peter Flood konnte er Kontakt zu Harvey Keitel (*Taxi Driver, Thelma & Louise*) aufnehmen. Wenn es ihm gelingen würde, diesen Schauspieler als Star von *Reservoir Dogs* zu verpflichten, dann hätten sie ein prominentes Zugpferd und dadurch automatisch die üblichen 1,5 Millionen Dollar sicher, die Heimvideofirmen für Filme mit einem Star wie Harvey Keitel damals zahlten.

Peter Floods Frau Lily Parker war ebenfalls Schauspiellehrerin und Mitglied der berühmten Schauspielwerkstatt The Actors Studio in New York City, in der Marlon Brando, Dustin Hoffman, Paul Newman, Johnny Depp und viele andere Superstars ihre Wurzeln hatten. Lily Parker war vom Drehbuch begeistert und gab es mit den Worten »Ich glaube, das wird dir gefallen« an Harvey Keitel weiter: Sie sollte recht behalten. Drei Tage später wählte Harvey Keitel Lawrence Benders Telefonnummer, erreichte aber nur den Anrufbeantworter. Er hinterließ eine Nachricht, die Tarantinos und Benders Leben für immer veränderte: »Dieser Quentin Tarantino hat wirklich Talent. Ich werde gern behilflich sein. Ruft mich zurück!«[37]

Harvey Keitel wurde zum Paten zweier Filmemacher, die niemand ernst genommen hätte, wäre nicht sein Name ins Spiel gekommen. Nur deshalb las der Produzent Richard Gladstein von der Heimvideofirma Live Entertainment das Drehbuch. Der Regisseur Monte Hellmann, ein weiterer Förderer Quentin Tarantinos, hatte ihn darauf aufmerksam gemacht. Gladstein ging davon aus, dass Hellmann bei dem Film Regie führen wollte, doch der entgegnete: »Das würde ich gern tun, aber der Junge, der es geschrieben hat, führt selbst Regie.«[38] Hellmann brachte das Drehbuch persönlich bei Live Entertainment vorbei und Gladstein las es am Abend in seiner Wohnung. Am Anfang des Buches standen keinerlei Beschreibungen der Hauptfiguren, sondern nur die Worte »Fünf Männer in schwarzen Anzügen sitzen beim Essen«. Dann begannen die Dialoge. »Ich war sofort begeistert«, erinnert sich Gladstein. »Vier Monate später drehten wir den Film.«[39]

Richard Gladstein, Lawrence Bender und Quentin Tarantino besuchten Harvey Keitel in dessen Strandhaus in Malibu, das er immer mietete, wenn er in Los Angeles war. Keitel brachte Espresso und war verwundert, als er erfuhr, dass Tarantino weder aus einer kriminellen Familie stammte noch in einem Gangsterviertel aufgewachsen war. »Warum zum Teufel schreibst du dann so eine Geschichte?«, fragte Keitel. Tarantino antwortete: »Ich schaue Filme.«[40]

Harvey Keitel unterschrieb einen Vertrag als Hauptdarsteller, das Budget von 1,5 Millionen Dollar schien gesichert. Statt auf schwarz-weißem 16-Millimeter-Film, wie ursprünglich geplant, wollte Quentin Tarantino seine Vision nun im opulenten Breitwandformat 2,35 zu 1 ins Kino bringen, als Verneigung vor den großen Western, Samurai- und Abenteuerfilmen. Obwohl das Geld von einer Videofirma kam und er fünf Jahre lang in einer Videothek gearbeitet hatte, war ihm die spätere Auswertung seiner ersten Regiearbeit völlig egal. Für ihn zählte nur die große Kinoleinwand.

Auch die anderen Rollen neben Harvey Keitel als Mr White konnten nun mit versierten Schauspielern statt mit Video-Archives-Exkollegen und Schauspielschülern besetzt werden. Nur die Rolle des Mr Pink, die er für sich selbst geschrieben hatte, wollte Tarantino weiterhin selbst spielen. Casting-Chefin Ronnie Yeskel empfahl Schauspieler aus dem Einzugsbereich von Los Angeles. Tarantino, Bender und Harvey Keitel testeten sie und ließen sie jeweils 15 bis 20 Minuten lang vorsprechen. Der Brite Tim Roth, der gerade durch Filme von Peter Greenaway, Robert Altman und Tom Stoppard bekannt geworden war, verweigerte ein Casting. Er zog es vor, mit Harvey Keitel und Quentin Tarantino in eine Bar zu gehen und einen feuchtfröhlichen Abend zu erleben. Danach erhielt er den Zuschlag.

Harvey Keitel erinnerte daran, dass es auch in New York tolle Schauspieler gab. Tarantino und Bender hatten aber kein Geld, um an der Ostküste weitere Castings durchzuführen. »Ich zahle das«, erklärte Keitel, »ich bringe euch nach New York.« Er kaufte ein Erste-Klasse-Ticket für sich selbst und zwei Economy-Tickets für Tarantino und Bender, wobei er ihnen vorhersagte: »Irgendwann reist ihr auch erster Klasse.«[41] Auch die Übernachtungen im Mayfair Hotel unweit des Broadways finanzierte

Keitel. Casting-Chef Todd Thaler stellte einen Raum in seiner Privatwohnung zur Verfügung. Lawrence Bender spielte beim Vorsprechen den Polizisten, der an einen Stuhl gefesselt ist. Viele der eingeladenen Schauspieler gingen so rabiat mit ihm um, dass Quentin Tarantino eingreifen musste. Dann betrat Steve Buscemi den Raum. Der frühere Feuerwehrmann, der in New Yorker Independent-Filmen für Aufsehen gesorgt hatte, faszinierte Tarantino so sehr, dass er ihm die Rolle des wieseligen Mr Pink gab, die er eigentlich für sich selbst reserviert hatte. Tarantino begnügte sich mit der Rolle des Mr Brown. Ursprünglich hatte Harvey Keitel auch Dennis Hopper als Mr Pink im Auge gehabt und ihm das Drehbuch geschickt, doch Hopper hatte wegen anderer Filmprojekte keine Zeit.

Harvey Keitel lud Tarantino und Bender auf einen Kaffee in das teure New Yorker Restaurant Russian Tea Room ein. Die jungen Filmemacher fragten ihn schüchtern, ob er nicht Koproduzent von *Reservoir Dogs* werden wolle, nachdem er schon so viel für das Projekt getan habe. »Na endlich«, lachte Keitel, »es wurde langsam Zeit, dass ihr mich fragt.«[42]

Das Casting war abgeschlossen, die Vorbereitungen schritten voran. Ausgerechnet jetzt, zwei Monate vor Drehstart, erhielt Quentin Tarantino eine Einladung zu einem vierwöchigen Regie-Workshop des Sundance Film Festivals. Er wollte unbedingt daran teilnehmen, bat aber darum, die Zeit um zwei Wochen verkürzen zu dürfen. Die Veranstalter stimmten zu und Lawrence Bender versprach, Tarantino in dieser Zeit den Rücken freizuhalten.

Tarantino nutzte die kreative Atmosphäre in Utah, um Dinge auszuprobieren, die ihm beim bevorstehenden Dreh von *Reservoir Dogs* nützlich sein könnten. So spielte er im Juni 1991 mit Steve Buscemi eine Szene ein, die gar nicht im Drehbuch stand.

Darin unterhalten sich die Figuren über Sylvia Plaths Buch *Die Glasglocke*. Buscemi und die Workshop-Crew wunderten sich nicht nur über die unerschöpfliche Energie des Regieneulings, sondern auch über seine Bildgestaltung. Als Fan von Jean-Luc Godard setzte er auf lange Einstellungen, die den ganzen Raum wie eine Theaterbühne erfassten, anstatt sich den Figuren zu nähern. Die Lehrer, die Quentin Tarantino in der ersten Seminarwoche unterrichteten, darunter Jon Amiel und Monte Hellman, konnten damit nichts anfangen. Der Kameramann Stephen Goldblatt warnte sogar: »Wenn du so etwas im echten Leben drehst, wirst du gefeuert.«[43]

Enttäuscht machte Tarantino einen langen Spaziergang in den Wäldern von Utah, dachte intensiv nach und kam zu dem Schluss, dass ihm seine Szene sehr gut gefiel. In der zweiten Seminarwoche sahen sich andere Dozenten die Sequenz an – und überraschten ihn mit ihrer Einschätzung: »Einfach großartig«, meinte Regisseur Terry Gilliam, »die Szene ist vielleicht nicht perfekt, aber du hast wenigstens versucht, etwas Neues zu machen.«[44] Dann betrat der deutsche Regisseur Volker Schlöndorff den Raum und rief: »Ah, das kleine Genie!« Schlöndorff erinnert sich noch heute daran, wie sehr Tarantino darauf brannte, Filme zu machen. Er sei völlig vom Kino besessen gewesen und habe ihn deshalb an Rainer Werner Fassbinder erinnert.[45]

Nachdem Quentin Tarantino innerhalb weniger Tage einen Verriss und eine Lobeshymne für ein und dieselbe Szene erhalten hatte, ging er wieder im Wald spazieren und dachte: »Das wird also meine Karriere sein: Die Leute lieben mich – oder sie hassen mich.«[46]

Beim Mittagessen suchte Tarantino das Vieraugengespräch mit Terry Gilliam, der als Gründungsmitglied der britischen Komikergruppe Monty Python und als Regisseur höchst unkonventioneller Filme wie *Brazil* (1985) und *The Adventures of Baron Munchausen* (*Die Abenteuer des Baron Münchhausen*, 1988) bekannt geworden war. Tarantino fragte ihn, wie er es schaffe, die Visionen aus seinem Kopf eins zu eins auf die Leinwand zu übertragen. Gilliam öffnete ihm die Augen: »Quentin, du musst das gar nicht machen. Als Regisseur ist es dein Job, die besten Leute zusammenzubringen, die das für dich übernehmen. Du holst dir den besten Kameramann, den besten Kostümdesigner und den besten Produktionsdesigner, dann erklärst du ihnen, was du auf der Leinwand sehen willst – und sie machen das für dich.«[47] In diesem Moment verlor Tarantino jede Angst, die er vor den bald beginnenden Dreharbeiten hatte. Filmemachen war nichts Mystisches, sondern pures Handwerk, mit dem er seine erfundenen Geschichten und Figuren zum Leben erwecken konnte.

Den Dreharbeiten gingen zweiwöchige Proben mit den Schauspielern voraus. Im Vergleich zu Harvey Keitel, Tim Roth, Michael Madsen, Steve Buscemi, Edward Bunker, Chris Penn und der Gangsterfilmlegende Lawrence Tierney hatte Quentin Tarantino zwar die geringste Filmerfahrung, doch die erfahrenen Schauspieler respektierten und unterstützten den Regiedebütanten. Tarantino gab ihnen mit *Reservoir Dogs* eine Bühne, die sie bis dato in Hollywood nie gehabt hatten. Er selbst wusste wiederum, dass sein Cast eine sichere Basis für den Erfolg seiner Produktion war. Bei einem Abendessen, zu dem Harvey Keitel in sein angemietetes Strandhaus in Malibu geladen hatte, beobachtete Tarantino die Schauspieler und dachte: »Ich könnte diese Jungs in weiße T-Shirts stecken und vor einer weißen Wand spielen lassen – ich hätte trotzdem einen guten Film.«[48] Obwohl die ganze Mannschaft an diesem Abend viel Wein getrunken hatte, schlug Harvey Keitel vor, über den Pacific Coast Highway und den Sunset Boulevard von Malibu nach Glendale zu fahren, wo Tarantino eine Wohnung angemietet hatte. »Ich war so glücklich wie nie zuvor in meinem Leben«, erinnert sich Tarantino an die lange Fahrt durch die Stadt der Träume. Bald sollte hier auch sein Traum in Erfüllung gehen.

Lawrence Bender und Quentin Tarantino gaben ihrer Produktionsfirma den Namen A Band Apart, angelehnt an Jean-Luc Godards Film *Bande à part (Die Außenseiterbande,* 1964). Der Name passte durchaus, immerhin waren die beiden Filmemacher neu im Geschäft. »Als ich am ersten Tag die weißen Trucks am Set sah, wusste ich, dass ein neuer Abschnitt meines Lebens beginnt«, erinnert sich Quentin Tarantino. »Anders als bei *My Best Friend's Birthday* konnte ich mich bei *Reservoir Dogs* auf die Regie konzentrieren. Ich musste keine Leute chauffieren, keine schweren Sachen tragen, keine Kamera mieten und zurückbringen.«[49] Für Kameramann Andrzej Sekula, der in seiner polnischen Heimat sechsmal an der Filmhochschule abgelehnt worden war und daraufhin an der Filmhochschule in der mittelenglischen Grafschaft Beaconsfield (Buckinghamshire) studiert hatte, war *Reservoir Dogs* die erste Kinoarbeit in den USA.

Tarantino entwickelte damals sein Credo »Gute Schauspieler machen mich nicht nervös. Nur schlechte.« Besonders Harvey Keitel erwies sich an den 35 Drehtagen als Vaterfigur. Hatte er den Eindruck, dass Tarantino für eine wichtige Szene mehr Zeit brauchte, setzte er zusammen mit Lawrence Bender alle Hebel in Bewegung, um dies möglich zu machen. Zugleich sorgte Bender dafür, dass die Investoren nicht angesichts der Gewaltszenen im Film kalte Füße bekamen: Die harmlosen und dialoglastigen Szenen wurden zuerst gedreht, damit die Geldgeber nach der Vorführung der täglichen Muster weiter an das Projekt glaubten und ihre Zahlungen aufrechterhielten. Die harten Gewaltszenen entstanden erst in der letzten Produktionsphase. Zu der inzwischen legendären Szene, in der Mr Blonde (Michael Madsen) dem gefesselten Polizisten Marvin Nash (Kirk Baltz) mit dem Rasiermesser ein Ohr abschneidet, ließ Tarantino sich vom Italowestern *Django* (1966) inspirieren. Er wollte damit den gleichen Schockmoment erzielen, den er 1983 bei der (vergleichsweise unblutigen) Kettensägenszene in Brian De Palmas *Scarface* erlebt hatte: »Damals, als ich jung war, habe ich *Scarface* in den ersten zwei Wochen zehnmal gesehen – man hörte immer ein ganzes Kino aufatmen, als die Szene vorbei war«[50], sagt Tarantino. Das Abschneiden des Ohres wird in *Reservoir Dogs* nicht explizit gezeigt, obgleich eine zweite Variante gedreht wurde, bei der das Blut fontänenartig aus der Wunde schoss. Für dieses Special-Effects-Make-up sowie für die vielen künstlichen Schusswunden und weiteren Blutlachen war Robert Kurtzman verantwortlich, der gratis für *Reservoir Dogs* arbeitete. Er hatte im Vorfeld eine andere Vergütung vereinbart: Quentin Tarantino sollte das Drehbuch für den Vampir-Horrorfilm *From Dusk Till Dawn* schreiben und dabei auf einer von Robert Kurtzman verfassten Kurzgeschichte aufsetzen.

Auch die Rechte an dem Musiktitel »Stuck in the Middle With You« der britischen Folkrock-Gruppe Stealers Wheel erhielten Tarantino und Bender zu Sonderkonditionen. Tarantino hatte den Song ins Drehbuch aufgenommen, weil er wusste, dass die fröhlich-schmissigen Klänge den perfekten Gegensatz zur Folterszene bilden würden. Andererseits sah das Budget nur karge 13.000 Dollar für die Musik des gesamten Films vor. Die Rechte an dem Lied verwaltete die Agentin Pat Lucas. Die Produzentin Stacey Sher, die mit Tarantino befreundet war und später mehrere seiner Filme produzieren sollte, kannte Pat Lucas und schrieb ihr einen Brief, den Tarantino salopp als »Blowjob-Letter« bezeichnet: »Sie pries mich als den neuen Stanley Kubrick an und wies darauf hin, dass wir schon vor Beginn der Dreharbeiten wissen müssten, ob wir die Rechte am Song bekommen würden.«[51] Tarantino bekam sie. Für 13.000 Dollar. Weil damit das gesamte Musik-Budget von *Reservoir Dogs* erschöpft war, finanzierte er die Rechte an weiteren Songs über eine geplante Soundtrack-CD. Dieser Weg war damals neu, heute ist er Alltag. »Stuck in the Middle With You« ist zwei Minuten und 33 Sekunden lang. Die Filmszene mit Michael Madsen und Kirk Baltz hat exakt dieselbe Länge und wurde passend zur Musik choreografiert.

Quentin Tarantino hatte jede Szene seines Films im Kopf, aber er wusste nicht, wie man einen Film schneidet. Da sich die kleine Independent-Produktion keine etablierten Cutter leisten konnte, verpflichteten Tarantino und Bender einen talentierten Neuling aus der Branche. Sally Menke war gerade von New York nach Los Angeles gezogen und hatte sich mit *Teenage Mutant Ninja Turtles* (*Turtles*, 1990) ihre ersten Hollywood-Sporen verdient. Davor hatte sie nach ihrem Abschluss an der Filmhochschule der New York University ausschließlich Dokumentationen und Low-Budget-Filme von Regiedebütanten geschnitten. Sie liebte Autorenfilme und die meisten Arbeiten von Martin Scorsese. Beim ersten Treffen waren Quentin Tarantino und Sally Menke sofort auf einer Wellenlänge. Freunde und Kollegen sprechen von einer beruflichen Liebe auf den ersten Blick.

Beim Schreiben und Inszenieren war Tarantino der Chef im Ring, doch im Schneideraum übernahm Sally Menke die Führung. Sie montierte die einzelnen Bilder zu Sequenzen, spielte sie Tarantino vor und sagte: »Das hast du gemeint!« Viele Jahre und viele gemeinsame Filme später resümierte Tarantino bei einer Preisverleihung, dass Sally Menke seine »einzige wahre Mitarbeiterin« sei. Er nannte sie sogar »Mitautorin«.

Erst drei Tage vor der Uraufführung von *Reservoir Dogs* beim Sundance Film Festival 1992 kam die Kopie der finalen Schnittfassung aus dem Labor. Lawrence Bender fuhr zwölf Stunden mit seinem alten Toyota nach Utah, auch Sally Menke und ihr Mann Dean Parisot reisten aus Kostengründen mit dem Auto an. Am Samstagmorgen lud Robert Redford zum traditionellen Filmemacher-Frühstück unter freiem Himmel ein. Wenige Tage später fand die erste öffentliche Vorführung von *Reservoir Dogs* im Multiplex-Kino von Park City statt. Sie stand technisch unter keinem guten Stern. Da die Leinwand für das Breitbildformat zu klein war, wurden Teile des Films links und rechts davon auf die normale Wand projiziert. Das Bild war leicht unscharf und mitten in der actionreichen Mexican-Standoff-Szene – also in der finalen Pattsituation, in der die verbliebenen Mitglieder der Räuberbande Mann gegen Mann aufeinander schießen und kaum einer überlebt – fiel der Strom aus. Der gesamte Kinosaal war dunkel. Die zweite Aufführung im Rahmen des Festivals fand in Salt Lake City statt. Diesmal fing das Filmmaterial Feuer und die Vorführung konnte erst nach einer kurzen Unterbrechung fortgesetzt werden. Das Publikum war trotzdem in beiden Vorstellungen von dem Film gefesselt. Die Menschen lachten, sie hielten den Atem an, sie lauschten den Dialogen.

Die meisten Zuschauer waren begeistert, andere verabscheuten die Gewalt in dem Film. In einer Fragerunde kochten die Emotionen hoch. Kritiker warfen dem Sundance Film Festival Gewaltverherrlichung vor, weil es einem Film wie diesem eine Plattform bot. Quentin Tarantino fühlte sich persönlich angegriffen, stand auf und sagte: »Ihr habt das Foto in der Einladungsbroschüre gesehen. Es zeigt Männer mit Pistolen. Ihr

habt die Beschreibung gelesen. Was habt ihr denn erwartet? Wenn euch der Film nicht gefällt, solltet ihr gehen. Ich habe das gemacht, was ich machen wollte. Sundance hat uns eingeladen und wir sind gekommen. Was wollt ihr von mir?«[52]
Reservoir Dogs war der meistdiskutierte Film des Festivaljahres 1992. Den Preis der Jury gewann er nicht. Die Welt war noch nicht bereit für einen Film, in dem 272-mal das Wort »Fuck« fällt und einem gefesselten Polizisten ein Ohr abgeschnitten wird – auch wenn es sich dabei um die Lieblingsszene von Tarantinos Mutter Connie handelte.

Dann vergingen drei Monate, ohne dass ein Verleiher *Reservoir Dogs* kaufen und in die Kinos bringen wollte. Erst vier Wochen vor den 45. Internationalen Filmfestspielen in Cannes erwarb Miramax die Kino- und Fernsehrechte für die USA. Es war der Beginn einer bis heute währenden Partnerschaft zwischen Quentin Tarantino und den Brüdern Harvey und Bob Weinstein. Die Brüder hatten die nach ihren Eltern Miriam und Max benannte Filmproduktions- und Verleihgesellschaft Miramax 1979 mit dem Ziel gegründet, fremdsprachige und Independent-Filme zur Vorführung zu bringen, die für die großen Multiplex-Kinos zu sperrig oder zu provokant waren. Nach Steven Soderberghs Debütfilm *Sex, Lies, and Videotape (Sex, Lügen und Video)*, der 1989 die Goldene Palme in Cannes erhielt, und Pedro Almodóvars Skandalfilm *Átame! (Fessle mich!*, 1990) kam Tarantinos *Reservoir Dogs* gerade recht, um die Bekanntheit von Miramax zu steigern.

Die Filmfestspiele in Cannes mit all ihrem Glamour und Luxus waren für Quentin Tarantino und Lawrence Bender eine neue Erfahrung. »Ich hatte kein Geld, Quentin auch nicht«, erzählt Bender, »und da waren nun all die schicken Läden, die großen Yachten, die tollen Hotels und die Filmstars.«[53] *Reservoir*

Dogs lief in Cannes außerhalb des Wettbewerbs in einer Nachtvorstellung im Palais. Harvey Keitel und Tim Roth liefen mit den unbekannten Filmemachern über den roten Teppich, damit von dem Film überhaupt jemand Notiz nehmen würde. Doch gleich nach der Vorführung war *Reservoir Dogs* in aller Munde und wurde als Geheimtipp gehandelt.

Dank seiner Nebenrolle als Mr Brown wurde Quentin Tarantino auch jenen Zuschauern bekannt, die sich normalerweise nicht für Regisseure interessierten. Er wurde auf der Flaniermeile La Croisette angesprochen und gab erste Autogramme. Noch wichtiger war, dass die internationale Vertriebsfirma Carolco Pictures ihre Regiestars Oliver Stone, Paul Verhoeven und James Cameron eingeflogen hatte, um Werbung für *The Doors*, *Basic Instinct* und *Terminator 2: Judgement Day (Terminator 2 – Tag der Abrechnung)* zu machen. Die drei hatten *Reservoir Dogs* gesehen oder zumindest davon gehört und luden Quentin Tarantino auf eine gecharterte Jacht ein. Tarantino war plötzlich ein gefragter Mann. Bevor er nach Cannes gereist war, hatte er den Schauspieler Sean Penn gefragt, worauf er beim Umgang mit der internationalen Presse achten sollte. Penn, der ein Jahr zuvor in Cannes sein Regiedebüt *The Indian Runner* vorgestellt hatte, antwortete: »Sei darauf vorbereitet, dass du immer wieder die gleichen Fragen beantworten musst, und versuche, dabei höflich zu sein!«[54]

Tarantino liebte die Interviews mit französischen und italienischen Filmjournalisten, weil sie mit ihm über die vielen Filmzitate und über seine Leidenschaft für das Kino sprachen. Einen Tag später interviewten ihn amerikanische Journalisten und stellten Fragen wie »Warum ist der Film so brutal?« und »Warum spielen keine Frauen mit?« Tarantino antwortete genervt: »Das sind Juwelendiebe. Sollen die etwa ihre Freundinnen mit zur Arbeit bringen?«[55]

Cannes legte den Grundstein für Quentin Tarantinos Karriere und sein neues Leben. Durch das Festival erlangte *Reservoir Dogs* Kultcharakter und wurde vor dem Schicksal bewahrt, direkt in den Heimvideomarkt weitergeleitet zu werden. Tarantino war mit einem Schlag ein Weltbürger des internationalen Films. In den ersten knapp 30 Jahren seines Lebens war er kaum über die Grenzen von Kalifornien und Tennessee hinausgekommen, doch jetzt reiste er zu Filmfestivals in ganz Europa. Durch das Yubari International Fantastic Film Festival lernte er auch Japan kennen, die Heimat seiner Samurai-Filmhelden. In einem Interview mit dem Magazin *Playboy* beschrieb er später eine weitere angenehme Begleiterscheinung des jungen Ruhms: »Während ich von Festival zu Festival pilgerte, habe ich fast jeden Abend eine flachgelegt.«[56] Er habe sich gefühlt wie Elvis Presley und die neue Entwicklung als ausgleichende Gerechtigkeit empfunden: »Was gut aussehende Typen in ihren Zwanzigern gemacht haben, machte ich in meinen Dreißigern. Wenn du berühmt bist, ist es cool. Ich kann in jede beliebige Bar gehen und gleich stehen ein paar Mädchen um mich herum. Ich gehe meistens mit einigen Telefonnummern nach Hause, ohne danach fragen zu müssen.«[57]

Eine Frau bekam auch die Schattenseiten von Tarantinos neuem Ruhm zu spüren. Tarantino entließ seine Agentin Cathryn Jaymes mit harschen Worten, die sie bis zu ihrem Tod im Jahr 2010 manchem Journalisten und Tarantino-Gegner in den Block diktierte: »Dein Job war es, meine Karriere in Fahrt zu bringen. Dieser Job ist getan. Denkst du wirklich, dass ich bei dir bleibe? Was denkst du, wer du bist? Der Teufel, der einen Vertrag einfordert?«[58] Mike Simpson von der renommierten Agentur William Morris wurde Tarantinos neuer Agent.

Im Oktober 1992 lief *Reservoir Dogs* in den amerikanischen Kinos an, allerdings machte Miramax kaum Werbung dafür.

Kommerziell erzielte der Film nur einen kleinen Achtungserfolg: Bei rund 1,2 Millionen Dollar Produktionskosten spielte er drei Millionen Dollar ein. In Großbritannien wurde *Reservoir Dogs* schnell als Kultfilm gefeiert. Er sollte eine ganze Generation junger Filmemacher prägen und fester Bestandteil der Popkultur werden. Die Sängerin P!nk benannte sich nach Steve Buscemis Filmfigur Mr Pink, in Deutschland gab Til Schweiger, angelehnt an die von Tarantino im Film verkörperte Figur, seiner Produktionsfirma den Namen Mr Brown Entertainment.

Der Erfolg von *Reservoir Dogs* eröffnete Quentin Tarantino neue Möglichkeiten: Bill Unger, ein Produktionspartner von Tony Scott, bot ihm an, nun auch bei *True Romance* Regie zu führen. Tony Scott hätte sich dann auf die Rolle des Produzenten beschränkt. Tarantino lehnte das Angebot ab. *True Romance* war als sein Erstlingswerk geplant gewesen und dank *Reservoir Dogs* hatte er sich inzwischen weiterentwickelt. Deshalb wollte er sich lieber auf sein nächstes Projekt, *Pulp Fiction*, konzentrieren. Während er am neuen Drehbuch arbeitete, drehte Tony Scott *True Romance* mit Christian Slater, Patricia Arquette, Gary Oldman, Dennis Hopper und Christopher Walken. »Ich war nie am Set«, sagt Quentin Tarantino. »Entweder ist der Autor jeden Tag dort und auf Augenhöhe mit dem Regisseur – oder er geht besser gar nicht hin. Ich habe Tony nur einmal abseits des Sets getroffen und ihm ein paar Vorschläge gemacht, von denen er keinen umgesetzt hat.«[59]

Tony Scotts Entschluss, Roger Avary das Ende des Drehbuchs umschreiben und die Hauptfigur Clarence am Ende überleben zu lassen, erschien Tarantino zu glatt und konventionell. Scott versprach ihm, zwei Fassungen zu drehen und erst im Schneideraum zu entscheiden, ob Alabama nach dem Showdown Witwe sein oder mit ihrem versehrten Gatten und dem gemeinsamen Sohn Elvis ein friedliches Leben führen sollte. Er entschied sich für das Happy End à la Hollywood und erhielt auch dafür Tarantinos Segen: »Für den märchenhaften Film, den Tony gedreht hat, ist es das bessere Ende«, erklärt Quentin Tarantino. »Mein Film wäre viel härter ausgefallen, aber insgesamt hat Tony einen besseren Film gemacht als ich es damals getan hätte.«[60] Tony Scott verzichtete auf die ursprünglich verschachtelte Erzählstruktur und schilderte das romantische Popmärchen chronologisch und in Bildern, die an Videoclips der frühen 1990er-Jahre erinnern. Die Figuren und Dialoge übernahm er fast unverändert aus Tarantinos sechs Jahre altem Drehbuch. So wirkte es schon beim Filmstart antiquiert, wenn Alabama in einer Szene erzählt, dass Burt Reynolds ihr Lieblingsschauspieler ist und dass sie Mickey Rourke sexy findet.

Quentin Tarantino sah *True Romance* zum ersten Mal bei der offiziellen Kinopremiere im September 1993. Er wurde dabei von vielen der Schauspieler, mit denen er für die bevorstehenden Dreharbeiten zu *Pulp Fiction* probte, begleitet. »Wir schauten gemeinsam den Film, es war ein wunderschöner Abend«, erinnert sich Tarantino und ergänzt: »Tony war genau der richtige Regisseur für diesen Film.«[61] *True Romance* war kein Erfolg an den US-Kinokassen, obwohl Quentin Tarantino stark in die Werbekampagne eingebunden worden war. Die Strahlkraft seines Namens und seines Regiedebüts *Reservoir Dogs* war noch nicht groß genug. Tarantino vermutete, dass der Misserfolg von *True Romance* darin begründet lag, dass der Titel zwar große Gefühle versprach, der Film jedoch nicht zwingend mit der Vorstellung übereinstimmte, die amerikanische Teenagerpärchen von einem Date Movie hatten. Den Titel erklärt Tarantino aus seiner persönlichen Sichtweise: »Ich habe den Filmtitel nie als Ironie empfunden, weil die Geschichte damals tatsächlich mein Ideal von Romantik war. Viele, die mich kennen, meinten scherzhaft, *True Romance* wäre mein privates Homevideo – allerdings gedreht von Tony Scott.«[62]

Rückblickend war *True Romance* für Tarantinos Karriere wichtiger als für die von Tony Scott. Erst der Verkauf des Drehbuchs hatte sein Regiedebüt *Reservoir Dogs* möglich gemacht und dank dieses Films galt Tarantino in der Branche nun wirklich als Regisseur und nicht mehr nur als Autor, der auch einmal gerne Regie führen würde. Filmkenner und Fans fieberten *Pulp Fiction* entgegen, während Tony Scott sich in zahlreichen Interviews für die Gewaltszenen in *True Romance* rechtfertigen musste. Selbst die positiven Kritiken hoben diesen Aspekt hervor und warnten vor drastischen Szenen. Diese Erfahrung hatte Quentin Tarantino bereits bei *Reservoir Dogs* gemacht. Beide Filme gipfeln in einem Mexican Standoff. Diese blutige Pattsituation mit vielen Schießenden und wenig Überlebenden wird gern als Hommage an den chinesischen Actionfilmer John Woo beschrieben. Doch Quentin Tarantino, der sonst offen dazu steht, dass er sich bei den besten Regisseuren der Welt bedient, widerspricht: »Als ich die Szene für *True Romance* schrieb, wusste ich nicht einmal, wer John Woo ist. Die Heroic-Bloodshed-Filme aus Hongkong sah ich erst drei oder vier Jahre später. Der Mexican Standoff ist genauso meine Erfindung wie John Woos Erfindung.«[63]

Dass *True Romance* ein Flop war, obwohl er im Gegensatz zu *Pulp Fiction*, den Tarantino gerade vorbereitete, dem Hollywood-Ideal des lineal erzählten und mit Happy End versehenen Mainstream-Films entsprach, steigerte nicht unbedingt den Optimismus des jungen Regisseurs: »Ich fand mich damit ab, dass es wohl das Los meines Lebens sein sollte, als respektierter Kultregisseur von Festival zu Festival zu ziehen, aber nie die große Masse zu erreichen. Also nahm ich mir vor, *Pulp Fiction* so zu drehen, wie es mir gefiel – der Film würde ja sowieso kein kommerzieller Erfolg werden.«[64]

KAPITEL 6
PULP FICTION

»Er war wie ein mit Energie aufgeladenes Kind«[65], sagt Schauspieler Danny DeVito über Quentin Tarantino, dem er 1992 erstmals begegnete. Tarantino schnitt gerade mit Sally Menke *Reservoir Dogs* und das Drehbuch war durch Zufall in Danny DeVitos Hände geraten. Er wollte den Mann, der solche Dialoge schrieb, umgehend kennenlernen und sagte: »Quentin, was auch immer du als Nächstes machst, ich will dabei sein.«[66] Das war keine leere Versprechung eines Komikers. Danny DeVito veranlasste das Filmproduktionsunternehmen TriStar Pictures, mit dem seine eigene Produktionsfirma einen Vertrag hatte, Tarantino 900.000 Dollar als Anschubfinanzierung zur Verfügung zu stellen und ihm gleichzeitig künstlerische Freiheit zu gewähren. Hinzu kam die Zusage, dass Tarantino das Drehbuch anderen Studios anbieten durfte, falls TriStar sich gegen das Projekt entscheiden sollte.

Mit den 50.000 Dollar, die er durch *Reservoir Dogs* verdient hatte, und den 900.000 Dollar von TriStar im Rücken, konnte sich Tarantino endlich auf das Schreiben konzentrieren, ohne Gelegenheitsjobs annehmen zu müssen, um sein Leben zu finanzieren. Er packte seinen Koffer und flog nach Amsterdam, wo er sich für mehrere Monate in einem kleinen Apartment einquartierte. Diesen Traum hatten er und Roger Avary seit der Zeit, in der sie für Video Archives gearbeitet hatten. Damals hatte sie die Stadt vor allem wegen der legalen Drogen und der Prostituierten gereizt, doch nun ging es Tarantino vor allem um die Erfahrung, in einem anderen Land zu leben. Er machte viele Spaziergänge, kehrte oft in den Cafés entlang der Grachten ein, besuchte Kinos, in denen die englischsprachigen Filme im Original mit Untertiteln liefen, und schrieb an seinem Drehbuch.

Pulp Fiction basierte auf drei Geschichten und vielen losen Ideen, die Quentin Tarantino und Roger Avary schon Jahre zuvor entwickelt hatten. Tarantino wollte die Geschichte eines Gangsters, der die Freundin seines Bosses ausführt, schreiben und inszenieren. Roger Avary sollte die Geschichte eines Boxers beisteuern, der einen getürkten Kampf verlieren soll, aber heimlich auf sich selbst wettet und mit dem Gewinn verschwinden will. Ein drittes Segment sollte zwei Killer auf dem Weg zu ihrer Arbeit begleiten. Die Hauptfiguren jeder Erzählung sollten auch als Nebenfiguren der anderen Geschichten auftauchen. Tarantino zog erst eine Zusammenarbeit mit Tony Scott in Betracht, doch kaum hatte er bei Scott angefragt, sagte er ihm wieder ab. Tarantino spürte, dass der Film von einem einzigen Regisseur inszeniert werden sollte. *Pulp Fiction*, benannt nach den Groschenromanen, die in den 1920er- und 1930er-Jahren als Wegwerfware auf billigem Papier gedruckt wurden, sollte der Nachfolger von *Reservoir Dogs* werden. Als Kinofan wusste Tarantino, dass der zweite Film der wichtigste in der Karriere eines Regisseurs ist. Ein gelungenes Debüt können Kritiker und Zuschauer als reinen Glückstreffer werten. Misslingt der verflixte zweite Film, verschwindet der Regisseur meist in der Versenkung. Wird der zweite Film jedoch ebenfalls ein Erfolg, dann darf sich der

Regisseur im weiteren Verlauf seiner Karriere ruhig einmal einen Ausrutscher leisten.

In Amsterdam füllte Quentin Tarantino handschriftlich ein Notizbuch nach dem anderen mit Regieanweisungen, Dialogen und Angaben zu Kameraeinstellungen. Er unterbrach die Arbeit lediglich, um für *Reservoir Dogs* nach Cannes zu reisen. Von dort aus fuhr er mit Roger Avary und der Produzentin Stacey Sher zurück nach Amsterdam. Die beiden verbrachten ein paar Tage mit Tarantino in dessen Apartment und hörten zu, wie er aus dem ersten Akt des Drehbuchs gestenreich und mit verstellten Stimmen vorlas. Stacey Sher flog zurück nach Los Angeles, Roger Avary blieb in Amsterdam und steuerte weitere Einfälle zum Drehbuch bei. Tarantino und Avary schrieben alle Ideen auf, die sie in den letzten Jahren entwickelt hatten, und breiteten die Blätter auf dem Boden aus. Dann versuchten sie, die einzelnen Szenen in eine logische – wenn auch nicht lineare – Reihenfolge zu bringen. Als Avary zurück in die USA flog, hielt er sich für den Koautor des Drehbuchs. Er wusste nicht, dass Tarantino das anders sah. Dieser stufte Avary als reinen Stichwortgeber ein, dessen Anregungen er mit Dialogen und überraschenden Wendungen aufpolierte.

Mitte 1992 kehrte auch Quentin Tarantino nach Los Angeles zurück. Im Gepäck hatte er ein Dutzend Notizbücher. Darin fanden sich handgeschriebene, schwer zu entziffernde Texte, die voller Rechtschreibfehler waren. Der Schulabbrecher Tarantino schrieb die Worte oft, wie sie klangen, und nicht, wie die Wörterbücher sie vorgaben. Linda Chen, eine Schreibkraft und Beraterin des Drehbuchautors Robert Towne, war mit Tarantino befreundet. Sie versprach ihm, die Texte mit der Schreibmaschine in Reinschrift zu bringen. Gratis. Sie ging davon aus, dass der Job nach wenigen Tagen erledigt sein würde. Doch sie irrte sich. Tarantino bestand darauf, ihr die Szenen vorzulesen und zu diktieren. Dafür lud er sie spätabends zum Essen ein, allerdings musste sie ihn mit ihrem Wagen abholen und chauffieren. Sein Führerschein war vorübergehend eingezogen worden, weil er zu viele Strafzettel nicht bezahlt hatte. Linda Chen opferte jede freie Minute, doch das Drehbuch wurde nicht fertig. Als der Produzent Lawrence Bender und die Firma TriStar Pictures erste Ergebnisse einforderten, nahm Tarantino das Angebot an, bei Chen einzuziehen, um näher an ihr und ihrer Schreibmaschine zu sein. Als Gegenleistung forderte Chen lediglich, dass der Gast und Sofaschläfer ihr Kaninchen Honey Bunny versorgen sollte, wenn sie zu Dreharbeiten fuhr. Tarantino weigerte sich, weil er sich nicht vorstellen konnte, Verantwortung für ein lebendes Wesen zu tragen. Also vertraute Chen das Kaninchen anderen Freunden an. Dort büxte Honey Bunny aus und kehrte nie wieder zurück. In Gedenken an das Kaninchen nannte Tarantino die Räuberin in der Auftaktszene von *Pulp Fiction* Honey Bunny.

Nach vielen Wochen tippte Linda Chen die erlösenden Worte »MAY 1993 LAST DRAFT« auf die erste von insgesamt 159 Seiten. Damit wollte Tarantino ein deutliches Signal an TriStar Pictures senden, dass er nicht bereit war, Änderungen auf Geheiß des Studios vorzunehmen. Mike Medavoy, ab 1990 Vorstandsvorsitzender von TriStar Pictures, las das Drehbuch, mochte es – und entschied sich gegen die Verfilmung des Stoffes. Er hatte das vorhergehende Wochenende im Weißen Haus verbracht und mit vielen Senatoren über die ausufernden Gewaltdarstellungen in den amerikanischen Kinos gesprochen. Hollywood, da waren sich die Politiker einig, brauchte eine freiwillige Selbstzensur und musste den Blutorgien Einhalt gebieten. In diesem politischen Klima sah Medavoy keine Chance, *Pulp Fic-*

tion zu produzieren. Vor allem die Szene, in der der Profikiller Vincent Vega im Auto sitzt und mit seiner Pistole versehentlich einem jungen Kriminellen auf der Rückbank den Schädel wegpustet, hielt der Vorstandsvorsitzende nicht für realisierbar. »Das ist aber lustig!«, versicherte Tarantino, doch er konnte Medavoy nicht überzeugen. TriStar Pictures hielt sich an die Vereinbarung, dass Tarantino das Drehbuch anderen Studios anbieten durfte. Doch keine der großen Filmgesellschaften wollte es haben.

Erneut schaltete sich Danny DeVito ein und gab das Drehbuch Richard Gladstein, der inzwischen von der Heimvideofirma Live Entertainment zu Miramax gewechselt war. Harvey Weinstein, der das Unternehmen kurz zuvor für 80 Millionen Dollar an Disney verkauft hatte, verließ gerade sein Büro, um zum Flughafen zu fahren, als Gladstein ihm das Drehbuch in die Hand drückte. »Was soll das sein? Ein Telefonbuch?«[67], fragte Weinstein mit Blick auf die ungewöhnliche Fülle von 159 Seiten. Gladstein bestand darauf, dass Weinstein das Buch im Flugzeug las. Er wollte *Pulp Fiction* unbedingt produzieren und den zeitlichen Vorsprung nutzen, den Miramax gegenüber zwei kleineren Mitbewerbern hatte. Der eine war Gladsteins früherer Arbeitgeber Live Entertainment, der *Reservoir Dogs* produziert hatte. Der zweite war eine französische Produktionsfirma.

Zwei Stunden später klingelte Gladsteins Telefon. Harvey Weinstein nutzte das teure Satellitentelefon an Bord des Flugzeugs und sagte: »Mein Gott, die erste Szene ist einfach genial. Bleibt es so gut?«[68] Gladstein bejahte die Frage und Weinstein befahl: »Bleib im Büro!« Eine Stunde später rief er wieder an und fragte: »Spinnt ihr? Ihr bringt die Hauptfigur mitten im Film um?« Zwar hatte Alfred Hitchcock 1960 cineastische Maßstäbe gesetzt, als er die von Janet Leigh gespielte Heldin in *Psycho* schon in der ersten Hälfte des Films unter der Dusche niedermetzeln ließ, doch Tarantino war nicht Hitchcock und der unverhoffte Abschuss des Profikillers Vincent Vega widersprach jeder Hollywood-Regel. »Lies einfach weiter!«, befahl nun Richard Gladstein seinem Boss. Diese Entschlossenheit machte Weinstein nachdenklich: »Mein Gott, er kommt wieder, oder? Fang an zu verhandeln!« Nach einer Stunde war Weinstein wieder am Telefon und wollte den Deal perfekt machen: »Beeil dich! Wir machen den Film.«[69]

Miramax und Tarantinos Manager Mike Simpson wurden sich in fast allen Punkten einig: Dem Film wurde eine Länge von bis zu zweieinhalb Stunden zugestanden und Tarantino wurde die künstlerische Kontrolle über den endgültigen Schnitt und über die Besetzung eingeräumt. Nur ein Punkt bereitete den Weinsteins Bauchschmerzen: dass die Hauptrolle mit John Travolta besetzt werden sollte. Die große Zeit des *Saturday Night Fever*-Stars war längst vorbei, zuletzt hatte er für TriStar Pictures den dritten Teil der Komödie *Look Who's Talking (Kuck' mal wer da spricht!,* 1989) abgedreht. Harvey Weinstein wusste, dass sowohl Oscar-Preisträger Daniel Day-Lewis als auch Bruce Willis an der Rolle des Vincent Vega interessiert waren. »Wir haben allem anderen zugestimmt, lasst uns über diesen Punkt später entscheiden«[70], sagte Harvey Weinstein in einer nächtlichen Verhandlung. Es war 3.30 Uhr in New York, wo Harvey und Bob Weinstein sich befanden, und 0.30 Uhr in Los Angeles, wo Mike Simpson nicht locker ließ: »Wenn ihr den Film haben wollt, müsst ihr auch diesem Punkt zustimmen. Und zwar sofort.« Er gab den Weinsteins 15 Sekunden Bedenkzeit und begann, rückwärts zu zählen. Harvey Weinstein war außer sich vor Wut, doch Bob überredete seinen Bruder.

Ursprünglich hatte Quentin Tarantino die Rolle des Vincent Vega für Michael Madsen geschrieben, der in *Reservoir Dogs* schon Vic Vega alias Mr Blonde gespielt hatte. Madsen unterschrieb jedoch einen Vertrag für Lawrence Kasdans starbesetzten Western *Wyatt Earp* (*Wyatt Earp – Das Leben einer Legende*, 1994) und musste *Pulp Fiction* absagen. Zu dieser Zeit las Quentin Tarantino einen Bericht über John Travolta, in dem der Verfasser der Filmkritikerin Pauline Kael die Frage stellte, ob der Schauspieler nach vielen Flops und seichten Komödien jemals wieder an alte Erfolge würde anknüpfen können. »Er muss«, sagte Pauline Kael und ergänzte: »Die Filme brauchen ihn.« Für Tarantino war Pauline Kaels Meinung Gesetz. Schon als Jugendlicher prägten ihn ihre Kritiken und Einschätzungen, sogar den Beruf des Filmkritikers zog er ihretwegen in Betracht. Tarantino beschloss, John Travolta zum Comeback zu verhelfen. Travoltas letzter guter Film, *Urban Cowboy*, lag mehr als zehn Jahre zurück und Hollywood setzte nicht mehr auf den Darsteller. Doch Tarantino hatte das Gefühl, dass die Zuschauer Travolta immer noch mochten und für diese Wertschätzung dringend wieder eine Legitimation brauchten.

Travolta erkannte die Chance, die Hollywoods neuer Shootingstar ihm bieten wollte. Auf Tarantinos Einladung hin besuchte er ihn in dessen Apartment. Bereits an der Türschwelle überraschte er Tarantino damit, dass er den Zuschnitt der Räume und die Fliesen des Badezimmers aus dem Gedächtnis beschreiben konnte. Travolta hatte 18 Jahre zuvor, als er nach Los Angeles gezogen war und die Fernsehserie *Welcome Back, Kotter* drehte, in demselben Apartment am Crescent Heights Boulevard gewohnt, in dem nun Tarantino lebte. Allerdings hatte der Schauspieler die Wände damals nicht mit Filmplakaten von *Rio Bravo* und *Bande à part* dekoriert.

Der Schauspieler und der Regisseur unterhielten sich, bis am nächsten Morgen die Sonne aufging. Obwohl Travolta der Star war und Tarantino nur ein hoffnungsvolles Talent, war die Rollenverteilung umgekehrt: »Er war richtig wütend auf mich, weil ich meine Karriere und mein Potenzial vernachlässigt hatte. Er brüllte mich an wie ein Vater, der seinen Sohn ausschimpft«[71], erinnert sich John Travolta. Tarantino bot Travolta aus dem Stand zwei Hauptrollen an: in *Pulp Fiction* und in *From Dusk Till Dawn*. Als Vampir sah Travolta sich nicht, wohl aber als Vincent Vega, auch wenn er den der Figur zugeschriebenen Heroinkonsum nicht guthieß. Der ehemalige Schauspielstar erkannte sehr wohl, dass Tarantino viel riskierte, wenn er ihn gegen alle Widerstände der Weinsteins als Hauptdarsteller durchboxte, und sah seine Verantwortung, dem zehn Jahre jüngeren Regisseur für seine Bemühungen etwas zurückzugeben.

Harvey Weinstein bestand darauf, die Rolle des Vincent Vega mit einem aktuellen Star zu besetzen, weil er nicht an John Travolta glaubte. Erneut erwies sich Harvey Keitel als wichtiger Mentor. Er besuchte Bruce Willis in dessen Haus in Malibu und sprach mit ihm über das neue Projekt des Regisseurs von *Reservoir Dogs*. Willis gefiel der Film und er wollte mit Tarantino arbeiten, auch wenn die Gage für dieses Engagement im Vergleich zu den Summen, die er seit *Die Hard* (*Stirb langsam*, 1988) gewohnt war, einen drastischen Einschnitt bedeutete. Keitel lud Willis zu einem Barbecue in sein Strandhaus ein und sorgte dafür, dass auch Tarantino zugegen war. Willis machte keinen Hehl daraus, dass er gern die Hauptrolle spielen würde. Tarantino betonte einmal mehr, dass John Travolta als Vincent Vega gesetzt war, bot Willis aber die Rolle des Boxers Butch an, obwohl dieser dafür eigentlich zu alt war. Beim Schreiben hatte Tarantino für diesen Part Matt Dillon vor Augen gehabt. Dillon hatte die Idee zwar gefallen, doch er hatte um Bedenkzeit gebeten. Da Tarantino dieser Mangel an Euphorie wütend gemacht hatte, war Dillon aus dem Rennen und Willis erhielt den Zuschlag. Willis las das Drehbuch noch einmal und konzentrierte sich dabei auf die Rolle des Boxers. Dass Butch nur eine Nebenfigur war, die noch dazu im Film anal vergewaltigt wird, war zwar kein Grund zur Freude, aber wenn dies der Preis war, den er für die Arbeit mit Tarantino zu zahlen hatte, dann war Willis dazu bereit. Harvey Weinstein war begeistert, dass er mit Bruce Willis seinen geforderten Superstar neben John Travolta bekam. Travolta und Willis hatten bereits bei den *Kuck' mal wer da spricht!*-Filmen zusammengearbeitet. Travolta hatte den Familienvater gespielt, Bruce Willis dem Baby Mikey seine Stimme geliehen.

Pulp Fiction war ein guter Belastungstest, wie autonom das neue Mutterhaus Disney die kürzlich gekaufte Stieftochter Miramax arbeiten lassen würde. Inhalte wie Drogen, Gewalt, Flüche und die anale Vergewaltigung waren das genaue Gegenteil vom biederen Image des Mäuse-Konzerns. Doch auch der damalige Vorstandsvorsitzende Jeffrey Katzenberg war vom Drehbuch begeistert und gab den Weinsteins seinen Segen.

Für die weibliche Hauptrolle der Gangsterbraut Mia Wallace interessierten sich Michelle Pfeiffer, Meg Ryan, Holly Hunter und Rosanna Arquette, doch nur mit Uma Thurman traf sich Tarantino persönlich. Ihr Manager Jay Moloney hatte ihr das Drehbuch weitergeleitet. Er sah *Pulp Fiction* als wichtigen Karriereschritt seiner Klientin an. Uma Thurman war anderer Meinung. Die Tochter eines amerikanischen Buddhismus-Forschers und einer schwedisch-deutschen Psychotherapeutin war in einem künstlerisch-intellektuellen Umfeld aufgewachsen und in den besten Internaten erzogen worden. Die Brutalität, die Drogen und die Flüche in *Pulp Fiction* waren nicht ihre Welt. Quentin Tarantino, der schon immer viel von Frauen hielt, die schlauer waren als er, sah sich vor eine willkommene Herausforderung gestellt. Er traf sich mit Uma Thurman zum Abendessen im Promi-Lokal The Ivy in Los Angeles und redete drei Stunden lang auf sie ein. Weil das nicht reichte, um sie zu überzeugen, flog er nach New York und traf sie erneut in ihrem Apartment. Thurman gefiel die Szene nicht, in der Butch und Marsellus Wallace vergewaltigt werden. Lang und ausführlich diskutierte Tarantino mit ihr über männliche und weibliche Vergewaltigungen. Am Ende siegten Tarantinos Argumente. Uma Thurman sagte für die Rolle zu.

Im Gegensatz zur ihr kämpfte Samuel L. Jackson mit allen Mitteln darum, in *Pulp Fiction* mitspielen zu dürfen. Er wollte die Rolle des Profikillers Jules Winnfield an John Travoltas Seite ergattern. In *True Romance* hatte Jackson den Kriminellen Big Don gespielt, der durch einen realen Menschen dieses Namens inspiriert worden war, den Tarantino in seiner Kindheit über eine schwarze Freundin seiner Mutter Connie kennengelernt hatte. Als Tarantino *Pulp Fiction* schrieb, hatte er Samuel L. Jackson für die Rolle des Winnfield bereits vor Augen. Er ließ ihn nur pro forma vorsprechen. Voller Zuversicht kehrte Jackson zu den Dreharbeiten von *Fresh*, einem anderen Projekt des *Pulp Fiction*-Produzenten Lawrence Bender, zurück. Doch dann erfuhr er, dass Tarantino die Rolle inzwischen auch Paul Calderón, einem aus Puerto Rico stammenden Schauspieler, in Aussicht gestellt hatte. Jackson ließ seinen Agenten bei Harvey Weinstein anrufen, der wiederum die Aufforderung erteilte, Jackson solle sofort nach Los Angeles kommen, um Tarantino »einen zu blasen, bis ihm die Eier abfallen«[72]. Entschlossen bestieg Jackson das Flugzeug und ahnte nicht, dass am selben Tag auch Paul Calderón zum zweiten Vorsprechen eingeladen war. Calderóns Termin lag vor dem Gespräch mit Jackson, doch da sich Tarantino verspätete, spielte Calderón die Szene nicht mit Tarantino, sondern mit einem Produzenten durch. Dabei versagte er, weil ihn die Atmosphäre in keiner Weise inspirierte. Jackson war dagegen auf Krawall gebürstet. Er war hungrig und sauer, weil ihn niemand begrüßte und er auf dem Flur warten musste. Zu allem Überfluss verwechselte ihn ein Mitglied der Tarantino-Crew auch noch mit dem Schauspieler Laurence Fishburne. Als Jackson dann den Casting-Raum betrat, machte er aus seiner Wut keinen Hehl: »Ihr wollt die Rolle einem anderen geben? Ich werde euch abknallen, ihr Motherfucker!«[73] Quentin Tarantino, der inzwischen eingetroffen war, Lawrence Bender und Richard Gladstein waren sich einig, dass nur Jackson für den Part infrage kam. Nicht nur, weil sie eingeschüchtert waren, sondern auch, weil sie sich den einen Bibelvers zitierenden Profikiller Jules Winnfield genau so vorgestellt hatten. Der glücklose Paul Calderón wurde mit der kleinen Rolle des Barkeepers Paul in *Pulp Fiction* getröstet.

Das Räuberpärchen Pumpkin und Honey Bunny besetzte Tarantino mit Tim Roth und Amanda Plummer, die auch privat befreundet waren. Miramax hätte lieber Johnny Depp verpflichtet, aber nach den guten Erfahrungen bei *Reservoir Dogs* entschied sich Tarantino erneut für Tim Roth. Eric Stoltz, der zuvor in Roger Avarys Regiedebüt *Killing Zoe* die Hauptrolle neben Julie Delpy gespielt hatte, durfte sich einen von zwei Parts aussuchen, in denen er allerdings jeweils einen Bademantel zu tragen hatte. Er entschied sich gegen die Rolle des Jimmie Dimmick, die Tarantino kurzerhand selbst übernahm, und für die Figur des Heroindealers Lance. Für die Rolle von Lances Frau hatte Tarantino sein Jugendidol Pam Grier vorgesehen, doch beim Vorsprechen zeigte sich, dass der frühere Blaxploitation-Star körperlich und charakterlich zu präsent war, um neben dem schmächtigen Eric Stoltz glaubhaft das unterwürfige Weibchen zu spielen. Die Rolle wurde schließlich an Rosanna Arquette vergeben. Für den Part von Marsellus Wallace war mit Max Julien ein weiterer Blaxploitation-Star eingeplant. Doch Julien sagte ab, weil er fest davon überzeugt war, dass die Fans seines Erfolgsfilms *The Mack* (*Straßen zur Hölle*, 1973), der auch in einer *True Romance*-Szene im Bildhintergrund im Fernsehen läuft, nicht sehen wollten, wie er von einem Perversen vergewaltigt wird. Dagegen sah der ausgebildete Bühnenschauspieler Ving Rhames in der Rolle des Marsellus Wallace eine seltene Gelegenheit, trotz seines bulligen Äußeren einmal eine sehr verletzliche Figur zu spielen.

Angesichts der prominenten Besetzung war das Gesamtbudget von *Pulp Fiction* mit 8,5 Millionen Dollar knapp bemessen. Sieben Millionen kalkulierte der Produzent Lawrence Bender allein für die Gagen der Schauspieler ein. Für alle größeren Rollen legte er pauschal 20.000 Dollar pro Woche und Darsteller fest. Für John Travolta, der sieben Wochen lang gebraucht wurde, ergab sich daraus ein Entgelt von 140.000 Dollar. Im Vergleich zu seinem Bekanntheitsgrad war diese Summe lächerlich, doch Travolta profitierte über vertraglich vereinbarte Gewinnbeteiligungen nachträglich stark von *Pulp Fiction*. Zudem ebnete ihm der Film den Weg in die Riege der Hollywood-Stars, die 20 Millionen Dollar für ein Engagement erhielten.

Der erste von insgesamt 51 Drehtagen fand am 20. September 1993 statt. Tarantino setzte in den meisten Bereichen auf Mitarbeiter, die schon bei *Reservoir Dogs* mitgewirkt hatten und keiner Gewerkschaft angehörten. Linda Chen, die drei Monate lang das Drehbuch getippt hatte, war jeden Tag als Setfotografin zur Stelle. Die Diner-Szenen mit Tim Roth und Amanda Plummer drehte Tarantino im Hawthorne Grill, einem Lokal, das später zugunsten eines Autoteilehandels abgerissen wurde. Der Hawthorne Grill glich einer Sauna, weil Kameramann Andrzej Sekula mit einem speziellen Kodak-Film drehte, der eine extrem starke Ausleuchtung voraussetzte. Der Produzent Lawrence Bender befürchtete, die großen Glasfenster des Diners könnten angesichts der Hitze zerspringen. In derselben Woche hatten auch John Travolta und Samuel L. Jackson ihren ersten Drehtag als Vincent und Jules. Es wurde die Szene eingespielt, in der die beiden den von Pumpkin und Honey Bunny schlecht geplanten Überfall in dem Diner unterbrechen.

Die schwarzen Anzüge der Profikiller waren eine Fortführung von *Reservoir Dogs* und somit Quentin Tarantinos Idee. Die Frisuren kreierten die Schauspieler selbst: Travolta ließ sich Extensions einflechten, Jackson besorgte sich eine Perücke im Afrolook. Tarantino war zunächst gegen die auffällige Haarpracht der beiden, ließ sich aber überzeugen.

Der Produktionsdesigner David Wasco und sein Team erbauten das markante Restaurant Jack Rabbit Slim's in einer Lagerhalle in Culver City. Mit diesem Set verwirklichte Quentin Tarantino seine Idealvorstellung eines Themenrestaurants mit Filmstar-Doppelgängern, coolen Autos und dem Flair der guten alten Hollywood-Zeit. Als Steve Buscemi in der Kulisse seinen Kurzauftritt als Kellner in Buddy-Holly-Verkleidung absolvierte, kokettierte er mit seiner Rolle als Mr Pink, der in *Reservoir Dogs* einer Kellnerin kein Trinkgeld gönnt.

Die Tanzszene mit Vincent Vega und Mia Wallace stand schon im Drehbuch, bevor Tarantino die Idee hatte, John Travolta zu besetzen. Beim Dreh zitierte Travolta auf der Tanzfläche unverhofft seine früheren Erfolge *Saturday Night Fever* und *Grease*, nur dass er inzwischen aufgedunsen wirkte und knapp 20 Jahre älter war. Tarantino wünschte sich einen Twist für die

Szene. Travolta, der als Achtjähriger einen Twist-Wettbewerb gewonnen hatte, führte auch weniger bekannte Tanzstile wie Batman, Hitchhiker und Swim vor, die der Regisseur begeistert in die Szene einbaute. Da vor allem Uma Thurman Sorge hatte, sich beim Tanz zu Chuck Berrys Lied »You Never Can Tell« zu blamieren, stimmte Tarantino die Crew mit einer ausgelassenen Tanzszene aus Jean-Luc Godards *Bande à part* ein. Darüber hinaus regte er Uma Thurman an, sich bei ihren Tanzbewegungen am stolzierenden Gang der Katzenmutter Duchess aus dem Disney-Zeichentrickfilm *Aristocats* zu orientieren. Da sich sein Regiestil schon bei *Reservoir Dogs* bewährt hatte, stand Tarantino auch bei *Pulp Fiction* grundsätzlich direkt neben der Kamera, um die Leistung seiner Schauspieler zu beobachten, ihnen Regieanweisungen zuzurufen oder Szenen vorzuspielen. In einem Nebenraum zu sitzen und die Aufnahmen auf einem Monitor zu betrachten, kam für ihn nie infrage. In der Kulisse des Restaurants Jack Rabbit Slim's tanzte er neben dem Kameramann eifrig mit und rief seinen Schauspielern lautstark die Tanzstile »Watusi! Hitchhiker! Batman!« zu.

Craig Hamann, den Tarantino seit dem gemeinsamen Schauspielunterricht kannte und der die Hauptrolle im unvollendeten Übungsfilm *My Best Friend's Birthday* gespielt hatte, wurde quasi als Drogenbeauftragter der Produktion engagiert. Er sollte seine einschlägigen Erfahrungen mit Heroin und Kokain an John Travolta und Uma Thurman weitergeben. Hamann riet John Travolta, das Gefühl eines Herointrips zu evozieren, indem er so viel Tequila wie möglich trank und sich anschließend in eine Badewanne mit warmem Wasser legte. Dieses Gefühl, einerseits betäubt und andererseits extrem entspannt und zufrieden zu sein, sei mit der Wirkung des Heroins vergleichbar. Dagegen übernahm es Tarantino höchstpersönlich, Uma Thurman zu erklären, wie man sich Koks vom Waschbeckenrand in die Nase zieht. Im Film verwechselt Mia Wallace Vincent Vegas Heroin mit Kokain und fällt ins Koma. Sie wird von Vega in einem roten 1964er Chevrolet Malibu – Tarantinos Privatwagen, der wenig später vom Set gestohlen wurde und erst 2013 im Rahmen einer Polizeikontrolle wieder auftauchte – zum Haus des Dealers Lance gefahren. Der empfiehlt, Adrenalin ins Herz zu spritzen. Tarantino drehte die Szene so, dass die große Spritze bereits in Uma Thurmans Brustkorb steckte und John Travolta sie blitzschnell herauszog. Dann wurde die Aufnahme rückwärts abgespielt, um den Eindruck zu erwecken, Vincent ramme die Spritze mit voller Wucht in Mias Herz. Mias heftige Reaktion darauf lehnte Uma Thurman an eine Beobachtung an, die sie bei den Dreharbeiten zu Terry Gilliams *The Adventures of Baron Munchausen* (*Die Abenteuer des Baron Münchhausen*, 1988) gemacht hatte, in dem sie Botticellis Venus spielte: An einem Set in Spanien war ein Tiger aus Sicherheitsgründen betäubt und später mit Adrenalin aufgeweckt worden. So ließ Uma Thurman auch Mia Wallace wie einen Tiger ins Leben zurückspringen.

Quentin Tarantino ließ es sich nicht nehmen, die kleine Rolle des Jimmie Dimmick zu spielen. Dimmick hilft Vincent und Jules widerwillig dabei, die kopflose Leiche des versehentlich erschossenen Kleinganoven Marvin zu entsorgen, und ruft den Cleaner Winston Wolfe zu Hilfe, den Tarantinos Mentor Harvey Keitel verkörpert. Das T-Shirt, das Jimmie Dimmick unter seinem Bademantel trägt, ist ein versteckter Gruß an das alternative Detroiter Wochenmagazin *Orbit*. Dessen Redakteur Paul Zimmerman hatte 1992 während der Dreharbeiten zu *Reservoir Dogs* eines der ersten Interviews mit Tarantino geführt. Dem Belegexemplar, das er Tarantino zusandte, legte er ein T-Shirt mit dem aufgedruckten Cartoon-Maskottchen Orby bei. Quentin Tarantino soll sich über sein erstes prominent platziertes Interview so sehr gefreut haben, dass er jubelnd durch die Miramax-Büros rannte. Die letzte Klappe für *Pulp Fiction* fiel am 30. November 1993. Christopher Walken hielt Captain Koons vier Minuten langen Monolog, der im Drehbuch stolze acht Seiten füllte. Walken hatte die Textpassage in den vorangegangenen Wochen immer wieder geprobt und musste stets aufs Neue lachen, wenn er an die Stelle kam, an der seine Figur dem kleinen Butch erzählt, dass dessen Vater die goldene Uhr fünf Jahre lang rektal vor den Vietcong versteckt hatte. Am Drehtag, der um acht Uhr morgens begann und gegen Mittag endete, trug er den Text jedoch mit ernster Miene vor. Der sieben Jahre alte Chandler Lindauer, der Butch im Kindesalter spielte, wurde während des Monologs so müde, dass Tarantino beschloss, Christopher Walken nur noch in die Kamera sprechen zu lassen und die Reaktion des Jungen im Gegenschuss zu drehen.

Die Geschichte des Boxers Butch ging im Kern auf Roger Avary zurück. Noch während der Dreharbeiten zu *Pulp Fiction* erhielt Avary einen Anruf von Quentin Tarantinos Anwalt. Er erfuhr, dass er auf die Nennung als Koautor verzichten sollte, damit der Film als reines Tarantino-Projekt vermarktet werden konnte. Avary sollte im Abspann als Ideengeber genannt und mit 25.000 Dollar honoriert werden. Tarantinos langjähriger Weggefährte war gekränkt, doch Tarantino ließ ihm ausrichten, er werde seine Geschichten aus dem Film schreiben, wenn er nicht auf die Forderungen eingehen würde. Am Ende einigten sich die beiden dann zwar auf eine gemeinsame Nennung als Autoren und auf Avarys prozentuale Beteiligung an den Einspielergebnissen, das Ende ihrer Freundschaft war jedoch besiegelt.

Für den Schnitt zog sich Quentin Tarantino wieder über viele Wochen mit seiner Cutterin Sally Menke zurück. Wie bei *Reservoir Dogs* verzichtete Tarantino auf einen eigens komponierten Soundtrack. Er bediente sich in seinem privaten Schallplattenarchiv. Viele der Stücke, die im Film zu hören sind, stammen von seinen eigenen Alben, inklusive der Kratzer. Er konzentrierte sich auf Titel der späten 1950er- bis frühen 1970er-Jahre. Obwohl er die kalifornische Surferkultur verabscheute, bediente er sich beim Surf Rock, ergänzt um Country und Soul. Die Coverversion des 1967er-Neil-Diamond-Hits »Girl, You'll Be a Woman Soon« stammt zwar aus dem Jahr 1994, war aber ebenfalls im Surf-Stil der 1960er-Jahre gehalten. Neil Diamond wollte die Rechte an seinem Song zunächst nicht freigeben, weil er sich geschworen hatte, dass keines seiner Werke jemals Drogen, Zigaretten oder Alkohol promoten sollte. Doch sein Plattenlabel lobte den jungen Regisseur Quentin Tarantino in den höchsten Tönen und betonte, dass der Film nicht reißerisch wäre. Diamond ließ sich überreden und bezeichnete die Szene mit Uma Thurman später als eine der stärksten des ganzen Films. Zur heimlichen *Pulp Fiction*-Hymne wurde indes Dick Dales gitarrenlastiges Stück »Misirlou«, die Coverversion eines griechischen Liedes aus den 1920er-Jahren.

Unter Filmemachern erzählt man sich gerne davon, wie George Lucas in den 1970er-Jahren befreundete Regisseure einlud, um ihnen die Rohfassung von *Star Wars (Krieg der Sterne)* zu präsentieren. Die Vorführung war ein absolutes Desaster: Die meisten Kollegen waren entsetzt, Lucas' Frau Maria verließ weinend den Saal und nur Steven Spielberg hatte das Gefühl, George Lucas würde mit seinem Science-Fiction-Film neue Maßstäbe setzen. Ein solches Screening erlebte auch *Pulp Fiction*. Tarantino machte keinen Hehl daraus, dass er an den Erfolgsaussichten seines eigenen Werks zweifelte. Er wollte zwar andere Filme drehen als die übliche Hollywood-Ware, aber er war sich nicht sicher, ob das Publikum akzeptieren würde, dass *Pulp Fiction* so weit von der Norm abwich. Nach der Testvorführung vor Kollegen war er noch pessimistischer, denn selbst befreundete Regisseure wie Robert Rodriguez bestärkten ihn in seiner Sorge, mit dieser nonlinearen Aneinanderreihung von Szenen und Geschichten keinen Film im eigentlichen Sinne gedreht zu haben. Allein die Regisseurin Kathryn Bigelow (*Blue Steel*, 1989) übernahm die Rolle, die einst Steven Spielberg für George Lucas gespielt hatte. Sie war begeistert von *Pulp Fiction*, forderte ein weiteres Screening für ihren Exmann James Cameron und beabsichtigte, John Travolta aufgrund seiner Leistung eine Rolle in ihrem Endzeitdrama *Strange Days* zu geben. Auch Harvey Weinstein erkannte, dass seine Sorge, John Travolta könnte den Film ruinieren, unbegründet war. Bei einer Miramax-internen Vorführung raunte er Robert Gladstein nach 20 Minuten mit einem verschmitzten Lächeln zu: »Ich bin so froh, dass ich die Idee hatte, John Travolta zu besetzen.«[74]

Harvey Weinstein beschloss, die Erwartungshaltung der wachsenden Tarantino-Fangemeinde zum wichtigsten Marketinginstrument zu machen. Weder die Zuschauer noch die Kritiker sollten wissen, welche Art von Film das Regie-Wunderkind im Herbst 1994 in die Kinos bringen würde. Die einzige Vorabpräsentation erhielten die Organisatoren der Internationalen Filmfestspiele von Cannes, die *Pulp Fiction* als Wettbewerbsbeitrag akzeptierten. Danach ließ Miramax einen eisernen Vorhang fallen und führte den Film erst wieder im Rahmen des Festivals auf. Für die Presse gab es dort ebenfalls nur jeweils ein Screening am Morgen und am Abend. Andere Filmemacher zeigten ihre Wettbewerbsbeiträge immer und immer wieder, um die maximale Aufmerksamkeit zu erreichen. Doch Harvey Weinstein setzte auf Klasse statt Masse. Er ließ neben Tarantino auch John Travolta, Bruce Willis, Uma Thurman, Samuel L. Jackson, Harvey Keitel und Tim Roth an die Riviera fliegen, damit sie auf dem roten Teppich die Spannung schürten.

Als *Reservoir Dogs* 1992 in Cannes außerhalb des Wettbewerbs lief, traf sich Tarantino zum Mittagessen mit Journalisten in einem Strandrestaurant. Nun hielt er im Hotel Carlton Hof, dessen obere Etage komplett für ihn und seine Entourage angemietet worden war. Nur John Travolta und Bruce Willis wohnten, wie alle in den Wettbewerbsfilmen vertretenen großen Stars, im Hôtel du Cap. Travolta war überwältigt, als er mit 1000 jubelnden Journalisten in einer der beiden Pressevorstellungen saß. »Ich habe mich hinter einer Säule versteckt, weil ich weinen musste vor Glück«, sagt er. »Ich habe gespürt: Jetzt fängt wieder ein neuer Abschnitt in meinem Leben an.«[75] Als es im Kino wieder hell wurde, erhielt *Pulp Fiction* 15 Minuten lang Standing Ovations. Eine Kamera übertrug Quentin Tarantinos strahlendes Lächeln in Großaufnahme auf die Leinwand.

Harvey Weinsteins Aufgabe war es jedoch, nicht nur die Presse, sondern auch die Jury zu überzeugen. Teil seiner Strategie war es, schon im Vorfeld den persönlichen Kontakt zwischen Quentin Tarantino und der *New York Times*-Filmkritikerin Janet Maslin herzustellen. Maslins Rezension glich einer Hymne auf *Pulp Fiction*. Weinstein sorgte dafür, dass der enthusiastische Artikel in die Hotelzimmer und Suiten aller Wettbewerbsjuroren gelangte, noch bevor *Pulp Fiction* im Jury-Screening lief.

Am Tag der Preisverleihung wurde Harvey Weinstein vom Präsidenten der Filmfestspiele, Gilles Jacob, darum gebeten sicherzustellen, dass der Regisseur und seine Stars bei der Zeremonie anwesend sein würden. Tarantino hatte zuvor angekündigt, den

Abend zu boykottieren, wenn die Jury *Pulp Fiction* in keiner Kategorie auszeichnen würde. Ein Preis nach dem anderen ging an die Macher der anderen 21 Wettbewerbsfilme. Am Ende blieb nur noch der Hauptpreis, die Goldene Palme, doch Tarantino ging davon aus, dass Krzysztof Kieslowski diese Auszeichnung für seinen Film *Trois couleurs: Rouge (Drei Farben: Rot)* mit nach Hause nehmen würde. Die Spannung stieg. »Oh mein Gott, du kriegst die Goldene Palme«[76], murmelte Harvey Weinstein, und Tarantino fuhr seinen Produzenten so harsch an wie nie zuvor: »Shut the Fuck up!« Als der Jury-Präsident Clint Eastwood den Umschlag öffnete und den Gewinner *Pulp Fiction* vorlas, brach das Publikum in Jubel aus. Quentin Tarantino und Lawrence Bender fielen sich in die Arme wie zwei Fußballprofis, die gerade als Außenseiter den Weltmeistertitel gewonnen hatten. Als die Filmemacher und ihre Stars auf die Bühne gingen, rief eine Russin lautstark durch den Saal: »*Pulp Fiction* ist Scheiße!« Tarantino formte seine Finger zur Pistole, feuerte auf die Frau und sagte in seiner Dankesrede: »Ich drehe keine Filme, die Menschen zusammenbringen. Ich mache Filme, die die Menschen spalten.«[77]

Trotz des Triumphs von Cannes wurde Tarantino in Interviews gebetsmühlenartig gefragt, warum er in seinen Filmen Gewalt verharmlose. Genauso gebetsmühlenartig verwies er auf die lange Tradition der Gewalt im Medium Film: »Es ist doch so, als hätten Edison und die Brüder Lumière die Kamera erfunden, um Gewalt zu filmen. Die ausdrucksstärksten Regisseure benutzten das Kino, um die Zuschauer aufzuwühlen.«[78] Bis heute ist er stolz darauf, dass Cannes seinetwegen einen gelben Punkt eingeführt hat, der auf Eintrittskarten vor Gewaltdarstellungen in Filmen warnt. Der gelbe Punkt feierte 1992 wegen *Reservoir Dogs* Premiere und wurde 1994 auch für *Pulp Fiction* wieder bemüht.

Tarantino war der Popstar der Filmfestspiele. Fotografen und Fans rissen sich um ihn, er konnte nun sein cineastisches Wissen, für das sich früher nur die Kollegen und Kunden von Video Archives interessiert hatten, der ganzen Welt mitteilen. Erste Journalisten sorgten sich, der Erfolg könne dem Filmemacher zu Kopf steigen und das Ende seiner jungen Karriere einläuten. Doch Tarantino präsentierte sich in Cannes selbstbewusst und voller Pläne: »Ich werde Western drehen und Vampirfilme, billige Schmuddelfilme und teure Epen – ich will der verdammt noch mal beste Regisseur Amerikas sein.«[79]

Durch den Verkauf der Auslandsrechte nahm Miramax nach den Filmfestspielen in Cannes bereits elf Millionen Dollar ein, wobei die Produktion von *Pulp Fiction* nur 8,5 Millionen Dollar gekostet hatte. Dennoch blieb Weinstein seiner Politik des Eisernen Vorhangs treu und zeigte den Film erst wieder im September beim New York Film Festival, einen Monat vor dem offiziellen US-Kinostart. Während der Vorführung gingen, kurz nachdem Vincent Vega auf der Leinwand die Adrenalinspritze in Mia Wallaces Herz gerammt hatte, die Lichter im Kino an und jemand schrie: »Ist ein Arzt im Saal?« Ein Zuschauer war bewusstlos zusammengebrochen. Eric Stoltz, der mit Tarantino auf dem Balkon saß, machte sich Sorgen, doch Tarantino war begeistert: »Das ist genau, was ich will: Die Leute sind so mitgerissen, dass sie in Ohnmacht fallen.«[80] Die Vorführung wurde für neun Minuten unterbrochen – und Harvey Weinstein schwört bis heute, dass es sich bei dem Vorfall, über den viele Medien berichteten, nicht um einen PR-Gag handelte.

Pulp Fiction spielte weltweit 214 Millionen Dollar ein. Bob und Harvey Weinstein stiegen in die erste Liga der Produzenten auf, die Independent-Firma Miramax entwickelte sich zum Big Player unter den Hollywood-Studios und Tarantino wurde Millionär: »Zum Glück hatte ich einen guten Vertrag ausgehandelt! Danach musste ich nie mehr einen Filmjob annehmen, nur weil ich Geld brauchte.«[81] In Hollywood war es plötzlich »in«, Tarantino cool zu finden. Selbst Dennis Hopper und Jack Nicholson, die für ihren Zynismus bekannt waren, sprachen vom »neuen Shakespeare«, Peter Bogdanovich nannte Tarantino »den einflussreichsten Regisseur« der Gegenwart.

Harvey Weinstein zog erneut alle Register seiner PR-Kunst, um *Pulp Fiction* für die Oscar-Verleihung im Frühjahr 1995 zu empfehlen. Er wusste, dass Hollywoods wichtigster Filmpreis eine Wiederaufführung und gute Geschäfte auf dem Heimvideomarkt bescheren würde. Gerüchten zufolge investierte er bis zu 400.000 Dollar in eine Imagekampagne, doppelt so viel wie die Produktionsgesellschaft Paramount Pictures für Werbemaßnahmen rund um ihren Film *Forrest Gump* ausgab, der als Favorit für die Oscar-Verleihung galt. Weinstein beließ es nicht bei Anzeigen in Branchenblättern, sondern schickte Mitarbeiterinnen in die Luxusaltenheime von Los Angeles. Dort sollten sie die betagten Academy-Mitglieder beim freundlichen Plausch überzeugen, *Pulp Fiction* anzusehen und dem Film ihre Stimmen zu geben.

Pulp Fiction ging schließlich mit sieben Nominierungen ins Oscar-Rennen, unter anderem in den Kategorien Bester Film, Bester Hauptdarsteller (John Travolta), Beste Nebendarstellerin (Uma Thurman) und Beste Regie. Daraus ging am 27. März 1995 nur ein einziger Oscar-Gewinn für das beste Originaldrehbuch hervor. Neben Quentin Tarantino wurde auch Roger Avary ausgezeichnet. Avary rächte sich bei der Preisverleihung auf seine Weise für Tarantinos Versuch, ihm die Koautorenschaft streitig zu machen: Er hatte einen Kameramann mit 500 Dollar bestochen, damit dieser die Kamera von Tarantino abwandte, nachdem Anthony Hopkins den Umschlag geöffnet und *Pulp Fiction* als Gewinner verkündet hatte. Statt Tarantino sahen eine Milliarde Fernsehzuschauer nur Avary, wie er von seinem Sitz aufsprang. Auf der Bühne des Shrine Auditoriums fielen sich die ehemaligen Freunde und späteren Rivalen in die Arme. Während Avary in seiner Rede seiner Frau dankte und dem prominenten Publikum mitteilte, dass er ganz dringend zur Toilette müsste, geriet der Dauerredner Tarantino ausnahmsweise ins Stocken:

»*Uh thanks! Uh, this has been a very strange year. I can definitely say that. Uh, you know what? I was trying to think ... I think this is the only award I'm going to win here tonight, so I was trying to think, maybe I should say a whole lot of stuff, right here right now, just get it out of my system, you know, all year long, everything roiling up, and everything, just blow it all, just tonight, just say everything! But I'm not. Thanks.*«[82]

(«Äh, danke! Äh, das war ein sehr seltsames Jahr. Das kann ich sicher sagen. Äh, wisst ihr was? Ich habe versucht nachzudenken ... Ich denke, das ist der einzige Preis, den ich heute Abend hier gewinnen werde, also habe ich überlegt, vielleicht sollte ich eine ganze Reihe von Sachen sagen, hier und jetzt, nur um sie mal loszuwerden, wisst ihr, was das ganze Jahr über passiert ist, alles, was mich bewegt, sollte ich einfach heute Abend mal rauslassen, einfach mal alles sagen! Aber das mache ich nicht. Danke.«)

Mit seiner Prognose, dass keine weiteren Oscars für *Pulp Fiction* folgen würden, lag Tarantino richtig. Der Abend gehörte *Forrest Gump*. Aber die Zukunft gehörte Quentin Tarantino. Er veränderte die Filmbranche radikal. Die Grenzen zwischen dem kommerziellen Kino der großen Studios und den Independent-Filmen unabhängiger Produktionsfirmen waren kaum noch erkennbar. Plötzlich konnten Filme Avantgarde und zugleich Mainstream sein. Hunderte von Autoren überschwemmten die Studios mit Drehbüchern, die »tarantinoesk« wirkten. »Ich wurde schneller zu einem Adjektiv, als ich es mir hätte träumen lassen«[83], blickt Tarantino auf die 1990er-Jahre zurück. Dank *Pulp Fiction* tauchte der Name Quentin Tarantino sogar auf der Autorenliste der Frankfurter Buchmesse auf. Im Oktober 1994, einen Monat vor dem deutschen Kinostart, erregte das gedruckte Drehbuch zum Film mehr Aufsehen als die neuesten Romane von Stephen King und Norman Mailer.

Pulp Fiction schaffte, was zuvor Dennis Hopper mit *Easy Rider* (1969) und George Lucas mit *Star Wars* (1977) gelungen war: Der Film löste eine Revolution aus. Junge Filmemacher wie Robert Rodriguez und David Fincher konnten auf der Welle des Erfolgs mitschwimmen. Sie konnten auf der Leinwand ausprobieren, was immer sie wollten, und ihre künstlerische Freiheit mit dem Erfolg von *Pulp Fiction* rechtfertigen. Für Tarantino hätte der Erfolg zu einer Falle werden können: Die großen Studios versuchten, das Wunderkind der Branche zu locken, und boten ihm die Regie bei Filmen an, die sich ohne Zweifel als Blockbuster erweisen würden – zum Beispiel bei *Speed* (1994) und später bei *Men in Black* (1997). Tarantino ließ sich die Drehbücher schicken und lehnte ab, bevor er sie zu Ende gelesen hatte. Er wollte erneut etwas Eigenes schaffen. Aber nicht sofort.

Für sein nächstes Projekt wollte er sich zwei bis drei Jahre Zeit lassen. Die Produzenten in seinem Umfeld konnten diese Gelassenheit kaum fassen, doch Tarantino teilte ihnen mit, dass er nun genug Geld habe, um sorgenfrei leben und nebenbei ein neues Drehbuch schreiben zu können. Er lebte, wie er wollte – und deutlich unter seinen Verhältnissen. Er fuhr noch immer seinen klapprigen Suzuki Geo Metro und lebte in einer kleinen Wohnung. Er mietete ein zweites Apartment an, weil er Platz für seine stetig wachsende Sammlung von Filmkopien, Schallplatten, Plakaten, Actionfiguren und Brettspielen alter Fernsehshows brauchte. Er reiste zu Filmfestivals, plauderte mit Filmemachern, ließ sich auf wechselnde Frauenbekanntschaften ein und genoss es, berühmt zu sein.

KAPITEL 7

NATURAL BORN KILLERS

Im August 1994, nur einen Monat vor *Pulp Fiction*, lief in den USA Oliver Stones umstrittenes Filmexperiment *Natural Born Killers* an. Die Bonnie-und-Clyde-artige Geschichte eines mordenden Pärchens im Zeitalter der Massenmedien war schon vor *Pulp Fiction* gedreht worden und basierte auf Quentin Tarantinos älterem Drehbuch. Über Jahre war das chaotische Skript des damals unbekannten Autors von allen Studios abgelehnt worden, doch kaum stieg Tarantino durch *Reservoir Dogs* und *Pulp Fiction* in höhere Kinokreise auf, wollten alle mit seinem Namen werben. So auch der dreifache Oscar-Preisträger Oliver Stone. Doch Tarantino torpedierte *Natural Born Killers* mit aller Kraft, weil Stone, mithilfe von Richard Rutowski und David Veloz, das Drehbuch zu großen Teilen umgeschrieben hatte. Mit lautstarken Kampagnen wollte Tarantino eine klare Botschaft an die Branche senden: »Kauft kein Drehbuch von Quentin Tarantino, wenn ihr es nicht eins zu eins verfilmen wollt! Wenn sich ein anderer Autor an meinem Buch zu schaffen macht, mache ich euch fertig!«[84]

Der Grundstein für den Streit war schon 1990 gelegt worden. Tarantino hatte *Natural Born Killers* als zweites Drehbuch nach

True Romance geschrieben. Niemand wollte es kaufen oder realisieren, bis die Produzentin Jane Hamsher auf das Buch und den jungen Autor aufmerksam wurde. Die beiden schlossen Freundschaft und Hamsher lieh sich von ihrer Mutter Geld, um eine Option auf die Buchrechte kaufen zu können. Tarantino versprach Rand Vossler, einem Video-Archives-Kollegen, Regie führen zu dürfen. Als Jane Hamsher und ihr Koproduzent Don Murphy keine Geldgeber für das Projekt fanden, entstand die Idee, *Natural Born Killers* auf schwarz-weißem 16-Millimeter-Film und ohne Budget zu drehen. Doch dazu kam es nicht.

Nachdem Oliver Stone 1992 von dem Erfolg von *Reservoir Dogs* auf dem Sundance Film Festival gehört und Tarantino einige Monate später in Cannes getroffen hatte, signalisierte er Hamsher und Murphy, *Natural Born Killers* inszenieren zu wollen. Tarantino schien nach außen hin diesen Plan zu unterstützen, setzte im Hintergrund aber alle Hebel in Bewegung, um das Projekt zu verhindern. Er schaltete Anwälte ein, die Hamsher und Murphy durch Gerichtsverfahren geradewegs in den Ruin führen sollten. Tarantino begründete seine ablehnende Haltung damit, dass die Mindesthaltbarkeit des Stoffes abgelaufen sei und sein Drehbuch nicht mehr den Qualitätsstandards eines Tarantino-Films entspreche. Doch die beiden Produzenten setzten sich gegen Tarantino durch, nicht zuletzt weil Oliver Stone sie mit vollen Kräften unterstützte. Stone wollte *Natural Born Killers* zunächst als Action-Blockbuster inszenieren, entschied sich dann aber für eine Art Mediensatire. Tarantinos Geschichte blieb zwar in allen wesentlichen Punkten erhalten, doch die Tonart und der Stil des Films wurden komplett überarbeitet. Die neue Fassung führte zum Streit mit Tarantino, der sich mit den Änderungen nicht anfreunden konnte. Er verlangte, weder im Vorspann noch im Abspann namentlich genannt zu werden, willigte aber schließlich ein, im Abspann des Films als Ideengeber für die Geschichte zu erscheinen. Bei der Presse erregte der fertige Film gewaltige Aufmerksamkeit, die Kritiken waren aber überwiegend negativ. In den USA spielte die 34 Millionen Dollar teure Produktion nur 50 Millionen Dollar ein.

KAPITEL 8

FOUR ROOMS UND FROM DUSK TILL DAWN

Nachdem Tarantino bisher nur eine Komparsenrolle in der Serie *Golden Girls* und zwei Nebenrollen in seinen eigenen Filmen gespielt hatte, brannte er darauf, verstärkt vor der Kamera zu stehen. In Rory Kellys romantischer Komödie *Sleep With Me (Sleep With Me – Liebe zu dritt,* 1994*),* einer Dreiecksgeschichte mit Meg Tilly, Eric Stoltz und Craig Sheffer in den Hauptrollen, spielt Tarantino den Partygast Sid, der wortreich erläutert, warum Tony Scotts *Top Gun* sich in Wahrheit mit dem Thema schwuler Liebesbeziehungen unter Piloten beschäftigt. Der Vortrag wirkt improvisiert, doch er wurde Jahre zuvor mit exakt demselben Wortlaut von Roger Avary für ein anderes Filmprojekt geschrieben.

»Ich habe kein Problem mit Quentins Schauspielkunst«[85], sagte Steve Buscemi in den 1990er-Jahren in einem Interview und erklärte: »Das Problem ist eher, dass er schon seit Ewigkeiten spielen wollte. Als die Angebote kamen, hat er einfach alles angenommen. Für die Produzenten war es ein besonderer Gag, Tarantino in ihren Filmen zu haben. Ihm selbst hat das nicht gerade genützt.« So war Tarantino auch als bärtiger Barkeeper in Alexandre Rockwells *Somebody to Love* (1994) zu sehen, in Jack Barans *Destiny Turns on the Radio (Destiny – Hoher Einsatz in Las Vegas,* 1995) spielte er die bizarre Figur des Johnny Destiny und in Robert Rodriguez' *Desperado* (1995) mimte er den Kurier. 1995 war Tarantino außerdem Gastgeber der populären Comedyshow *Saturday Night Live.*

Am 22. Februar 1995, nur eine Woche nach der Bekanntgabe der sieben Oscar-Nominierungen für *Pulp Fiction,* absolvierte Tarantino einen Gastauftritt in der mäßig erfolgreichen Sitcom *All American Girl:* In der Folge »Pulp Sitcom« spielte er Desmond Winocki, den ersten nicht-koreanischen Freund der asiatischen Hauptfigur Margaret Kim (Margaret Cho). Deren Familie schließt den schlaksigen Desmond sofort ins Herz, doch als Margaret herausfindet, dass ihr Lover kriminell ist und mit raubkopierten VHS-Kassetten handelt, stellt sie die junge Beziehung infrage. »Pulp Sictom« enthielt eine Reihe von Anspielungen auf *Pulp Fiction.* Zu den besseren zählt die Szene, in der ein Thermometer in einen Truthahn gerammt wird – als kleine Hommage an die Spritze, die Vincent Vega Mia Wallace ins Herz rammt.

Tarantinos erste Regiearbeit nach *Pulp Fiction* war seine Beteiligung am Episodenfilm *Four Rooms* (1995), der in Deutschland unter dem Titel *Silvester in fremden Betten* in die Kinos kam. Für den Film drehten die Regisseure Allison Anders, Alexandre Rockwell, Robert Rodriguez und Quentin Tarantino jeweils eine von vier Geschichten ab, die alle in einer Silvesternacht in einem Hotel spielen und nur durch die Figur des Pagen Ted, dargestellt von Tim Roth, miteinander verbunden sind. Tarantinos Beitrag dauert 21 Minuten und basiert auf der schwarzhumorigen Kurzgeschichte »Penthouse – Der Mann aus Hollywood« des Schriftstellers Roald Dahl. Tarantino führte nicht nur die Regie, sondern übernahm auch die Rolle des fiktiven Hollywood-Stars Chester Rush, der mit einem Mann namens Norman (Paul Calderón) eine Wette nachspielt, die in der Geschichte »The Smoker« (»Der Mann aus dem Süden«) von Roald Dahl beschrieben wird. Norman wettet, dass er es schafft, sein Zippo-Feuerzeug zehnmal hintereinander anzuzünden. Schafft er es, gewinnt er Chesters 64er Chevrolet Chevelle. Schafft er es nicht, wird ihm der kleine Finger abgehackt. Der Page Ted soll bei der Wette den Scharfrichter spielen.

Die Dreharbeiten fanden in Hollywoods Luxushotel Chateau Marmont statt, in dem John Belushi 1982 an einer Überdosis Heroin und Kokain gestorben war und das 2009 in Sofia Coppolas melancholischem Drama *Somewhere* als Kulisse dienen sollte. Bruce Willis absolvierte in der von Tarantino gedrehten Episode einen kurzen Gastauftritt, für den er keine Gage verlangte. Diese freundschaftliche Geste führte zu Ärger mit der Schauspielergewerkschaft. Willis löste das Problem, indem er darauf verzichtete, im Abspann genannt zu werden.

Four Rooms war die erste Zusammenarbeit von Quentin Tarantino mit dem fünf Jahre jüngeren Robert Rodriguez. Die beiden Brüder im Geiste hatten sich 1992 beim Toronto International Film Festival kennengelernt. Beide stellten dort ihren jeweiligen Debütfilm vor, beide Filme präsentierten Helden in schwarzen Anzügen und viel Gewalt. Robert Rodriguez, der 1968 als drittes von zehn Kindern mexikanisch-amerikanischer Eltern in San Antonio zur Welt kam, hatte sein Debüt *El Mariachi* mit einem Budget von gerade einmal 7000 Dollar gedreht. Das Geld für die Kamera hatte er als menschliches Versuchskaninchen der Pharmaindustrie verdient, die nur zwei Wochen dauernden Dreharbeiten fanden in der mexikanischen Grenzstadt Ciudad Acuña statt, in der der Hauptdarsteller Carlos Gallardo wohnte. Rodriguez war nicht nur Autor und Regisseur des Films, sondern auch Produzent und Kameramann. Auch für die blutigen Special Effects und den Schnitt des Films sorgte er selbst. Im Gegensatz zu Quentin Tarantinos allererstem Projekt *My Best Friend's Birthday*, das drei Jahre vergeblicher Mühen gefordert hatte, wurde *El Mariachi* ein Festivalerfolg.

In Toronto nahmen Rodriguez und Tarantino an einer Diskussionsveranstaltung teil, die den Titel »Gewalt in den Filmen der 1990er-Jahre« trug. Die beiden Regisseure amüsierten sich über diese im Jahr 1992 etwas anmaßende Überschrift. Unter den Festivalbeiträgen waren ihre Filme *El Mariachi* und *Reservoir Dogs* diejenigen, die die brutalsten Gewaltdarstellungen aufwiesen, doch die beiden Filmemacher verteidigten ihren künstlerischen Ansatz und verwiesen auf den Humor, der dem Gemetzel zugrunde liegt. Robert Rodriguez besitzt bis heute ein Video, auf dem er die Reaktionen des Publikums während der Vorführung seines Films auf dem Festival dokumentierte. Darauf ist zu sehen, dass Quentin Tarantino die ganze Zeit lacht.

Nach der Vorführung trafen sich die beiden Filmemacher im Hotelzimmer, um über ihre künftigen Projekte zu diskutieren. Elizabeth Avellan, die damals mit Rodriguez verheiratet war und seine Filme produzierte, erinnert sich an das erste Zusammentreffen: »Als ich Quentin und Robert ins Zimmer kommen sah, war es, als wäre ich Zeugin eines Wunders. Sie waren wie zwei Brüder, die nichts voneinander gewusst hatten.«[86]

Robert Rodriguez steuerte zu *Four Rooms* die Episode »The Misbehavers« (»Die Ungezogenen«) bei. Die Hauptrolle spielte Antonio Banderas, Salma Hayek ist als Tänzerin zu sehen, die im Erotikkanal über den Fernseher des Hotelzimmers flimmert. Banderas und Hayek hatten auch die Hauptrollen in *Des-*

perado, der Fortsetzung von *El Mariachi*, gespielt, für die Robert Rodriguez statt 7000 Dollar ganze sieben Millionen Dollar zur Verfügung gestanden hatten. Tarantino hatte in *Desperado* einen kurzen Gastauftritt als geschwätziger Witzbold am Tresen absolviert. Bei Rodriguez' nächster Regiearbeit *From Dusk Till Dawn* übernahm er eine Hauptrolle. Das Drehbuch zu dem Film hatte Tarantino geschrieben, um ein Versprechen einzulösen: Robert Kurtzman, der am Set von *Reservoir Dogs* für die Special Effects verantwortlich gewesen war, hatte Tarantino statt eines Honorars für diese Tätigkeit darum gebeten, eine von ihm verfasste Kurzgeschichte zu einem Drehbuch auszubauen.

Die Produzenten Meir Teper und Gianni Nunnari wussten von der Freundschaft zwischen Tarantino und Rodriguez. Am Rande eines Festivals, bei dem Rodriguez *Desperado* vorstellte, zeigten sie ihm das Drehbuch und behaupteten, Tarantino würde es umschreiben, wenn Rodriguez die Regie übernähme. Anschließend erzählten sie Tarantino, während dieser an *Pulp Fiction* arbeitete, dass Rodriguez die Regie übernehmen wolle, sofern Tarantino das Buch überarbeitete. Diese Taktik hatte Erfolg, die Freunde wollten zusammenarbeiten. Auch Miramax sprang auf und stemmte ein Budget von 19 Millionen Dollar. Dabei gewährten Harvey und Bob Weinstein Rodriguez und Tarantino das finale Entscheidungsrecht über den Film und seine Vermarktung. Sogar Tarantino erhielt diese Zusage, obwohl er gar nicht der Regisseur war, sondern nur das Drehbuch schrieb und eine der beiden Hauptrollen übernahm.

Für die Besetzung mit einem Star waren die großen Namen aus Tarantinos ersten beiden Filmen im Gespräch. Tim Roth, Michael Madsen, Steve Buscemi und Christopher Walken lehnten jedoch ab, weil sie entweder keine Zeit oder kein Interesse hatten. John Travolta hatte Tarantino die Rolle des Seth Gecko bereits bei seinem ersten Treffen mit dem Schauspieler angeboten, doch Travolta wollte nicht in einem Vampirfilm mitspielen. So erhielt George Clooney die Chance auf seine erste große Kinorolle. Tarantino gefiel die Konstellation, dass Clooney als Arzt in der Fernsehserie *ER (Emergency Room – Die Notaufnahme)* Leben rettete und in *From Dusk Till Dawn* reihenweise Menschen tötete. In dem Film schießen sich die Gangsterbrüder Seth und Richard Gecko nach einem Banküberfall den Weg Richtung Mexiko frei und nehmen einen Prediger (Harvey Keitel) mit dessen Kindern als Geiseln. Jenseits der Grenze machen sie in einer Bar namens Titty Twister halt, in der die verführerische Santánico Pandemónium (Salma Hayek) den leicht debilen Richard Gecko mit einem Schlangentanz um den Verstand bringt. Bis zu dieser Stelle sehen die Zuschauer einen Gangsterfilm, der sich jedoch schlagartig in einen Horrorfilm verwandelt, als sich die Besitzer der Bar als Vampire entpuppen, die in einem harten Kampf gepfählt und vernichtet werden müssen. Der Film bringt es auf 122 Leichen. Um die Zensoren zu besänftigen, ließ man grünes statt rotes Blut aus den Wunden der Vampire spritzen.

Kritik hagelte es von Verbänden und Gewerkschaften, da Rodriguez und Tarantino trotz ihres hohen Filmbudgets vorwiegend Crewmitglieder anheuerten, die keiner Gewerkschaft angehörten. Der Produzent Lawrence Bender suchte die Kritiker zu beschwichtigen, indem er von der familiären Atmosphäre am Set berichtete und von den guten Erfahrungen, die Rodriguez und Tarantino bei ihren früheren Low-Budget-Filmen mit diesen Kollegen gemacht hatten. Die Verbände riefen dennoch zum Boykott auf und wollten die Dreharbeiten gerichtlich stoppen lassen. Sie blieben erfolglos.

From Dusk Till Dawn bescherte Miramax und den Filmemachern ordentliche Gewinne, beflügelte die Karrieren von George Clooney, Salma Hayek und Robert Rodriguez, aber zeigte Quentin Tarantino auch die Grenzen seiner schauspielerischen Fähigkeiten auf. Er wurde für Hollywoods gefürchteten Negativpreis, die Goldene Himbeere, und für den Stinkers Bad Movie Award nominiert, auch wenn er seine Rolle trotzig als bis dahin beste Leistung seiner Karriere bezeichnete: »Bei allem, was ich gemacht habe, gibt es nichts, worauf ich stolzer wäre. Aber ich habe mich damit abgefunden, dass ich nie gute Kritiken erhalten werde, weil die Journalisten meine Schauspielerei nicht ernstnehmen.«[87]

Tarantino und Rodriguez wurden mit *From Dusk Till Dawn* sogar zur Berlinale eingeladen, was weniger an der filmischen Qualität lag als an den früheren Werken und an der Beliebtheit der beiden Regisseure.

Das Verhältnis zwischen Quentin Tarantino und George Clooney war ausgesprochen gut. In den Drehpausen besuchten sie sich am Set von *From Dusk Till Dawn* gegenseitig in ihren Wohntrailern und lasen die schlüpfrige Fanpost des anderen. Tarantino gab dem Magazin *Playboy* später zu Protokoll, den seltsamsten Brief habe er von einer jungen Frau bekommen, die sich wünschte, ihn nach ausgiebigem Küssen als französische Kammerzofe zu verkleiden und jedes Staubkorn vom Boden auflesen zu lassen, während sie eine Zigarette rauchte, ihm zusah und ihm Befehle erteilte.

Da George Clooney *From Dusk Till Dawn* parallel zu *ER* drehte, musste das auffällige Tattoo, das er als Seth Gecko trug, immer wieder mit großem Aufwand entfernt und erneuert werden. Clooney und Tarantino arbeiteten erneut zusammen, als Tarantino die 24. Folge der ersten Staffel von *ER* schrieb und inszenierte. Diese wurde unter dem Titel »Motherhood« (»Mütter«) am 11. Mai 1995 im US-Fernsehen ausgestrahlt. Natürlich musste sich selbst ein Quentin Tarantino an bestimmte Standards der Erzählweise rund um die Figurengruppe von Dr. Douglas Ross (George Clooney) und dem restlichen Personal des County General Hospitals in Chicago halten, doch es gelang ihm, der Episode stilistisch seinen Stempel aufzudrücken. So ähnelt Dr. Ross' Freundin hier Mia Wallace aus *Pulp Fiction*, einige Figuren tragen Sonnenbrillen und ein Mädchen schneidet in bester *Reservoir Dogs*-Tradition einem anderen ein Ohr ab. Um für Stimmung am Set zu sogen, schlüpfte Tarantino jeden Tag in ein anderes Kostüm. Mal trug er den grünen OP-Kittel, mal den blauen Chirurgenkittel oder den pinkfarbenen Kittel der Krankenschwestern. Letzterer machte ihn – nach eigenem Bekunden – bei den Schauspielerinnen und Komparsinnen besonders beliebt.

Mit seinem nächsten eigenen Regieprojekt ließ sich Tarantino viel Zeit. Eine Schreibblockade, die ihm die Branche andichten wollte, hatte er allerdings nicht. Ganz im Gegenteil. Er arbeitete gleich an mehreren Drehbüchern, darunter auch schon an *Inglourious Basterds*. Vor allem aber genoss er die Filme, die er in den vielen Monaten bis zur nächsten Regieverpflichtung anschauen konnte. »Er baute sich ein Heimkino, das der Gipfel aller Heimkinos war«[88], erzählt Robert Rodriguez. Die Notlösung, die in seinem alten Apartment am Crescent Heights Boulevard zum Einsatz gekommen war, musste nicht länger bemüht werden. Tarantino hatte damals seinen Projektor im Wohnzimmer aufgebaut, die Bilder wurden an die Küchenwand projiziert. In seinem neuen 3,4 Millionen Dollar teuren Anwesen in den Hollywood Hills, das er sich nach dem finanziellen Erfolg von *Pulp Fiction* und *From Dusk Till Dawn* gegönnt hatte, war ein eigener Raum mit bester Bild- und Tontechnik für sein Heimkino reserviert. »Tatsächlich dürfte das ein Hauptgrund dafür sein, dass ich nicht so viele Filme drehe: Ich brauche viel Zeit, um mir Filme anzusehen«[89], sagt Tarantino und erklärt: »Wenn das Kino deine Religion ist, dann solltest du Gott möglichst nah sein – und dabei hilft es, sich viele Kinofilme anzuschauen.« Videos oder DVDs waren und sind in Tarantinos Privatkino tabu, denn er sammelt nur Kinofilmkopien. »Für einen Filmfan sind Videos wie Marihuana, Laser Discs sind wie Kokain, aber Filmkopien sind das Heroin«[90], begründet Tarantino seine Liebe zum Original. Ähnlich süchtig ist er nach Vinyl-Schallplatten, von denen er Zehntausende besitzt: »In meinem Haus hat früher eine Familie gewohnt, die Eltern hatten sich neben ihrem Schlafzimmer einen Babyraum eingerichtet. Weil ich kein Baby habe, nutze ich das Zimmer als meinen Schallplattenraum.«[91] Wie in einem Plattengeschäft hat er Ständer bauen lassen, in denen Trenner aus Plastik eine gewisse Ordnung in die Sammlung bringen. Soundtracks aus allen Filmgenres und aus aller Welt dominieren die beachtliche Sammlung.

Vor jedem Film, den Quentin Tarantino in seinem Privatkino aufführt, hält er vor Freunden und Besuchern eine ausführliche Rede über die Entstehungsgeschichte, den Regisseur und die Schauspieler. Und jedes Mal bittet er um Respekt: »Lacht nicht über die Filme, die ich euch zeige, sondern nehmt sie ernst! Wenn es witzig ist, dann lacht. Aber erhebt euch nicht über die Filme!«[92] Um ausgewählte Perlen des Kinoschaffens mit einer deutlich größeren Menschenmenge als seinem Freundeskreis teilen zu können, gründete Tarantino mit den Weinstein-Brüdern das Label Rolling Thunder Pictures, wobei der Name von John Flynns Actionkrimi *Rolling Thunder (Der Mann mit der Stahlkralle*, 1977) inspiriert wurde. Das Unternehmen bot Tarantino eine Plattform, seine Lieblingsfilme unter den Beiträgen, die auf Festivals gezeigt wurden, anschließend aber partout keinen Verleiher in den USA fanden, selbst ins Kino zu bringen. Das romantische Drama *Chungking Express* (1996) des aus Hongkong stammenden Regisseurs Wong Kar-Wai war der erste Film, dem Rolling Thunder Pictures Schützenhilfe in der westlichen Welt gab. Tarantino verhalf auch alten Blaxploitation-Streifen und asiatischen Martial-Arts-Filmen zu einem zweiten Kinofrühling. Er brachte zum Beispiel Jack Hills *Switchblade Sisters (Die Bronx-Katzen,* 1975), Lucio Fulcis okkulten Horrorfilm *The Beyond (Über dem Jenseits/Die Geisterstadt der Zombies,* 1981) und Yuen Woo-Pings *Iron Monkey* (1993) zur Vorführung. Damit waren Filme, die zuvor oft nur als schlechte VHS-Kopien in Fankreisen kursierten, auf neu gezogenen 35-Millimeter-Kopien im Kino zu sehen. Allerdings erwies sich die Fangemeinde für diese Stoffe in den USA als zu klein, als dass sich der finanzielle Aufwand gelohnt hätte. Nur zwei Jahre nach der Gründung von Rolling Thunder Pictures stellte Miramax die Wiederaufführung alter Filmperlen ein.

KAPITEL 9

JACKIE BROWN

Pam Grier war in den 1970er-Jahren die unbestrittene Superheldin der Blaxploitation-Welle. Ihre Titelrollen in *Coffy (Coffy – Die Raubkatze)* und *Foxy Brown* machten sie zum weiblichen Äquivalent der Blaxploitation-Ikone Shaft. Ihr Portrait zierte riesige Plakate und die Fassaden mehrerer US-Kinos, auch der jugendliche Quentin Tarantino hatte eine Wand in seinem Schlafzimmer mit einem Pam-Grier-Poster dekoriert. Eine Schauspielausbildung hatte die 1949 in North Carolina geborene Tochter eines Kindermädchens und eines Air-Force-Mechanikers nicht absolviert. Sie arbeitete zunächst als Backgroundsängerin für Bobby Womack und als Empfangsdame in dem von James H. Nicholson und Samuel Z. Arkoff gegründeten Unternehmen American International Pictures (AIP), das Low-Budget-Filme produzierte. Dort wurde sie von einem Agenten entdeckt und in Roger Cormans Frauenknastfilmen *The Big Doll House* und *The Big Bird Cage* besetzt. Bei den 1970 auf den Philippinen stattfindenden Dreharbeiten infizierte sich Pam Grier mit einem tropischen Virus. Sie verlor ihre Haare und zeitweise auch ihr Sehvermögen. Nachdem sie sich erholt hatte, startete sie mit den von Jack Hill gedrehten Filmen durch.

Die Rolle der Krankenschwester Coffy, die im Alleingang die Drogenmafia auslöscht, um ihre abhängige Schwester zu rächen, legte 1973 den Grundstein für Pam Griers Karriere. Ein Jahr später folgte die Rolle der Foxy Brown, die sich als Callgirl an Drogenbosse heranpirscht und sie erniedrigt oder tötet. Pam Grier wurde nicht nur zur Ikone des schwarzen Selbstbewusstseins, das sich gegen den politischen und gesellschaftlichen Konservatismus der 1950er- und 1960er-Jahre erhob, sie wurde auch zur Identifikationsfigur vieler Frauen, die sich nicht länger von den Männern unterdrücken lassen wollten. Die Zeitschrift *Ebony* wählte Pam Grier 1975 unter die »100 faszinierendsten Frauen des 20. Jahrhunderts«. In den 1980er-Jahren wurde es ruhiger um die Schauspielerin, obgleich sie noch regelmäßig in kleineren Kino- und Fernsehrollen zu sehen war. In der Krimiserie *Miami Vice* hatte sie zum Beispiel einige Auftritte als Ricardo Tubbs' Freundin Valerie Gordon.

Dann lernte Pam Grier die Schattenseiten des Lebens kennen. Ihre ältere Schwester starb 1990 an Brustkrebs. Ihr Neffe, den sie adoptieren wollte, beging Selbstmord. Bald darauf stellten die Ärzte fest, dass auch Pam Grier an Krebs erkrankt war. Sie gaben ihr noch 18 Monate zu leben. Ihr Freund verließ sie, neue Rollenangebote blieben aus. Doch Pam Grier kämpfte und gewann. Sie wurde wieder gesund. Quentin Tarantino sorgte dann für die nächste große Wende in ihrem Leben.

Die erste Begegnung zwischen Tarantino und Pam Grier fand durch Zufall auf einem Bürgersteig entlang der Highland Avenue in Hollywood statt. Grier war gerade mit dem befreundeten Schauspieler Warrington Hudlin unterwegs, als sie Tarantino erblickten. Grier sah ihre Chance gekommen, sich dafür zu bedanken, dass Tarantino sie in *Reservoir* Dogs in einem Dialog zwischen Mr Pink, Mr Orange und Nice Guy Eddie erwähnt hatte.[93] Hudlin rief: »Hi, Quentin! Pam Grier möchte dich kennenlernen.«[94] Der Regisseur blickte zu den beiden hinüber und sagte zu Grier: »Ich schreibe ein Drehbuch für dich!« Da er zwar versprach, es ihr zu schicken, sich aber nicht nach ihrer Postadresse erkundigte, schenkte Pam Grier seinen Worten keinen Glauben.

Sechs Monate später erhielt sie eine Benachrichtigung von der Post. Das Porto eines Umschlags, der an sie adressiert war, wies einen Fehlbetrag von 44 Cent auf. Grier wurde aufgefordert, die Differenz zu begleichen, damit ihr die Sendung zugestellt werden konnte. Grier reagierte erst nach mehreren Benachrichtigungen und klebte schließlich genervt 44 Cent in Münzen auf eine Karte, die sie an die Poststelle schickte. Bald darauf erhielt sie einen braunen Umschlag, der oben rechts mit einer Vielzahl kleinster Briefmarken beklebt war und oben links die Initialen QT trug. In dem Umschlag steckten das Drehbuch zu *Jackie Brown* und eine handgeschriebene Notiz von Quentin Tarantino: »Bitte lies es und ruf mich an!« Pam Grier gefiel, was sie las, und freute sich, dass Tarantino sie offenbar für eine der Nebenrollen in Betracht zog. »Ich dachte, das Buch gefällt dir nicht«[95], sagte Quentin Tarantino am Telefon, »ich warte schon drei Wochen auf deinen Anruf.« Pam Grier erwiderte scherzend: »Du schuldest mir noch 44 Cent.« Sie fand lobende Worte für das umfangreiche Drehbuch und erkundigte sich nach der Rolle, für die sie vorsprechen sollte. Für einen Moment wurde es still am anderen Ende der Leitung. Dann sagte Tarantino: »Du wirst Jackie Brown spielen.«

Pam Grier konnte dies zunächst kaum glauben und vermutete außerdem, dass der Mann, der nicht einmal genug Briefmarken hatte, um ein Drehbuch zu verschicken, erst noch um das Budget für seinen nächsten Film kämpfen musste. Doch für den Film standen längst zwölf Millionen Dollar zur Verfügung und große Hollywood-Stars bemühten sich bereits um Haupt- und Nebenrollen. Nur zehn Wochen nachdem Tarantino den ersehnten Anruf von Pam Grier erhalten hatte, fiel die erste Klappe für *Jackie Brown*.

In Hollywood und in Tarantinos näherem Umfeld schüttelten viele ungläubig den Kopf, als bekannt wurde, dass Pam Grier die Hauptrolle in Tarantinos erstem Film seit *Pulp Fiction* spielen sollte. Natürlich hatte niemand vergessen, dass John Travolta durch *Pulp Fiction* wieder zum Superstar geworden war, aber Travoltas Karriere hatte in den frühen 1990er-Jahren nicht so sehr auf Eis gelegen wie die von Pam Grier. Tarantino sah jedoch in Grier nicht nur die frühere Superheldin der Blaxploitation-Welle, sondern auch eine Frau, die über mehrere Jahrzehnte durch Erfolge und Niederlagen sowie durch eine Krebserkrankung und deren Heilung geprägt worden war. Er betrachtete sie als Idealbesetzung für die Rolle der 44 Jahre alten Stewardess Jaqueline »Jackie« Brown, die bei der mexikanischen Fluglinie Cabo Air arbeitet und Geldwäsche-Kurierdienste für den Waffenhändler Ordell Robbie erledigt, den sie später für das FBI überführen soll.

In Elmore Leonards Roman *Rum Punch*, der *Jackie Brown* zugrunde liegt, heißt die Hauptfigur Jackie Burke und ist weiß. Doch Tarantino adaptierte den Roman mit Pam Grier vor Augen und nannte die Heldin Jackie Brown, als Hommage an *Foxy Brown*. Außerdem verlegte er die Handlung von Miami nach South Los Angeles, weil das die Welt ist, in der er aufwuchs und die ihn prägte. Tarantino schrieb ein Jahr lang an dem Drehbuch und gab in dieser Zeit keine Interviews. Er wollte sich auf seinen dritten Kinofilm konzentrieren, der zum ersten Mal nicht auf einer Zusammenarbeit mit seinem Video-Archives-Kollegen

Roger Avary basierte, sondern auf einem Roman seines Lieblingsautors. Die Figuren aus Leonards literarischem Universum waren Tarantino vertraut, seit er im Alter von 15 Jahren den Roman *The Switch* (*Wer hat nun wen aufs Kreuz gelegt?*) in einer Kmart-Filiale gestohlen hatte. Noch weit davon entfernt, selbst Filme drehen zu können, animierten ihn damals die lebensnahen Dialoge des Buches dazu, Filmszenen in seinem Kopf durchzuspielen. Später, nachdem Tarantino durch sein Regiedebüt *Reservoir Dogs* und durch Tony Scotts *True Romance* erste Bekanntheit erlangt hatte, äußerte er sich in vielen Interviews lobend über Elmore Leonard und dessen Werke. Da der Agent des Schriftstellers mit Tarantinos Produzenten Lawrence Bender gut befreundet war, konnte Tarantino den Roman *Rum Punch* lesen, noch bevor dieser 1992 im Buchhandel erschien.

Tarantino gefiel das Buch, nicht zuletzt weil darin Figuren aus *The Switch* wieder auftauchten. Er entschied sich zunächst gegen eine Verfilmung des Stoffes, weil er seine Eigenkreation *Pulp Fiction* vorantreiben wollte. Da er sich *Rum Punch* aber als späteres Projekt sichern wollte, schlug er Leonards Agent vor, die Rechte für wenig Geld zu erwerben, um einen Low-Budget-Film daraus zu machen. Tarantino fürchtete, die bescheidene Welt der Leonard-Figuren zu zerstören, wenn sie mit großem Hollywood-Budget auf die Leinwand gebracht würde. Leonards Agent lehnte das Angebot ab, weil er die Filmrechte zu einem höheren Preis verkaufen wollte. Als Tarantino dann nach dem Erfolg von *Pulp Fiction* und seiner längeren Regiepause beschloss, *Rum Punch* zu verfilmen, gab der Agent die Filmrechte nur im Paket mit drei anderen Romanen ab.

»Den Studios wäre es natürlich am liebsten gewesen, wenn ich weitere *Pulp Fictions* gedreht hätte«, sagt Quentin Tarantino. »Aber ich hatte mit *Pulp Fiction* auch keinen weiteren *Reservoir*

Dogs geliefert.«[96] Er hatte nicht die Absicht, erneut einen großen, mit allen Konventionen brechenden Film voller Gewaltszenen zu drehen, um *Pulp Fiction* zu übertreffen. Er wollte einen Film schaffen, der bescheiden wirkt und sich ganz auf authentische Figuren und deren Dialoge konzentriert. Tarantino übernahm fast die Hälfte der Dialoge nahezu unverändert aus dem Roman, den Rest schrieb er in der Tradition Leonards. Während er bei *Pulp Fiction* mit juristischen Mitteln versucht hatte, Roger Avary seinen Status als Koautor streitig zu machen, sagte Tarantino nun in Interviews zum Filmstart von *Jackie Brown* ganz unverblümt, dass eigentlich Elmore Leonard als Drehbuchautor genannt werden müsste und er sich selbst nur als Koautor betrachte.

Beim Schreiben identifizierte er sich mit Leonards erfundenen Figuren. Er sprach wie sie, lief wie sie durch den Raum und agierte wild. Vor allem Ordell Robbie, der im Film von Samuel L. Jackson gespielt wird, prägte Tarantino in dieser Zeit. Er räumte der Figur mehr Raum ein, als sie im Roman besitzt, und schrieb einige der besten Szenen für diesen Charakter. Dabei hatte er stets die farbigen Männer vor Augen, mit denen sich seine Mutter getroffen hatte und die für ihn coole Ersatzväter gewesen waren. »Ich denke manchmal, ich wäre wie Ordell geworden, wenn ich nicht das Kino für mich entdeckt hätte«, sagt Quentin Tarantino. »Auf keinen Fall wäre ich Autohändler oder Bankangestellter geworden. Ich hätte angefangen, krumme Dinger zu drehen, und hätte leicht im Gefängnis landen können. Diese Energie kann ich jetzt auf meine Filme verwenden.«[97]

Neben Pam Grier setzte Tarantino auf einen weiteren Hauptdarsteller, den Hollywood längst abgeschrieben hatte. Robert Forster hatte in den Fernsehserien *Banyon* (1972) und *Nakia* (*Nakia, der Indianersheriff,* 1974) mitgespielt und war seit seinen Rollen in *The Black Hole* (*Das schwarze Loch*, 1979) und *Alligator* (1980) auf B-Movies abonniert. Nachdem der 1941 geborene Schauspieler auf Drängen seines Agenten den Part des Bösewichts Abdul in dem Film *Delta Force* (1986), der von den Kritiken als klischeehafter Action-Verschnitt abgewertet wurde, übernommen hatte, folgte für ihn ein Jahrzehnt mit unbedeutenden Rollenangeboten und erfolglosen Castings. Forster hatte für *Reservoir Dogs* vorgesprochen, die Rolle aber an Lawrence Tierney verloren. Da Tarantino ihm geraten hatte, es weiterhin zu versuchen, hatte er auch für *True Romance* vorgesprochen, doch in diesem Fall wurde Christopher Walken der Vorzug gegeben.

Als Tarantino einige Jahre später das Drehbuch für *Jackie Brown* schrieb und die Figur des Kautionsagenten Max Cherry gestaltete, hatte er Robert Forster nicht konkret vor Augen. Das änderte sich, als er den Schauspieler durch Zufall in einem Diner am Santa Monica Boulevard traf. Forster, der inzwischen keinen Agenten mehr hatte, ging dort jeden Morgen mit Schauspielkollegen oder allein frühstücken. Forster war gerade in ein Gespräch vertieft, als er Tarantino im Diner erblickte. Forster rief den Regisseur zu sich. Der Austausch von höflichen Floskeln führte zu einem Gespräch über Tarantinos aktuelle Arbeit an Elmore Leonards Roman. Forster bot Tarantino an, das Drehbuch zu lesen, wenn es denn jemals fertig werden würde. Sechs Monate später betrat Forster das Diner und stellte fest, dass sein Stammplatz besetzt war. Dort saß Quentin Tarantino. Er hielt ihm das Drehbuch entgegen und sagte: »Lies es und lass mich wissen, ob es dir gefällt!«[98] Forster gefiel die Rolle des Max Cherry, doch er wusste, dass sie viel zu groß war, um sie mit einem Schauspieler zu besetzen, der seit über zehn Jahren keinen nennenswerten Part mehr bekommen hatte. »Ich besetze, wen ich will«[99], stellte Quentin Tarantino beim nächsten Treffen klar. Auch der Produzent Harvey Weinstein akzeptierte Robert Forster als männlichen Hauptdarsteller – obwohl auch Paul Newman und Gene Hackman im Gespräch waren. Sogar Robert De Niro hatte Interesse an der Rolle angemeldet.

Quentin Tarantino kannte De Niro seit 1992, als er ihn bei einer Party am Rande der Filmfestspiele in Cannes getroffen hatte. Nun, fünf Jahre später, gelang es ihm, den Superstar mit einer Nebenrolle zu vertrösten. De Niro akzeptierte den Part des frisch aus dem Knast entlassenen Louis Gara, der ursprünglich für Sylvester Stallone geschrieben worden war. Louis findet Unterschlupf bei seinem alten Kumpel Ordell Robbie (Samuel L. Jackson) und hört sich mit stoischer Ruhe dessen Gangstergeschichten an. Robert De Niro, der für Martin Scorsese in ernsten Dramen wie *Taxi Driver* (1976), *Raging Bull* (*Wie ein wilder Stier*, 1980), *Goodfellas* (*GoodFellas – Drei Jahrzehnte in der Mafia*, 1990), *Cape Fear* (*Kap der Angst*, 1991) und *Casino* (1995) Psychopathen und knallharte Kerle gespielt hatte, zeigte sich in *Jackie Brown* von einer ungewohnt amüsanten Seite. Der Tarantino-Humor legte indirekt den Grundstein für die Vielzahl an Komödien, in denen Robert De Niro später mitspielte und dafür Gagen von acht bis 20 Millionen Dollar erhielt. In *Jackie Brown* sorgt Robert De Niro für eine Überraschung, als er als Louis Gara grundlos Ordell Robbies Freundin Melanie Ralston erschießt.

Tarantino besetzte die Rolle der braun gebrannten, drogensüchtigen Freundin mit Bridget Fonda. Diese Entscheidung verwunderte vor allem die Redakteure der Boulevardmedien, die erwartet hatten, dass Mira Sorvino dafür ausgewählt werden würde. Die 1967 in New York City geborene Tochter des Schauspielers Paul Sorvino war zur Entstehungszeit von *Jackie Brown*

Tarantinos Freundin. Die Liebe zwischen den beiden wurde 1996 einem Millionenpublikum bekannt, als Tarantino Sorvino zur Oscar-Verleihung begleitete. An diesem Abend nahm sie im Alter von nur 29 Jahren die goldene Statue für ihre Nebenrolle in Woody Allens *Mighty Aphrodite (Geliebte Aphrodite,* 1995) entgegen. Mira Sorvino spielt in diesem Film zwar eine naive Prostituierte und mimte auch in der Blondinen-Komödie *Romy and Michele's High School Reunion (Romy und Michele,* 1997) eine eher dümmlich wirkende Figur, im wahren Leben entsprach sie jedoch dem Typ intelligenter Frau, der für Tarantino schon immer besonders attraktiv gewesen war: Mira Sorvino stammt aus gutem Hause, spricht fließend Französisch und Mandarin und schloss ihr Harvard-Studium mit Magna cum laude ab. All das, kombiniert mit ihrem Oscar-Gewinn, reichte jedoch nicht aus, um die Rolle der Melanie in *Jackie Brown* zu bekommen: »Bridget Fonda ist älter, und das ist sehr wichtig für diese Rolle«, erklärte Tarantino 1997 in einem Interview. »Außerdem hat sie eine sehr kalifornische Ausstrahlung, und da kenne ich mich aus, weil ich hier lebe. Ich weiß, wie diese Mädels aussehen.«[100] Mira Sorvino erscheint dennoch in zweierlei Weise in dem Film: Sie ist unscharf im Hintergrund zu sehen, als Jackie Brown vor Gericht steht, und im Abspann geht ein besonderer Dank an »Bert D'Angelos Daughter«. Knapp 20 Jahre zuvor hatte Paul Sorvino in der Krimiserie *Bert D'Angelo/Superstar* den titelgebenden Sergeant Bert D'Angelo gespielt.

Die Boulevardpresse freute sich, dass Tarantino und Sorvino ihre Liebesbeziehung vor den Augen der Öffentlichkeit lebten. Ein Fest für alle Paparazzi war ein Picknick, das Tarantino während einer romantischen Woche in Paris für seine Liebste im Garten des Musée Rodin ausrichtete. Statt sich vor den Fotografen und Schaulustigen zu verstecken, unterstrich Tarantino seine Liebe zu Sorvino durch zahlreiche Küsse vor vielen Kameras. Gegen Ende des Jahres 1997 kündigte er an, Mira Sorvino möglichst bald in einem seiner weiteren Filme besetzen zu wollen, weil er andere Regisseure um die Arbeit mit ihr beneide. Wenige Monate später zerbrach die Beziehung, privat wie auch beruflich.

Die Dreharbeiten zu *Jackie Brown* begannen am 26. Mai 1997. Tarantino tauschte seinen bisherigen Kameramann Andrzej Sekula gegen den Mexikaner Guillermo Navarro aus, der *From Dusk Till Dawn* gedreht hatte. Er begründete diesen Wechsel damit, dass sich *Jackie Brown* optisch von seinen früheren Filmen unterscheiden sollte, da der Film in einem anderen Universum spielt als *Reservoir Dogs*, *Pulp Fiction* und *Four Rooms*. *Jackie Brown* sollte keine Überhöhungen enthalten, sondern fast schon dokumentarisch wirken. Daher wurde der Film auch komplett an realen Schauplätzen gedreht, vorwiegend in South Los Angeles. Ordell Robbies Zuhause war ein winziges Apartment in Hermosa Beach. Es bot jene »eingelebte Qualität«, die Tarantino für seine ungekünstelten Figuren wünschte, auch wenn es für die Crew einfacher gewesen wäre, in einem Studioset zu arbeiten. Auch das Büro des Kautionsagenten Max Cherry war ein echtes Büro. Die Ausstatter veränderten lediglich Details des Raumes und hängten zum Beispiel Poster des Ringling Brothers Circus auf, für den Robert Forsters Vater einst als Elefantendompteur gearbeitet hatte. Das entsprach Tarantinos Prinzip, die privaten Biografien der Schauspieler mit den Biografien ihrer Figuren verschmelzen zu lassen. Robert Forster erinnert sich an seinen ersten Drehtag in Max Cherrys Büro: »Ich griff in die Schublade des Schreibtisches und fand dort Visitenkarten von Max Cherry. Man sieht sie im Film kein einziges Mal, aber sie trugen dazu bei, dass mir der Raum schon ab der ersten Szene gehörte und ich mich darin zu Hause fühlte.«[101]

Pam Grier fühlte sich in den ersten Drehtagen dennoch fremd am Set. Zu viel Zeit war vergangen, seitdem sie das letzte Mal einen Film als Hauptdarstellerin tragen musste, zu groß war die Prominenz der Schauspieler an ihrer Seite. Sie ließ sich Autogramme von Robert De Niro und Samuel L. Jackson geben. »Ich hatte das Gefühl, dass ich Beweise brauchte, weil all meine Freunde mich für verrückt erklärt hatten«[102], erinnert sich Pam Grier. Dennoch lieferte Pam Grier, ebenso wie Robert Forster, genau die Leistung, die der Regisseur sich erhofft hatte. Vor allem die Nahaufnahmen der Gesichter der beiden Schauspieler stellten Tarantino zufrieden. »Sam Fuller hat einmal gesagt, der großartigste Drehort ist das menschliche Gesicht«[103], erklärt er. »Ich habe bewusst Darsteller gewählt, die gelebt haben. Da muss man nur noch die Kamera nehmen, eine Nahaufnahme machen, und die Geschichte hinter ihren Augen wird klar.« Guillermo Navarros Kamera saugte sich förmlich an Pam Griers Gesicht und an ihrem Körper fest.

Die erste Sequenz des Films, in der Jackie Brown auf einem Laufband durch den Los Angeles International Airport fährt, ist eine Hommage an Mike Nichols' Film *The Graduate (Die Reifeprüfung,* 1967), in dem Dustin Hoffman als Collegeabsolvent Benjamin Bradock ebenfalls auf einem Laufband im Flughafen zu sehen ist. Das bittersüße Ende von Tarantinos Film, bei dem Max Cherry Jackie Brown trotz aller Gefühle, die er für sie hat, ziehen lässt, wurde durch die Romanze *Chungking Express* des Hongkonger Regisseurs Wong Kar-Wai inspiriert, die Tarantino in den USA vermarktet hatte. Auf die Frage, ob er Tarantinos Filme mag, antwortete Wong Kar-Wai einmal diplomatisch:

»Ich mag seine Filme, weil er sie selbst mag. Man kann erkennen, ob ein Regisseur seine eigene Arbeit liebt.«[104] Die letzte Klappe für *Jackie Brown* fiel am 8. August 1997. Die Zeit drängte, weil Miramax den US-Kinostart auf den 28. Dezember 1997 gelegt hatte, um noch in die Oscar-Wertung hineinzukommen. Sally Menke legte viele Nachtschichten ein, um aus den langen Szenen und Dialogen einen Film von maximal zweieinhalb Stunden zu schneiden. Einen ersten Rohschnitt gab Quentin Tarantino direkt an Robert Forster, damit er ihn seinem schwerkranken Vater zeigen konnte. Stolz schaute dieser sich das Comeback seines Sohnes an und starb wenige Wochen später.

Anders als *Reservoir Dogs* und *Pulp Fiction*, die mit ihrer nonlinearen Erzählweise das US-Kino revolutionierten, weist *Jackie Brown* die übliche Struktur aus Anfang, Mitte und Ende auf. Nur die Szene, in der eine Tasche mit geschmuggeltem Geld im Del-Amo-Einkaufszentrum ausgetauscht wird, zeigt Tarantino aus drei Perspektiven. Die unaufgeregten Szenen und langen Einstellungen unterlegte Tarantino mit Soul-Liedern und mit der Musik aus anderen Filmen. Harvey Weinstein kritisierte, *Jackie Brown* habe zu wenig Musik. Da jedoch zu wenig Zeit zur Verfügung stand, um einen Komponisten einen Soundtrack schreiben zu lassen, durchforstete Tarantino die Regale seines Schallplattenraums und bediente sich unter anderem bei dem Soundtrack des frühen Pam-Grier-Films *Coffy*. Die Songs in *Jackie Brown* stammen von den Supremes, von den Delfonics, von Johnny Cash und von Pam Grier selbst. Wenn die Figur Jackie Brown am Ende der Geschichte in die Freiheit fährt, bewegt sie ihre Lippen zu dem Lied »Across 110th Street« von Bobby Womack, für den Grier 30 Jahre zuvor als Backgroundsängerin gearbeitet hatte.

Zur Filmpremiere fuhren vier Cadillac-Limousinen am Mann Village Theatre in Westwood vor. Leibwächter flankierten den Wagen, in dem Quentin Tarantino mit Pam Grier und Samuel L. Jackson saß. Die Erwartungen an Tarantinos ersten abendfüllenden Spielfilm seit *Pulp Fiction* waren in Los Angeles ins Unermessliche gestiegen. Dennoch war die Konkurrenz groß: Nur wenige Tage zuvor hatte die Premierenfeier von James Camerons *Titanic* am Hollywood Boulevard neue Maßstäbe gesetzt. Der Film war mit einem Budget von 200 Millionen Dollar nicht nur der bislang teuerste in der Geschichte Hollywoods, auch die Feier, für die 4,5 Millionen Dollar ausgegeben worden war, überstieg alles bisher Dagewesene. Drei Kamerakräne und 50 Fernsehteams hatten das Ereignis festgehalten. Insofern lag die Frage nahe, wie viel Aufmerksamkeit ein nur zwölf Millionen Dollar teurer Außenseiterfilm von Quentin Tarantino tatsächlich noch erregen konnte.

Die Kritiker teilten sich in zwei Lager: Die freundlicher gesinnten lobten Tarantino für seinen Mut, auf alles zu verzichten, was den Reiz von *Pulp Fiction* ausgemacht hatte, konstatierten dabei jedoch, dass sie den alten Tarantino vermissten. Diejenigen, die schon die Euphorie um *Pulp Fiction* für übertrieben gehalten hatten, sahen sich nun in ihrer Skepsis bestätigt: Sie titulierten Tarantino als Blender, der nichts als pure Langeweile bot, wenn er auf grelle Effekte, Ironie und ausufernde Gewaltdarstellungen verzichtete. *Jackie Brown* bietet nur vier Morde, die zum Teil nicht einmal auf der Leinwand zu sehen sind. Die Szenen laden auch nicht zum Lachen ein, sondern der Tod wird als Verlust eines Menschen dargestellt. Dazu thematisiert der Film das Altern und die glücklose Beziehung zweier Menschen, die in den 1970er-Jahren Ikonen waren, in den 1990er-Jahren aber irgendwie verloren wirken. Die langen Dialoge, die in *Pulp Fiction* amüsante Erholungspausen zwischen harter Action boten, ziehen den Film *Jackie Brown* an manchen Stellen beträchtlich in die Länge.

Lebten *Pulp Fiction* und *Reservoir Dogs* davon, dass Tarantino schamlos mit den Konventionen des amerikanischen Kinos brach, so brach *Jackie Brown* nun mit den Konventionen eines Tarantino-Films, die Kritiker und Zuschauer als gegeben angenommen hatten. Jackie Brown zählt zu den weniger erfolgreichen Tarantino-Filmen. In den USA spielte er rund 40 Millionen Dollar ein, im Rest der Welt knapp 35 Millionen Dollar. Gemessen an den 214 Millionen Dollar, die *Pulp Fiction* erzielte, erschienen diese 75 Millionen Dollar zwar enttäuschend, doch angesichts der Produktionskosten von nur zwölf Millionen Dollar war das Einspielergebnis trotzdem ein gutes Geschäft für Miramax und Quentin Tarantino. In Erinnerung bleibt ein dritter Tarantino-Film, der für den Regisseur weniger bedeutend war als für seine beiden Hauptdarsteller, denen er eine zweite Chance schenkte. Robert Forster wurde für einen Oscar nominiert, Pam Grier für einen Golden Globe.

Quentin Tarantino bewies mit *Jackie Brown*, dass er unberechenbar ist. »Obwohl man meine Handschrift erkennt, sind die drei Filme absolut unterschiedlich«[105], betonte Tarantino, wenn er Interviews zu *Jackie Brown* gab. »Ich möchte nicht wie ein Rockstar sein, der nur für eine Art von Musik bekannt ist, mit lauter Songs im gleichen Stil. Es gibt ja auch viele Regisseure, die immer ihr Ding machen. Woody Allen ist so einer, John Sayles, Alan Rudolph, Fassbinder, Godard, Scorsese. Es interessiert mich nicht, ein paar schnelle Hits zu landen. Ich sehe das Filmemachen als Lebensaufgabe.«[106]

Rückblickend bezeichnet Quentin Tarantino *Jackie Brown* als seinen »emotionalsten Film«, aber nicht als seinen wichtigsten. Er habe sich oft die Frage gestellt: Würde ich für *Jackie Brown* sterben? Die Antwort gab er sich gleich selbst: »Ich wäre für *Reservoir Dogs* gestorben. Ich wäre für eine Einstellung von *Pulp Fiction* gestorben. Aber ich weiß nicht, ob ich für *Jackie Brown* gestorben oder ähnlich große Risiken eingegangen wäre. Ich denke, es lag daran, dass der Film auf einem Roman basierte. Es war nichts Eigenes, das aus mir herauskam.«[107] Tarantino beschloss, fortan nur noch eigene Geschichten zu verfilmen, zumal er das Schreiben als kreativsten Prozess des Filmemachens wertete. Die Option auf die Filmrechte an weiteren Leonard-Romanen ließ er verfallen. Verfilmt wurden sie dennoch: Barry Sonnenfeld drehte *Get Shorty (Schnappt Shorty,* 1995) mit John Travolta, Steven Soderbergh brachte *Out of Sight* (1998) mit George Clooney und Jennifer Lopez ins Kino. In *Out of Sight* spielte Michael Keaton erneut die Rolle des Detective Ray Nicolette, die er schon in *Jackie Brown* verkörpert hatte. Im Jahr 2005 drehte F. Gary Gray *Be Cool (Be Cool – Jeder ist auf der Suche nach dem nächsten großen Hit)* mit John Travolta und Uma Thurman. Alle drei Leonard-Adaptionen wurden intensiv mit Quentin Tarantino, seinen Filmen und deren Stars beworben, obwohl er an diesen Produktionen überhaupt nicht mitgewirkt hatte.

Jackie Brown war der Auftakt eines bis heute währenden Streits zwischen Quentin Tarantino und seinem Regiekollegen Spike Lee, einem der wichtigsten Mitbegründer des New Black Cinema in den 1980er-Jahren. Spike Lee, in dessen Telefonsex-Satire *Girl 6* (1996) Tarantino einen selbstironischen Gastauftritt als größenwahnsinniger und sexistischer Regisseur Q. T. absolviert hatte, beschwerte sich persönlich bei Miramax-Chef Harvey Weinstein darüber, dass in *Jackie Brown* 38-mal das Wort »Nigga« fällt. Tarantino entgegnete, er sähe kein Problem darin, da schwarze Männer des Typs Ordell Robbie auch im wahren Leben ständig die Ausdrücke »Nigga« und »Motherfucker« verwendeten. Samuel L. Jackson bestätigte diese Ansicht und nahm seinen Regisseur in Schutz, indem er in Interviews preisgab, das Wort »Nigga« vor der Kamera ungefähr dreimal so häufig benutzt zu haben, wie es Tarantinos Drehbuch vorgegeben hatte. Spike Lee propagierte dennoch eifrig seine Meinung, ein weißer Regisseur dürfe die schwarze Identität nicht einfach als Schmuckwerk benutzen. Damit wollte Spike Lee auch die Rotznäsigkeit bestrafen, die Tarantino ihm gegenüber an den Tag gelegt hatte: »Eines Tages kam er in einem Kinofoyer auf mich zu und sagte allen Ernstes, er kenne die Schwarzen besser als ich, und die Schwarzen würden seine Filme lieber mögen als meine.«[108]

Tarantino berief sich auf die schwarze Community, in der er aufgewachsen war. Schwarzsein war für ihn keine Frage der Hautfarbe, sondern eine Einstellungssache. Spike Lee warf ihm vor, sein angebliches Wissen über die Schwarzen ausschließlich aus Blaxploitation-Filmen wie *Shaft* und *Foxy Brown* gewonnen zu haben, die ein stark verzerrtes Bild der wahren Kultur zeigten. In seiner Satire *Bamboozled (It's Showtime*, 2000) zeigt Spike Lee einen weißen Fernsehchef, der sich der schwarzen Kultur bemächtigt, um sich an ihr zu bereichern. Die Figur ist durch Quentin Tarantino inspiriert. An einer Stelle lässt Lee den Charakter im Brustton der Überzeugung sagen: »Ich weiß mehr über Neger als Sie.« *Bamboozled* floppte an den Kinokassen und spielte nicht einmal ein Viertel seiner Produktionskosten von zehn Millionen Dollar ein.

In *Jackie Brown* verzichtete Quentin Tarantino erstmals darauf, in einem eigenen Film eine kleine Rolle zu spielen. Nur seine Stimme ist kurz auf Jackie Browns Anrufbeantworter zu hören. Dieser Verzicht erfolgte nicht aus Bescheidenheit, sondern war eine Trotzreaktion auf die fortlaufende Kritik an seinem Schauspieltalent. »Ich hätte mir gern eine kleine Rolle in *Jackie Brown* gegeben«, sagte Tarantino 1997, »aber damit hätte ich nur bestätigt, was die Kritiker denken, nämlich dass ich das aus Jux mache. Sie müssen endlich begreifen, dass ich es ernst meine!«[109] Zum Beweis gab er 1998 sein Broadway-Debüt als Schauspieler. Er hatte seit seinem 17. Lebensjahr nicht mehr auf einer Theaterbühne gestanden und wagte sich nun, da er mehr als doppelt so alt war, an die Hauptrolle in Frederick Knotts Krimi-Klassiker »Wait Until Dark« (»Warte, bis es dunkel ist«).

Er spielte Harry Roat, den Anführer eines Verbrechertrios, zu dem auch Mike (Stephen Lang) und Carlino (Juan Carlos Hernández) gehören. Die Männer wollen an ein Päckchen Heroin kommen, das in die Wohnung der ahnungslosen blinden Susy Hendrix, gespielt von Oscar-Preisträgerin Marisa Tomei, gelangt ist. Obwohl die junge Frau kein Hindernis darzustellen scheint, bereiten die Verbrecher die Aktion generalstabsmäßig vor, um sie ohne Blutvergießen über die Bühne bringen zu können. Ähnlich wie in *Reservoir Dogs* misslingt der Plan und führt zu einer tragikomischen Gewaltspirale.

Die New Yorker Broadway-Premiere im Brooks Atkinson Theatre wurde mit so großer Spannung erwartet, dass die Boulevardzeitung *New York Post* sogar Spione nach Boston schickte, wo am 5. April 1998 die Vorpremiere des Stückes stattfand. Sie schrieben eine vernichtende Rezension, der der Chefkritiker der *New York Times*, Ben Brantley, später zustimmte. Seine Abwertung basierte auf der stilistischen und mimischen Ausdrucksschwäche des Schauspielers Quentin Tarantino, aber auch auf dem 30 Jahre alten Theaterstück selbst. Die *New York Daily News* attestierte Tarantino »die Stimme eines Bahnhofsvorstehers, die Ausdruckskraft eines Zaunpfahls und das Charisma eines alten Salatkopfs«[110]. Der *Miami Herald* ergänzte, Tarantino besitze »kein Bühnenformat. Er versucht nur verzweifelt, wie Madonna, als Schauspieler ernst genommen zu werden. Das hat in seinen Filmen schon nicht funktioniert. Aber weil er ein erfolgreicher Regisseur ist, hindert ihn niemand an seinen Ambitionen.«[111]

Finanziell ging die Planung der Initiatoren des Bühnenprojekts jedoch auf. Die Besetzung der Hauptrolle mit dem *Pulp Fiction*-Kultregisseur war mit der Absicht verbunden, junge Menschen anzulocken, die sonst kaum ins Theater gingen. Allein der Kartenvorverkauf brachte zwei Millionen Dollar Umsatz. Als sich jedoch nach der Premiere herumsprach, dass auf der Bühne kein *Pulp Fiction* geboten wurde, sondern eine ziemlich fade Geschichte, sank der wöchentliche Umsatz von ohnehin bescheidenen 400.000 Dollar auf 250.000 Dollar. Der letzte Vorhang fiel zwei Monate früher, als vertraglich mit den Schauspielern vereinbart worden war. Tarantino trollte sich und widmete seine volle Aufmerksamkeit wieder dem Film statt der Bühne.

KAPITEL 10
KILL BILL

Robert Rodriguez liebt seine Videokamera. Seit der Regisseur 1992 mit seinem günstig auf Video produzierten Debütfilm *El Mariachi* von Festival zu Festival reiste, dokumentiert er stets die Reaktionen des Publikums, die Panel-Diskussionen, die Dreharbeiten zu neuen Filmen und alles andere, was hinter den Kulissen der Filmbranche passiert. Er ließ auch am 23. November 1994 die Kamera mitlaufen, als ihm Quentin Tarantino in Hollywoods Luxushotel Chateau Marmont, am Rande der Dreharbeiten zu *Four Rooms* den Anfang seines neuen Drehbuchs präsentierte. Tarantino stand im Raum und las jedes einzelne Wort mit großer Begeisterung vor, malte Uma Thurmans blutverschmiertes Gesicht aus, schilderte, wie die Kamera aus einer Nahaufnahme langsam zurückfahren würde, um die geschundene Frau im Brautkleid zu zeigen, und brachte den inneren Monolog zum Vortrag, in dem sie Rache an einem Mann namens Bill schwor. Rodriguez war begeistert und sagte: »Worauf wartest du? Fang an zu drehen!«[112] Doch *Kill Bill* sollte erst neun Jahre später in die Kinos kommen.

Die Vorgeschichte begann Ende 1993, als Quentin Tarantino *Pulp Fiction* drehte. Er saß mit seiner Hauptdarstellerin Uma

Thurman in der Bar The Daily Pint in Santa Monica. »Wir sprachen über Genrefilme, und Quentin erzählte mir von diesen B-Movies, diesen Action- und Rache-Filmen, in denen Frauen im Gegensatz zum Mainstream-Kino eine mächtige Rolle spielen«[113], erinnert sich Uma Thurman. Tarantino erzählte von einem Mann namens Bill als Inkarnation des Bösen und nannte das Projekt schon damals *Kill Bill*. Uma Thurman steuerte die Idee bei, den Film mit einer am Boden liegenden, angeschossenen Braut beginnen zu lassen, die auf Rache sinnt. Ihr Name sollte Beatrix Kiddo sein. In den folgenden Wochen unterhielten sich der Regisseur und sein Star in vielen Drehpausen über ihr nächstes gemeinsames Projekt *Kill Bill* und entwickelten die Handlung weiter: Die Braut wurde von ihrem früheren Geliebten Bill fast getötet. Bill ist der Boss des Killerkommandos Viper, für das auch Beatrix Kiddo unter dem Codenamen »Black Mamba« gearbeitet hatte. Da sie aussteigen und ein normales Leben führen will, richten Bill und die anderen Killer an dem Tag, an dem sie die Probe für ihre Hochzeit abhält, ein Massaker in der kleinen Kapelle an. Bill schießt Beatrix in den Kopf, sie überlebt und wacht erst Jahre später aus dem Koma auf. Sie entkommt aus dem Krankenhaus, in dem sie missbraucht wurde, und beginnt einen Rachefeldzug gegen die Mitglieder der Viper-Organisation. Dabei soll jeder der Killer bei der Ausübung seiner Meisterdisziplin sterben. Die Disziplinen symbolisieren die verschiedenen Kinogenres, die Tarantino seit seiner Jugend liebt: japanische Samurai-Epen und Yakuza-Filme, Martial-Arts-Filme aus Hongkong und Italowestern.

Nach dem Erfolg von *Pulp Fiction* verloren sich Tarantino und Uma Thurman aus den Augen. Der Regisseur war damit beschäftigt, seinen Ruhm zu genießen, Festivals in aller Welt zu besuchen, Filme anzusehen und andere Drehbücher zu schreiben.

Neben dem Buch zu *Jackie Brown* verfasste Tarantino in dieser Zeit die Grundlage für ein Kriegsepos, das von Nazi-Jägern im besetzten Frankreich handelt. *Kill Bill* geriet in Vergessenheit. Erst 2001, sieben Jahre nach *Pulp Fiction*, trafen sich Tarantino und Thurman wieder. Thurman erkundigte sich aus purer Neugier, was aus der Idee geworden sei, die sie bei den Dreharbeiten von *Pulp Fiction* zusammen auf Papier gekritzelt hatten. »Ich weiß auch nicht, was ihn geritten hat, aber er stürzte sich auf einmal wild auf dieses alte Projekt – und hat dann doch wieder eineinhalb Jahre daran geschrieben«[114], erzählt Uma Thuman. Tarantino steckte sein Nazi-Jäger-Epos in die Schublade. Thurman war inzwischen Mutter geworden. Am 8. Juli 1998 war ihre erste Tochter Maya Ray Thurman-Hawke zur Welt gekommen. Deshalb schlug sie vor, »die Braut« Beatrix im Film *Kill Bill* schwanger sein und das Kind verlieren zu lassen, während sie im Koma liegt – oder sie dies zumindest glauben zu lassen ... Dadurch würde die in dem Film dargestellte surreale Welt einen menschlichen Zug erhalten und das Motiv ihrer Rache würde umso deutlicher werden. Tarantino griff den Vorschlag begeistert auf, um neben der geplanten Action auch Emotionen einbauen zu können.

Am 29. April 2000, Uma Thurmans 30. Geburtstag, überreichte ihr Tarantino das 222 Seiten umfassende Drehbuch zu *Kill Bill*. Die Dreharbeiten wurden vorbereitet, die anderen Rollen besetzt. Robert Rodriguez packte wieder seine Videokamera aus, um festzuhalten, wie ihm Quentin Tarantino weitere Auszüge aus seinem Drehbuch vorlas. Uma Thurman sollte in *Kill Bill* die stärkste Frauenrolle des neuen Jahrtausends spielen und das Publikum mit Samurai- und Martial-Arts-Szenen beeindrucken, wie sie Tarantino seit der Zeit in seiner Jugend, in der er die Grindhouses besuchte, nicht mehr gesehen hatte.

Doch dann, im Frühjahr 2001, wurde Uma Thurman erneut schwanger und konnte die langen, anstrengenden Dreharbeiten nicht in Angriff nehmen. »Eine Woche lang habe ich mit mir gerungen, ob ich die Rolle umbesetzen soll, aber keine andere Schauspielerin hätte zu der Figur gepasst«, berichtet Quentin Tarantino. Obwohl seine Freunde ihn für verrückt erklärten, war er zu keinem Kompromiss bereit. Zu seiner Verteidigung stellte er sogar filmhistorische Vergleiche an: Auch Josef von Sternberg hätte auf Marlene Dietrich gewartet und sie nicht durch eine andere Schauspielerin ersetzt. Die Parallele zu Sternberg und Dietrich verwendete Tarantino in den folgenden Jahren immer wieder, um sein Verhältnis zu Uma Thurman zu charakterisieren. Der Vergleich war allerdings nicht ganz neu: Zum Start von *Jackie Brown* hatte er auch schon Pam Grier als seine Marlene Dietrich bezeichnet.

Während der Drehstart von *Kill Bill* auf unbestimmte Zeit verschoben wurde, war das Drehbuch schon im Internet zu lesen. Tarantino hatte es einigen Freunden zum Lesen gegeben und einer davon hatte es online gestellt. Das Buch wurde sofort von Fans und Branchenkennern rezensiert, obwohl keiner wusste, wie genau sich Tarantino bei der Verfilmung an seine eigene Vorlage halten würde. Der Regisseur gab angesichts der Diskussionen auch zu bedenken, dass eine Kampfszene, die im Buch gerade einmal zwei Sätze umfasst, sich im Film durchaus über 20 Minuten erstrecken könnte.

Am 15. Januar 2002 freuten sich Uma Thurman und ihr damaliger Ehemann Ethan Hawke über die Geburt ihres zweiten Kindes, Levon Roan Thurman-Hawke. Nur fünf Monate später sollten die Dreharbeiten zu *Kill Bill* beginnen. In der Zwischenzeit spielte Quentin Tarantino eine kleine Gastrolle in der ersten Staffel von J. J. Abrams' Fernsehserie *Alias (Alias – Die*

Agentin): In der Doppelfolge »The Box« (»Nadeln des Feuers«) mimt er den auf Rache sinnenden Terroristen McKenas Cole und liefert sich mit Hauptdarstellerin Jennifer Garner ein hartes Duell.

Parallel absolvierte Uma Thurman ein hartes Trainingsprogramm für *Kill Bill*. Drei Monate lang lernte sie verschiedene Arten von Schwertkämpfen und Kung-Fu. Das straffe Programm sah nur dann Pausen vor, wenn der neugeborene Levon Roan nach seiner Mutter schrie und gestillt werden musste. Außerdem sah sich Uma Thurman zur Einstimmung genreprägende Filme an, die ihr Quentin Tarantino gegeben hatte: Sergio Leones *Per un pugno di dollari* (*Für eine Handvoll Dollar*, 1964) mit Clint Eastwood, Jack Hills *Coffy* (1973) mit Pam Grier, John Woos *The Killer* (1989) mit Chow Yun-Fat, alle Bruce-Lee-Filme und Toshiya Fujitas Samurai-Film *Shurayuki-hime* (*Lady Snowblood*, 1973).

Uma Thurman orientierte sich bei der Darstellung ihrer Figur auch an Kali, der hinduistischen Göttin der Zerstörung. Die Gefährtin des Gottes Shiva wird traditionell Furcht einflößend dargestellt – mit drei roten, hervortretenden Augen, langer, herausgestreckter Zunge und mindestens vier Armen, von denen einer ein Schwert, ein anderer einen abgetrennten Kopf hält. Dazu trägt sie eine Girlande aus 51 menschlichen Schädeln um den Hals. »Es war sexy, diese Grimmigkeit zu verkörpern«, sagt Uma Thurman. »Normalerweise dürfen Frauen so etwas nicht spielen, es sei denn, als psychotisches Wrack in einer Irrenanstalt.«[115]

Die Dreharbeiten begannen am 15. Juni 2002. Das Budget explodierte von geplanten 39 Millionen auf 55 Millionen Dollar und auch der Zeitplan geriet immer wieder durcheinander. Quentin Tarantino drehte zum ersten Mal im Ausland, zum

Beispiel in Japan, Hongkong und auf dem chinesischen Festland. Er ließ sich bewusst von einem möglichst kleinen Team aus den USA begleiten, denn er wollte die asiatische Kultur aufsaugen und sich von den Ideen und Erfahrungen der einheimischen Filmemacher inspirieren lassen. Am Set waren pausenlos Dolmetscher im Einsatz. Tarantino begeisterte vor allem das Filmstudio in Peking, das Mao 1949 für seine Propagandafilme bauen ließ: Die dort arbeitenden Techniker haben Verträge auf Lebenszeit und wohnen mit ihren Familien auf dem Studiogelände, auf dem es auch Läden und Schulen gibt – eine große Kino-Kommune.

Vom Basiscamp in Peking flog Tarantino mit seinem Team nach Hongkong und Japan. Im Film schmiedet der Schwertmacher Hattori Hanzo für Beatrix Kiddo ein Schwert, mit dem sie auf ihrem Rachefeldzug unbesiegbar ist. Die Rolle des Waffenschmieds besetzte Tarantino mit seinem Jugendidol Sonny Chiba, dem er bereits in *True Romance* durch die Szene, in der die Hauptfigur Clarence Worley an ihrem Geburtstag ins Kino geht, um sich ein Triple-Feature der *Streetfighter*-Reihe anzusehen, ein Denkmal gesetzt hatte. »Sonny Chiba war für mich in den 1970er-Jahren neben Charles Bronson und Clint Eastwood einer der größten Actionstars«[116], sagt Tarantino. Sonny Chiba war auch in der Serie *Kage No Gundan* zu sehen, die in Los Angeles von einem japanischen Sender unter dem Titel *Shadow Warriors* ausgestrahlt wurde. Dort trug Chiba ebenfalls den Rollennamen Hattori Hanzo.

Mit ihrem Wunderschwert ist Beatrix Kiddo gut gerüstet für ihr Duell mit O-Ren Ishii, Codename Cottonmouth, an deren Seite sie einst in Bills Killerkommando Viper arbeitete. Tarantino wollte die Rolle mit einer japanischen Schauspielerin besetzen, doch dann sah er Lucy Liu in der Komödie *Shanghai Noon*

(2000). Tarantino war von der amerikanischen Schauspielerin mit chinesischen Wurzeln angetan und schrieb die Rolle der japanischen Kämpferin zu einer halb chinesischen, halb japanischen um. So konnte Lucy Liu glaubhaft als O-Ren Ishii über Tokyos Unterwelt regieren. Ihre Vorgeschichte wird in *Kill Bill* in Form einer Anime-Sequenz des japanischen Trickfilmstudios Production I.G erzählt. Inhalt und Stil waren wiederum von einem indischen Film über einen Serienkiller – *Aalavandhan* (2001) – geprägt worden.

Die blutjunge Gogo Yubari, die eine Schulmädchenuniform trägt und treu an O-Ren Ishiis Seite kämpft, wird von Chiaki Kuriyama gespielt. Ihr Rollenname vereint zwei Erlebnisse aus Quentin Tarantinos jüngeren Jahren: Gogo ist eine Anspielung auf *Mach GoGoGo*, den japanischen Namen der Anime-Serie *Speed Racer*, die Tarantino als Kind gern im Fernsehen sah. Yubari ist eine kleine Stadt im Norden Japans, die das Yubari International Fantastic Film Festival ausrichtet. Dort stellte Tarantino auf seiner ersten Japan-Reise seinen Debütfilm *Reservoir Dogs* vor. Chiaki Kuriyama, die als Gogo Yubari eine Kette mit Stahlkugel schwingt, traf in einer Kampfszene versehentlich Quentin Tarantino am Kopf und verletzte ihn leicht. Das war der Preis dafür, dass der Regisseur auch bei *Kill Bill* seiner Tradition treu blieb, bei Dreharbeiten immer direkt neben der Kamera zu stehen.

Mit *Kill Bill* wollte Tarantino die Grenzen seiner Möglichkeiten ausloten und sich mit den Berufskollegen messen, vor denen er schon immer den größten Respekt hatte: den Actionfilm-Regisseuren. Bei allen Kampfszenen entschied er sich für die Aufnahmetechnik im klassischen Hongkonger Stil, das heißt, eine Szene wird chronologisch gedreht. Verletzungen, die eine Figur erlitten hat, und Requisiten oder Kulissen, die zu Bruch gegangen sind, bleiben in der nächsten Aufnahme erhalten. Die Kamera wird kurz umgestellt, die Ausleuchtung wird angepasst, dann geht der Dreh weiter. Die amerikanische Herangehensweise ist anders: Die Regisseure drehen die gesamte Szene in der Totalen. Anschließend wird das Set komplett wieder aufgebaut und die Szene aus einer anderen Perspektive gefilmt. Dieser zweite Schritt erfolgt manchmal erst einige Tage später. Die Aufnahme im Hongkonger Stil erlaubte es Tarantino, spontane Änderungen im Ablauf der Szene vorzunehmen und die Spur der Verwüstung beliebig in die Länge zu ziehen.

Ein Höhepunkt ist der knapp 15-minütige Kampf im überdachten Innenhof des japanischen Luxusrestaurants Haus der blauen Blätter. Die Kulisse kostete eine Million Dollar, die Dreharbeiten dauerten acht Wochen. Zum Vergleich: *Pulp Fiction* wurde insgesamt in zehn Wochen abgedreht. In dieser Orgie aus Gewalt und Anmut trägt Uma Thurman wie Bruce Lee in *Game of Death (Mein letzter Kampf,* 1978) einen gelb-schwarzen Kampfanzug und metzelt 88 mit schwarzen Anzügen bekleidete Kämpfer nieder. Köpfe und Gliedmaßen werden gleich im Dutzend abgeschlagen, Körper durchbohrt und zerhackt, das Blut spritzt in hohen Fontänen aus den Körpern. Die Kämpfer bewegen sich fast tänzerisch, schlagen Salti und heben alle Gesetze der Schwerkraft und Logik auf. Für die Choreografie der Szenen verpflichtete Tarantino Yuen Woo-Ping, der bereits für viele alte Martial-Arts-Filme und in jüngerer Zeit für die *Matrix*-Trilogie und den Film *Crouching Tiger, Hidden Dragon* (*Tiger and Dragon,* 2000) gearbeitet hatte.

Bei den Dreharbeiten kamen rund 1700 Liter Filmblut zum Einsatz. Der rote Saft spritzte mithilfe spezieller Pumpen aus den Latex-Dummies, sobald die künstlichen Köpfe oder Gliedmaßen abgeschlagen wurden. Die Firma K.N.B. EFX bot Tarantino das Kunstblut in immer neuen Farbtönen und Konsistenzen an, bis der Filmemacher endlich zufrieden war. »Die meisten Hollywoodfilme verwenden Kunstblut, das wie Himbeersirup aussieht«, kritisiert Tarantino. »Wenn Schauspieler es in den Mund nehmen und ausspucken, sieht es gut aus, auch wenn man es auf den Klamotten sieht. Doch sobald es auf Metall oder auf andere Objekte spritzt, sieht es wieder aus wie Sirup.«[117] Tarantino wollte täuschend echt wirkendes Filmblut verwenden. Ganz in der Tradition des chinesischen Genre-Pioniers Chang Cheh ließ er die rote Flüssigkeit in Kondome füllen, die die Schauspieler zerquetschen konnten, um das Blut exakt in dem Moment in alle Richtungen spritzen zu lassen, in dem sie vom Filmschwert getroffen wurden. Weil dies nicht immer auf Anhieb funktionierte, musste eine Einstellung im Haus der blauen Blätter insgesamt 34-mal gedreht werden. Erst dann lief das Blut nicht einfach an der Figur hinunter, sondern platzte regelrecht aus deren Körper heraus. In seiner gesamten Karriere musste Tarantino keine Einstellung so oft drehen wie diese.

Es wäre ein Leichtes gewesen, das Gemetzel ohne Blutvergießen zu filmen und das Rot in allen Variationen erst nachträglich per Computer einzufügen. Doch Tarantino hatte für *Kill Bill* die Devise ausgegeben: »Wenn wir es nicht in der Kamera machen können, dann können wir es gar nicht machen!«[118] Auf einem Festival schimpfte er, »dieser Computer-Scheiß« wäre »die Totenglocke des Kinos«. Er führte Negativbeispiele wie die Roboterschlachten in George Lucas' neuen *Star Wars*-Episoden oder die Skelettkämpfe in Peter Jacksons *The Lord of the Rings: The Two Towers* (*Der Herr der Ringe: Die zwei Türme*, 2002) und Gore Verbinskis *Pirates of the Caribbean: The Curse of the Black Pearl* (*Fluch der Karibik*, 2003) an und ergänzte: »Auch in *Matrix Reloaded* blutet keiner. In meinem Film, da wird, kawusch, ein Arm abgehackt, das Blut spritzt. Ich glaube, selbst das prüdeste Publikum sieht, dass es um etwas geht, so verrückt es auch sein mag.«[119]

Tarantino orientierte sich an japanischen Vorbildern: »Wenn in Yakuza- und Samurai-Filmen ein Arm abgeschlagen wird, sieht das aus, als würde Blut mit einem Gartenschlauch verspritzt. Für die Japaner ist Blut offenbar eine sehr hübsche Sache – und deshalb inszenieren sie es wie eine Art rotes Feuerwerk, wie die Wasserspiele vor dem Hotel Bellagio in Las Vegas.«[120] Dagegen komme im amerikanischen Kino Blut in großen Mengen fast nur in Horrorfilmen vor und habe dort die Aufgabe, »eklig zu wirken«.

Nachdem Beatrix Kiddo auf das schwarz-rote Meer der niedergemetzelten Anzugträger geblickt hat, unter denen sich auch Quentin Tarantino in einem kurzen Cameo-Auftritt befindet, steht sie ihrer Widersacherin O-Ren Ishii gegenüber. Das Duell im nächtlichen Schneegarten ist eine Hommage an die Filme Kinji Fukasakus und Sergio Leones. Entsprechend setzte Tarantino auf das klassische Cinemascope-Format. Für die monumentalen Bilder in *Kill Bill* arbeitete Tarantino zum ersten Mal mit dem Kameramann Robert Richardson zusammen. Dieser verdankte seinen Oscar-Gewinn dem Drama *JFK* (*JFK – Tatort Dallas*, 1991), inszeniert ausrechnet von Oliver Stone, mit dem Tarantino seit *Natural Born Killers* zerstritten war. Um sich bei Richardson beliebt zu machen, schickte ihm Tarantino das Drehbuch zu *Kill Bill* am Valentinstag 2002 zusammen mit einem Strauß roter Rosen. Richardson sagte zu und absolvierte bei Tarantino einen Crashkurs in der Bildkunst alter Martial-Arts-Filme der Shaw Brothers und des Fimemachers Cheh Chang.

Die Dreharbeiten in Asien waren länger und anstrengender als befürchtet. Tarantino merkte, dass ihm nicht nur das Budget entglitt. Auch der Film drohte dreieinhalb bis vier Stunden lang zu werden, weil Tarantino – wie im Rausch – immer neue und längere Szenen drehte. Kenner der Branche und auch der Regisseur selbst zogen erste Vergleiche zu Francis Ford Coppolas Vietnamfilm *Apocalypse Now* (1979), dessen Dreharbeiten auf den Philippinen komplett aus dem Ruder liefen. »*Kill Bill* hat mich so ausgelaugt, dass ich manchmal das Gefühl hatte, den Film nie zu Ende bringen zu können«[121], gestand Tarantino später in einem Interview. »Ich war müde und entwickelte mich an manchen Drehtagen zu einem mürrischen Arschloch.«[122] Robert Rodriguez bestätigt, dass Tarantino niedergeschlagen wirkte, als er ihn bei den Dreharbeiten besuchte. Besorgt wandte sich die Cutterin Sally Menke an Rodriguez: »Quentin kommt nicht in den Schneideraum, er will nichts sehen, bevor er abgedreht hat.« Sie zeigte Rodriguez einige Szenen, die sie bereits geschnitten hatte. Rodriguez war begeistert und redete seinem Freund Tarantino ins Gewissen: »Du schuldest es dir, deine eigenen Sachen anzuschauen, denn du arbeitest hier gerade an einem Klassiker.«[123] Er riet Tarantino, aus dem Material einen kurzen Film zu schneiden und ihn seinen Mitarbeitern zu zeigen, damit sie die Energie aufbringen konnten, *Kill Bill* fertigzustellen. Schon bei der gemeinsamen Arbeit an dem Vampirfilm *From Dusk Till Dawn* hatten Tarantino und Rodriguez ihr Team auf diese Weise bei Laune gehalten.

Tarantino folgte Rodriguez' Vorschlag, da er viel zu erschöpft war, um zu widersprechen. Er ging in den Schneideraum und war begeistert von seinen eigenen Bildern. Auch das Team jubelte, als es zum ersten Mal die beeindruckenden Ergebnisse der Arbeit etlicher Wochen auf der Leinwand sah. Im Abspann sollte später »Special Thanks to ›My Brother‹ RR« stehen.

Eine andere Sorge konnte Produzent Harvey Weinstein seinem Regisseur nehmen: Anstatt ihn zu zwingen, *Kill Bill* am

Schneidetisch erheblich zu kürzen, so wie er es zuvor von Martin Scorsese bei dessen ausuferndem Drama *Gangs of New York* (2002) gefordert hatte, verfügte Weinstein, dass *Kill Bill* in zwei Teilen in die Kinos kommen sollte. Für Filme wie *Titanic* wäre diese Entscheidung das Todesurteil gewesen. Doch Weinstein und Tarantino waren sich sicher, dass das seriale Prinzip bei *Kill Bill* funktionieren würde, da der Film nicht linear, sondern in verschachtelten Episoden erzählt wurde.

Obwohl Tarantino darauf Wert legt, dass *Kill Bill* in seiner Filmografie als ein einziger Film verstanden wird, war er mit der Teilung des Epos einverstanden: »Einen Film von mehr als drei Stunden hätte ich mir nicht vorstellen können. Ich als Film-Junkie hätte das überlebt, aber den normalen Zuschauer hätte es überfordert. Denn letztlich ist *Kill Bill* nichts anderes als ein Exploitation-Film, wenn auch mit hohem Budget. Nach dem Showdown des ersten Teils braucht der Zuschauer wirklich eine Pause.«[124]

Die Dreharbeiten in Peking ließen das Team zu einer eingeschworenen Gemeinschaft werden. Sechs Tage pro Woche wurde Seite an Seite gearbeitet, samstagabends stürzte sich die Crew gemeinsam in das Nachtleben der Hauptstadt. Nicht gerade zur Freude der chinesischen Regierung, die stets auf Etikette bedacht ist, sagte Tarantino in einem Interview: »Das Nachtleben in China ist völlig außer Kontrolle. Peking ist zurzeit die Ecstasy-Hauptstadt der Welt. Sie haben Ecstasy, das jenseits von LSD ist. Absolut fantastisch.« Er schwärmte von einer Rave-Party an der Chinesischen Mauer: »Wir rauchten Shit und warfen uns Ecstasy ein. Das war großartig. Wir haben wie die Rockstars durchgefeiert. Das war eine wunderbare Art, die Chinesische Mauer kennenzulernen.«[125]

Disziplin fordert dagegen im Film der Einsiedlermönch Pai Mei ein, der Beatrix Kiddo mit eigenwilligen Methoden in den tödlichsten Kampftechniken unterrichtet. Diese Rolle gab Tarantino der chinesischen Martial-Arts-Legende Gordon Liu. Der Regisseur war ein Fan des Schauspielers, seit er ihn in *Sháo Lin san shí liù fáng (Die 36 Kammern der Shaolin*, 1978) gesehen hatte. Tatsächlich wurde Gordon Liu in *Kill Bill* gleich doppelt besetzt: In *Volume 1* spielt er den kahlköpfigen Anführer von O-Ren Ishiis Privatarmee Crazy 88. In *Volume 2* gibt er mit langen weißen Haaren und Bart den unkonventionellen Lehrmeister der Hauptfigur. Tarantino hatte ursprünglich geplant, Gordon Liu chinesisch sprechen zu lassen und die englischen Sätze selbst einzusprechen, um die schlechte Synchronisation alter Martial-Arts-Filme nachzuahmen. Von dieser Idee trennte er sich aber schnell wieder.

Neben Gordon Liu als Repräsentant chinesischer Kung-Fu-Filme und Sonny Chiba als Ikone japanischer Samurai-Epen besetzte Tarantino auch den wohl bedeutendsten Vertreter der amerikanischen Kung-Fu-Welle: David Carradine ist der titelgebende Bill in *Kill Bill*. Der 1936 in Los Angeles geborene Schauspieler war von 1972 bis 1975 als halb-chinesischer Shaolin-Mönch in der Hauptrolle der Fernsehserie *Kung Fu* und in der Nachfolgeserie *Kung Fu – The Legend Continues (Kung Fu – Im Zeichen des Drachen)* als dessen gleichnamiger Enkel zu sehen. Die beiden Serien machten fernöstliche Kampftechniken zum Bestandteil der westlichen Popkultur. »Wer so alt ist wie ich, ist mit der Serie *Kung Fu* aufgewachsen«, sagt Quentin Tarantino und ergänzt: »Die Stars solcher Kultserien waren wie Rockstars, auch David Carradine war ein absoluter Rockstar.«[126]

Tarantino wollte die Rolle des Bill ursprünglich mit Warren Beatty besetzen, den er seit dessen Hauptrolle in Arthur Penns Gangsterfilm-Klassiker *Bonnie and Clyde (Bonnie und Clyde*, 1967) verehrte. Doch die Chemie zwischen dem Schauspieler und dem Regisseur stimmte nicht. Zum einen wollte Warren Beatty keine dreimonatige Kung-Fu-Ausbildung in Los Angeles und Peking absolvieren, nur um für das Finale des Films eine kurze Kampfszene zu drehen. Außerdem verstand er den Sinn des Drehbuchs nicht. Laut Quentin Tarantino fragte er: »Was unterscheidet deinen Film von einem, in dem einfach nur eine Kampfszene die andere jagt und jede Kampfszene versucht, die vorhergehende zu übertreffen?« Tarantino antwortete: »Warren, du kennst dich offenbar nicht allzu gut aus, aber was du sagst, ist eine verdammt gute Beschreibung für einen Kampfkunstfilm, für das, was man Martial-Arts-Kino nennt. Wenn mir genau das gelingen würde – ein Kampf nach dem anderen, jede Kampfszene besser als die vorhergehende – das wäre ein totaler Erfolg und würde mich sehr glücklich machen!«[127]

Warren Beatty verabschiedete sich von dem Projekt und empfahl den nur ein Jahr älteren David Carradine als Ersatzmann. Dieser gab im offiziellen Making-of-Interview zu *Kill Bill – Volume 2* zu Protokoll: »Das Wesentliche eines Tarantino-Films ist nicht die Gewalt, nicht die Action, sondern der Einblick in den Geist und in das Herz gewalttätiger Menschen.«[128] Und: »Ich habe in elf Shakespeare-Dramen mitgespielt. Der Typ schreibt auch gut. Aber Quentin ist der Beste. Ich schlage das Drehbuch auf und sehe Literatur. Alles ist bis ins Kleinste vorbereitet. Er überlässt nichts dem Zufall.« Im Gegensatz zu Warren Beatty hatte Carradine auch kein Problem damit, dass er in *Kill Bill – Volume 1* kein einziges Mal zu sehen ist. Nur seine sonore Bassstimme ertönt in einigen kurzen Szenen. Sein erster Auftritt erfolgt im zweiten Teil des Films in der Szene, in der Beatrix Kiddo ihren einstigen Boss und Liebhaber auf der Veranda der kleinen Hochzeitskapelle trifft. Die Flötenklänge, die dazu eingespielt werden, sind ebenfalls eine Hommage an die Fernsehserie *Kung Fu*, in der Kwai Chang Caine stets eine Flöte bei sich trägt. Die erste Begegnung von Beatrix und Bill ist nach Art eines Westerns von Sergio Leone inszeniert. Sie bietet Großaufnahmen der Schauspieler, Parallelfahrten der Kamera und leinwandfüllende Schuss-Gegenschuss-Blickduelle. Tarantino drehte die Szene in der Mojave-Wüste und baute sogar seinen Stammschauspieler Samuel L. Jackson ein, ohne dass die Zuschauer ihn später bemerkten: Jackson mimt den Organisten in der Kapelle.

Die letzte Begegnung von Beatrix und Bill findet in Bills kleinem Traumreich am Pazifischen Ozean statt. Die Szene führt das Paar für einen kurzen Moment mit der gemeinsamen Tochter zusammen, die zur Welt kam, als Beatrix im Koma lag, und die bei Bill aufwuchs. Bevor Beatrix ihre Mission erfüllt und auch Bill für seine Taten büßen lässt, reden die Protagonisten mit der Ruhe eines Eric-Rohmer-Films darüber, wie alles kam und wie es hätte werden können.

Erst in dieser Schlussszene setzt Tarantino wieder auf seine Kunst der Dialoge. In der restlichen Geschichte dosierte er diese so sparsam, dass Uma Thurman sich während der Dreharbeiten beschwerte, sie habe das Gefühl, in einem Stummfilm mitzuspielen. Doch Tarantino verwies auf Sergio Leones Western und proklamierte: »Je weniger Worte man gebraucht, desto größer ist deren Wirkung.« Bei *Kill Bill* waren dem Regisseur Blicke und Emotionen wichtiger als Worte: »Es geht um Rache. Was braucht man mehr? Fünf Leute haben etwas Schlimmes getan und müssen jetzt dafür bezahlen. Mehr Geschichte braucht man nicht.«[129]

Die anderen Killer, die Beatrix Kiddo auf ihrem Rachefeldzug beseitigt, sind Vernita Green alias Copperhead (Vivica A. Fox), der Cowboy Budd alias Sidewinder (*Reservoir Dogs*-Star

Michael Madsen) und Elle Driver alias California Mountain Snake (Daryl Hannah). Tarantino wusste, dass es ihm nicht möglich sein würde, die Kampfszene im Haus der blauen Blätter in *Kill Bill – Volume 1* noch zu übertreffen. Deshalb setzte er beim wichtigsten Kampf in *Kill Bill – Volume 2* auf Emotionen statt Gemetzel. Den erbitterten Schwertkampf zwischen Beatrix Kiddo und Elle Driver inszenierte er als »Kampf der blonden Gigantinnen«. Er sah Uma Thurman und Daryl Hannah als »zwei Amazonen, die sich zu Tode prügeln«. Die edlen japanischen Schwerter, mit denen die beiden ihr Duell austragen, stehen in starkem Kontrast zu der schäbigen Umgebung, in der die Auseinandersetzung stattfindet: Die blitzenden Stahlklingen verwüsten die Inneneinrichtung des beengten, schmuddeligen Wohnmobils des Cowboys Budd, der obendrein noch tot am Boden liegt. Selten hat ein Regisseur das Aufeinandertreffen von japanischer Samurai-Tradition und amerikanischer Lebenskultur beeindruckender dargestellt, als Quentin Tarantino es in dieser Szene getan hat.

Die Dreharbeiten, die am 17. Juni 2002 in China begonnen hatten, endeten erst am 3. März 2003 in Kalifornien. Die Branche scherzte, Tarantino habe sich mit mehr als 150 Drehtagen die Stanley-Kubrick-Medaille redlich verdient. Doch Tarantino störte sich nicht an der Kritik, sondern lud die gesamte Crew nach Drehschluss in ein Lokal mit dem programmatischen Namen Bucket of Blood ein, wo er viele Runden Bloody Mary spendierte.

Wie schon bei *Reservoir Dogs*, *Pulp Fiction* und *Jackie Brown* setzte Quentin Tarantino beim Soundtrack von *Kill Bill* auf bekannte Songs und auf die Musik anderer Filme. Erstmals verwendete er aber auch Titel, die eigens für den Film geschrieben und produziert wurden. Diese wurden von dem New Yorker

Rapmusiker Robert Diggs komponiert, der unter dem Pseudonym RZA auch die Musik seiner Hip-Hop-Gruppe Wu-Tang Clan schrieb und produzierte. Tarantino und RZA trafen sich am Rande einer Promotion-Veranstaltung für Yuan Woo-Pings Kung-Fu-Film *Iron Monkey* (1993), dem Tarantino im Jahr 2001 mit seiner Firma Rolling Thunder Pictures zu neuer Aufmerksamkeit in den USA verholfen hatte. Beide gaben sich als große Kung-Fu-Fans zu erkennen und versuchten, sich mit Fachwissen gegenseitig zu übertrumpfen. »Ich prahlte mit bestimmten Filmen, die ich auf 20 Jahre alten VHS-Kassetten hatte«, erinnert sich RZA, »doch Quentin hielt dagegen, dass er das 35-Millimeter-Original hatte.«[130] Tarantino bot RZA an, den Soundtrack für *Kill Bill* zu schreiben und zu produzieren. Die an Vielfalt kaum zu überbietende CD von *Kill Bill – Volume 1* enthält neben den neuen Songs von RZA auch Titel von Quincy Jones und Isaac Hayes, dazu Nancy Sinatras Ohrwurm »Bang Bang« und Bernard Herrmanns gepfiffenes Thema aus *Twisted Nerve* (*Teufelskreis Y,* 1968*)*. Auch Santa Esmeraldas »Don't Let Me Be Misunderstood«, das einst in der deutschen *Sportschau* die Wahl zum »Tor des Monats« untermalte, und die Version des von dem Bremer Bandleader James Last komponierten Instrumentalstückes »Der einsame Hirte«, in dem Gheorghe Zamfir die Panflöte spielt, sind darauf zu hören. Auf die japanische Frauenband The 5,6,7,8's, die amerikanische Surf-Klassiker wie »Woo Hoo« covert, war Tarantino gestoßen, nachdem er in Japan die Drehorte besichtigt hatte. Quasi auf dem Sprung zum Flughafen hörte er die Musik aus den Lautsprechern eines Ladens, kaufte dem Kassierer die CD ab und ließ die Gruppe später zu den Dreharbeiten im Haus der blauen Blätter einfliegen, wo die Bandmitglieder auch vor der Kamera zu sehen sind.

Eigentlich sollte RZA auch den Soundtrack zu *Kill Bill – Volume 2* produzieren, doch dann machte Robert Rodriguez seinem Freund Tarantino ein Angebot, das dieser nicht ablehnen konnte: »Ich schreibe dir die Musik gratis. Gefällt sie dir, behalte sie. Wenn nicht, auch gut.«[131] Da Rodriguez die Musik zu vielen seiner eigenen Filme selbst komponiert hatte, genoss er Tarantinos Vertrauen. Er bekam den Auftrag. Die Freunde einigten sich darauf, dass Rodriguez für seine Arbeit den symbolischen Lohn von einem Dollar erhält und Tarantino im Gegenzug für ebenfalls einen Dollar eine Sequenz in Rodriguez' Episodenfilm *Sin City* (2005) inszeniert.

Die erste Testvorführung von *Kill Bill – Volume 1* fand in Austin, Texas, statt. Als der Abspann lief, bedachten die Zuschauer den Film fünf Minuten lang mit Standing Ovations. Produzent Harvey Weinstein war von dieser Reaktion so beeindruckt, dass er auf weitere Umfragen verzichtete. *Kill Bill – Volume 1* lief im Oktober 2003 in den amerikanischen Kinos an, *Volume 2* folgte bereits ein halbes Jahr später. »*Volume 1* ist die Frage, *Volume 2* die Antwort«[132], bewarb Quentin Tarantino sein Epos, dessen Hälften unterschiedlicher kaum sein könnten. Der erste Teil ist eine wilde, fast schon hysterische Martial-Arts-Oper mit wenigen Atempausen und 41 Morden. Der zweite Teil beschränkt sich auf drei Tote und wenige Gewaltdarstellungen. »Die Braut« Beatrix tötet in *Kill Bill – Volume 2* nur einen einzigen Menschen: ihren ehemaligen Liebhaber Bill.

Zum Kinostart von *Kill Bill – Volume 1* fasste die *New York Times* den Inhalt wie folgt zusammen: »Der Film enthält Schießereien, Messerstechereien, Schlägereien, Beißszenen, Kopfabschlagen, Bauchaufschlitzen, Gliederabhacken, Augenausdrücken, Amputationen und eine Prügelszene. Dazu ein paar schmutzige Wörter.«[133] Quentin Tarantino war darauf vorbereitet, in Interviews und Pressekonferenzen einmal mehr die Gewalt in seinen Filmen rechtfertigen zu müssen. Besondere Brisanz erhielten diese Diskussionen dadurch, dass die beiden Amokläufer Eric Harris und Dylan Klebold, die am 20. April 1999 in der Columbine High School in Littleton, Colorado, zwölf Schüler, einen Lehrer und sich selbst erschossen, ein Video hinterlassen hatten, in dem sie den Wunsch äußerten, Quentin Tarantino möge ihre Geschichte verfilmen. Der Regisseur wand sich eher ungelenk aus dieser Klemme, indem er verkündete, es hätte in Littleton weniger Opfer gegeben, wenn die Killer mit Samurai-Schwertern statt mit automatischen Handfeuerwaffen in ihre Highschool marschiert wären.

Er nahm Bezug auf seine eigene Kindheit, in der er viele Tausend Morde im Fernsehen und im Kino gesehen hatte, und stellte klar: »Gewaltfilme animieren Kinder nicht zu Gewalt, sie animieren Kinder höchstens dazu, solche Gewaltfilme zu machen wie ich.«[134] Er stellte heraus, dass vor allem *Kill Bill – Volume 1* so übertrieben und künstlich sei, dass er sich schon für Jungen und Mädchen ab zwölf Jahren eigne. »In den USA sind die Zuschauer geschockt, wenn jemandem der Arm abgehackt wird und das Blut 20 Meter in die Höhe spritzt – in Japan schert sich aber keiner darum«[135], verteidigte Tarantino die von ihm auf die Leinwand gebrachten Bilder und ergänzte: »Ich sehe mich als amerikanischen Filmemacher, der weltweit Fans hat. Meine Einflüsse kommen von überall her, und so mache ich meine Filme – für die ganze Welt.«[136] Während *Kill Bill – Volume 1* in den japanischen Kinos in der Originalfassung gezeigt wurde, entstand für den US-amerikanischen Markt eine abgeschwächte Version, in der das Gemetzel im Haus der blauen Blätter auf Anraten der Motion Picture Association of America (MPAA) in Schwarz-Weiß statt in Farbe gezeigt wurde. Nur so war die kommerziell wichtige Freigabe für 17-Jährige in Begleitung ihrer Eltern zu bekommen.

Die Diskussion um die Gewalt in Quentin Tarantinos Filmen fand auf ironische Weise Niederschlag in den Familienprogrammen der amerikanischen Fernsehsender. In der Zeichentrickserie *The Simpsons (Die Simpsons)* läuft in einer Episode im Fernseher der gelbhäutigen Familie eine Folge der *Itchy & Scratchy Show* mit dem Titel »Reservoir Cats«. Darin schneidet die brutale Maus Itchy dem Kater Scratchy, der an einen Stuhl gefesselt ist, ein Ohr ab und übergießt ihn mit Benzin. Daraufhin betritt ein gezeichneter Quentin Tarantino die Szene und erklärt den Zuschauern, er wolle mit dieser Geschichte unterstreichen, dass Gewalt ein fester Bestandteil unserer Gesellschaft sei. Itchy benutzt nun ihre Rasierklinge, um Tarantino den Kopf abzuschneiden, und tanzt mit Scratchy um die Leiche. Tarantino empfand diese Darstellung als beleidigend und weigerte sich, in dieser Folge als Gastsprecher aufzutreten. Deshalb lieh Homer Simpsons Stammsprecher Dan Castellaneta auch der Figur Tarantinos seine Stimme. In dem Muppets-Film *The Wizard of Oz* (*Muppets: Der Zauberer von Oz*, 2005) wollte Tarantino dagegen mitwirken. Er spielt sich selbst und schlägt dem Frosch Kermit vor, den märchenhaften Film durch Kung-Fu, Schwertkämpfe, Explosionen, Anime-Elemente und Gewalt aufzuwerten. Kermit lehnt Tarantinos Angebot ab, obwohl dieser bedrohlich sein Schwert schwingt und über den Tisch klettert.

Kill Bill – Volume 1 und *Volume 2* spielten gemeinsam weltweit mehr als 330 Millionen Dollar ein. Die Academy of Motion Picture Arts and Sciences (AMPAS) bedachte das Epos mit keiner Oscar-Nominierung, doch das Filmfestival in Cannes riss sich einmal mehr um Tarantino. Eigentlich hätte *Kill Bill* der Eröffnungsfilm des Festivals von 2003 sein sollen, doch da sich die Produktion um Monate verzögert hatte, war dies nicht mehr möglich. Im Jahr 2004 vertieften Cannes und Tarantino dann ihre seit *Reservoir Dogs* bestehende Verbindung, indem nicht nur *Kill Bill – Volume 2* auf dem Festival gezeigt wurde, sondern Tarantino auch zum neuen Jury-Präsidenten erklärt wurde. Mit 41 Jahren war er der jüngste Filmemacher, dem diese Ehre in der Geschichte des Festivals zuteilwurde. Dass aufgrund seiner Ernennung sein eigener Film nur außerhalb des Wettbewerbs laufen durfte, nahm Tarantino billigend in Kauf. »Für einen Filmemacher und Filmliebhaber gibt es keine größere Ehre, als der Jury in Cannes anzugehören«, teilte Tarantino, zehn Jahre nachdem er für *Pulp Fiction* die Goldene Palme erhalten hatte, in einer Presseerklärung mit. »Und dann noch als Präsident fungieren zu dürfen, ist die Krönung meines Lebens.«[137]

Bei der Galavorstellung von *Kill Bill – Volume 2* in Cannes schritt Quentin Tarantino mit seiner Hauptdarstellerin und Muse Uma Thurman über den roten Teppich. Einmal mehr beschäftigte sich die internationale Presse mit der Frage, ob sich aus der beruflichen Beziehung der beiden nicht auch eine private Liebesgeschichte entwickelt habe. Wurde in Cannes über das Verhältnis der beiden noch nur getuschelt, nahm der amerikanische Radiomoderator Howard Stern kein Blatt vor den Mund, als Quentin Tarantino sich zwischen den Kinostarts von *Kill Bill – Volume 1* und *Volume 2* von ihm interviewen ließ. Tarantino gab zu, dass es zwischen Regisseuren und Schauspielerinnen schon immer eine spezielle Art von Zuneigung gegeben habe. Seit *Pulp Fiction* sei dies auch bei ihm und Uma Thurman der Fall und nach den extremen Dreharbeiten zu *Kill Bill* empfinde er durchaus eine Form von Liebe für sie. Howard Stern hakte nach, ob Tarantino mit Thurman Sex haben wolle. Verlegen erklärte Tarantino, dass sich diese Liebe auf einer anderen Ebene abspiele, die er mit Worten nicht erklären könne. Stern holte erneut aus: »Wenn sie wieder Single ist, machst du dann den ersten Schritt?« Als Tarantino daraufhin schwieg, wurde Stern konkreter: »Hast du sie schon einmal geküsst?« Nun lachte Tarantino laut und beschwerte sich: »Du kannst mir hier nicht solche Fragen stellen!«[138] Die Antwort blieb er schuldig.

Beruflich entpuppte sich *Kill Bill* als Befreiungsschlag für Thurman und Tarantino: Der Regisseur konnte fast zehn Jahre nach seinem Erfolg mit *Pulp Fiction* beweisen, dass er immer noch für Überraschungen gut war. Thurman konnte sich aus dem cineastischen Niemandsland befreien, in das sie durch ihre Ehe mit Ethan Hawke und durch ihre Rolle als zweifache Mutter geraten war. »Der Film ist meine Wiedergeburt als Schauspielerin«[139], erklärte sie in einem Interview. »Ich war in einem anderen Leben festgewachsen. Quentin holte mich da raus. Ich bin ein anderer Mensch geworden.«

KAPITEL 11
CSI: LAS VEGAS

Quentin Tarantino ist Ehrenwikinger. Sein isländischer Name ist Quentin Conniesson. Die Zeremonie zur Verleihung des Ehrentitels fand 2005 während des Reykjavík International Film Festivals statt, auf dem der Regisseur Eli Roth und sein Produzent Tarantino ihren Horrorfilm *Hostel* präsentierten. Eythor Gudjonsson, Islands ehemaliger Disney-Chef, hatte diese Auszeichnung beantragt. Da nach isländischer Tradition, je nach Geschlecht des Kindes, an den Namen des Vaters das Affix -són oder -dottir gehängt wird, wurde Eli Roth, gemäß seinem Vater, dem Psychiater Sheldon Roth, mit Eli Sheldonsson angesprochen. Da Tarantino keinen Kontakt zu seinem leiblichen Vater wünschte, wurde er mit dem isländischen Namen seine Mutter Connie gewürdigt.

Nach dem filmischen Kraftakt *Kill Bill*, der Tarantino über Jahre beschäftigt hatte, gönnte sich der Regisseur 2005 eine Auszeit, in der er Festivals besuchte, Filme sah, an Drehbüchern schrieb und kleinere Projekte realisierte, anstatt seinen fünften großen Film zu drehen. Zu diesen Projekten gehörte, die Doppelfolge zum Finale der fünften Staffel von *CSI: Las Vegas* zu drehen. Tarantino war ein Fan der Fernsehserie und nahm gern das Angebot an, bei der 90-minütigen Episode »Grave Danger« (»Grabesstille«) als Autor und Regisseur zu fungieren. Darin wird der Spurensicherer Nick Stokes (George Eads) entführt und in einen Sarg aus Plexiglas gesteckt. Mit diesem klassischen Motiv des Lebendig-Begrabenseins zitierte Tarantino nicht nur Roger Cormans Film *The Premature Burial* (1962), der auf einer Kurzgeschichte von Edgar Allan Poe basierte, und George Sluizers Entführungsthriller *Spoorloos* (1988), sondern auch sich selbst: In *Kill Bill – Volume 2* packt Cowboy Budd (Michael Madsen) Beatrix Kiddo in eine Holzkiste und vergräbt sie im Wüstensand. Während Beatrix ihre in China erworbenen übernatürlichen Kampfkünste nutzen kann, um sich zu befreien, muss sich Nick Stokes auf seine CSI-Kollegen verlassen. Der Entführer hat eine Webcam in dem Sarg platziert, über die Stokes' Kollegengruppe um Gil Grissom (William Petersen) seinen langsamen Erstickungstod beobachten soll. Die Übergabe des geforderten Lösegeldes scheitert. Als der Entführer sich selbst in die Luft sprengt, scheint es keine Hoffnung auf Rettung mehr zu geben. Tarantino zeigt, wie Stokes halluziniert und wie angriffslustige Feuerameisen in den Sarg eindringen. Am Ende der zweiten Folge siegt dann doch noch das Gute und Nick Stokes kann wieder an die Erdoberfläche geholt werden.

30 Millionen Zuschauer sahen sich das Staffelfinale an und bescherten *CSI: Las Vegas* einen nie wiederholten Rekord. In Deutschland strahlte der Sender Vox die Folge unter dem Titel »Grabesstille« ein Jahr nach der US-Premiere aus.

Quentin Tarantino zeichnete sich auch für eine rund drei Minuten lange Szene in Robert Rodriguez' stilsicher inszenierter Comic-Adaption *Sin City* (2005) verantwortlich. Dabei handelte es sich um die versprochene Gegenleistung für Rodriguez' Arbeit an dem Soundtrack zu *Kill Bill – Volume 2*. Tarantino drehte die Szene, in der Dwight (Clive Owen) mit dem schwer verletzten Jackie Boy (Benicio Del Toro) im Auto sitzt und zu den Teergruben fährt, in denen Raffertys Leiche entsorgt werden soll. Obwohl Tarantino selbst grundsätzlich nur Filmkameras einsetzt, ließ er sich für *Sin City* auf die Arbeit mit einer digitalen Sony-Videokamera aus der HDCAM-Baureihe ein. Robert Rodriguez, der seit seinem Film *Spy Kids* auf digitale Bilder schwört, war fest davon überzeugt, auch seinen Freund Tarantino von dieser Technik überzeugen zu können. Am Set kursierten T-Shirts, auf denen ein Zitat von Robert Rodriguez stand: »Schafft die alte Kamera von meinem Set!« Darunter stand ein Zitat von Quentin Tarantino: »Schafft den digitalen Müll hier weg!« Als die Szene abgedreht war, schloss Tarantino seinen Ausflug in die digitale Welt mit den Worten ab: »Mission erfüllt!«[140] Danach arbeitete er wie gewohnt ausschließlich mit Film und duldete keine Videokameras an seinen Sets. Mit Regisseuren wie Martin Scorsese und Christopher Nolan bildet er damit inzwischen eine Ausnahme in Hollywood.

KAPITEL 12
GRINDHOUSE

Wenn Robert Rodriguez das Haus seines Freundes Quentin Tarantino beschreiben soll, dann fallen ihm zuerst die »cineastischen Landminen«[141] ein. Das sind Poster, Bücher, Modelle, Actionfiguren und sonstige Kino-Memorabilia, die auf dem Boden verstreut sind und das Gehen erschweren. Im Januar 2005 war Rodriguez wieder einmal bei Tarantino zu Besuch, um sich in dessen Privatkino alte Filme im Doppelpack anzusehen. Als er sich seinen Weg durch die cineastischen Landminen bahnte, sah er ein altes Plakat, das es auch in seiner eigenen Sammlung gab. Es warb für eine Doppelvorführung der Filme *Dragstrip Girl* und *Rock All Night* aus dem Jahr 1957. Spontan schlug Rodriguez vor, dass sie beide auch einmal zwei Filme für eine gemeinsame Doppelvorführung drehen sollten. Tarantino erwiderte sofort: »Gute Idee, wir nennen das Projekt *Grindhouse*.«[142]

Die schäbigen Filmtheater, in denen Tarantino in seiner Jugend den kuriosesten Leinwand-Trash und flackernde Kopien alter Klassiker gesehen hatte, hatten für den heranwachsenden Rodriguez keine große Rolle gespielt. Der um fünf Jahre jüngere Robert Rodriguez war in Texas aufgewachsen, wo Grindhouses weniger verbreitet waren als in Kalifornien. »Dafür hatten wir aber eine Menge Autokinos«, erzählt Rodriguez. »Es gab sie mit mehreren Leinwänden, sodass man hin- und herfahren konnte und plötzlich den Ton eines anderen Films hörte. Dort liefen die Exploitation-Filme. Aber die meisten Klassiker, die Quentin kennt, waren vor meiner Zeit.«[143] Um dieses Defizit auszugleichen, schaute sich Rodriguez in Tarantinos privatem Kino alte Kopien an. »Ich war total begeistert von seiner Kopie von *The Good, the Bad and the Ugly* (*Zwei glorreiche Halunken*, 1966), weil sie völlig zerhackt war. Als ich nach Hause kam, habe ich den Film gleich noch einmal auf DVD angesehen, aber da hat er mir nicht mehr so gut gefallen.«[144]

Also beschlossen die beiden, dass die Filme, die sie für ihr gemeinsames Projekt drehen würden, nachträglich verfärbt und beschädigt werden sollten, um den Grindhouse-Effekt nachzuahmen. Besonders Rodriguez fand diese Idee amüsant: Zu Beginn seiner Karriere hatte er mit einem Budget von 7000 Dollar *El Mariachi* (1992) gedreht, der aber viel teurer wirkte. Nun standen ihm und Tarantino 53 Millionen Dollar zur Verfügung, um Filme zu drehen, die wie Low-Budget-Produktionen erscheinen sollten. Das Geld kam von Harvey und Bob Weinstein. Die Brüder hatten inzwischen ihre neue Firma The Weinstein Company aus der Taufe gehoben und waren bei Miramax ausgestiegen. Zwar hätten sie ihr Unternehmen Miramax, das sie 1979 gegründet und 1993 für 75 Millionen Dollar an Disney verkauft hatten, im Jahr 2005 für zwei Milliarden Dollar zurückkaufen können, doch der Preis war ihnen zu hoch. Es war günstiger, eine neue Firma zu gründen, zumal Regisseure wie Quentin Tarantino den beiden Brüdern die Treue hielten.

Robert Rodriguez kündigte an, für das Projekt *Grindhouse* den Film *Planet Terror* drehen zu wollen. Tarantino bereitete *Death Proof* (*Death Proof – Todsicher*) vor. »Jeder unserer Filme läuft für sich allein, aber wenn man sie hintereinander zeigt, wird daraus etwas Größeres als die Summe beider Teile«[145], versprach Tarantino. Rodriguez stand mit seinem Wagen im Stau von Los Angeles, als er die entscheidende Idee für *Planet Terror* hatte. Vor seinem geistigen Auge erschien ihm eine schöne Frau, deren abgetrennter rechter Unterschenkel durch eine Prothese mit Maschinengewehr ersetzt worden war. Die ersten Skizzen für ein Kinoplakat zu dem Film, den es noch gar nicht gab, entstanden im Auto. Rodriguez besetzte die markante weibliche Hauptrolle mit Rose McGowan. Er drehte mit ihr von September bis Dezember 2006, verlobte sich 2007 mit ihr und löste die Verlobung 2009 wieder auf. Robert Rodriguez schrieb das Drehbuch für *Planet Terror*, führte die Regie, war Koproduzent des Films, bediente die Digitalkamera, komponierte die Musik und war auch für den Schnitt verantwortlich. Sein Sohn Rebel Rodriguez stand als Schauspieler vor der Kamera. Quentin Tarantino spielte den Part des Vergewaltigers, den Rodriguez ursprünglich für Ray Liotta geschrieben hatte. Tarantino übernahm außerdem in seinem eigenen Film *Death Proof* die Nebenrolle des Barkeepers Warren.

Death Proof ist im Grunde eine Doppelvorführung in sich: In der ersten Hälfte lernt der Zuschauer die drei Freundinnen Jungle Julia, Shanna und Arlene kennen, die in der Mitte des Films durch einen vorsätzlich verursachten Unfall sterben und in der zweiten Hälfte durch die vier Freundinnen Abernathy, Lee, Kim und Zoë ersetzt werden. Jede der beiden Cliquen stößt in ihrer Hälfte des Films auf den psychopathischen Stuntman Mike, der seinen Wagen zu einer todbringenden Waffe umgebaut hat. Die Rolle des Stuntman und Frauenjägers bot Tarantino Kurt Russell an, den er verehrte, seit dieser die Hauptrolle in John Carpenters Kultfilm *Escape from New York* (*Die Klapperschlange*, 1981) gespielt hatte: »Ich bin mit seinen Filmen aufgewachsen, und gerade wegen dieser Begeisterung wollte ich ihn endlich einmal wieder als echten Fiesling auf der Leinwand sehen«[146], erklärt Tarantino.

Bei *Death Proof* gab Tarantino sein Debüt als Kameramann. Einerseits gefiel ihm der Gedanke, seine Filmografie durch eine Nennung in dieser Kategorie zu erweitern, andererseits harmonierten die von einem Laien gedrehten Bilder gut mit der Ästhetik eines Grindhouse-Films. Außerdem gestattete ihm diese Arbeit, seine Auffassung von Erotik ungefiltert in Bilder zu übertragen: »Ich verehre den weiblichen Körper, nicht notwendigerweise nackt, bis ins kleinste Detail, vom Ellenbogen über die Knie bis zu den Füßen. Ich würde aber nicht so weit gehen, zu behaupten, dass ich ein Fußfetischist bin.«[147] Wenn sich Sydney Tamiia Poitier, die Tochter des Oscar-Preisträgers Sidney Poitier, in dem Film auf einer Couch rekelt, nimmt sie exakt dieselbe Pose ein wie die junge Brigitte Bardot, die auf einem Schwarz-Weiß-Poster an der Wand über dem Sofa zu sehen ist. Diese Einstellung verleitete einen Journalisten zu der Frage, ob Tarantino das Klischee des Regisseurs erfülle, der seine Darstellerinnen auf der Besetzungscouch vernascht. »Nein, nein, da habe ich mir nichts vorzuwerfen«[148], antwortete Tarantino verlegen. »Ich bin ein absoluter Gentleman. Ganz im Gegensatz zu den typischen Grindhouse-Regisseuren von früher. Die haben mit ihren Schauspielerinnen nicht lange gefackelt. Da hieß es: ›Du willst die Rolle? Dann zieh dich schon mal aus!‹ Und die waren dann ja auch in den Filmen die meiste Zeit nackt zu sehen.« Verglichen mit dem schwarz-weißen Trash-Klassiker *Faster, Pussycat! Kill! Kill!* (*Die Satansweiber von Tittfield*, 1966) und anderen brustbetonten Filmen des Regisseurs Russ Meyer wirkt *Death*

Proof wie ein prüder Familienfilm, auch wenn sich Tarantino redlich bemüht hat, Russ Meyer möglichst oft zu zitieren. Doch während in Meyers Universum die üppigen Oberweiten dominieren, regieren in Tarantinos Welt die Dialoge. Seine Heldinnen sprechen, als wären sie Figuren in einem Theaterstück. »Wer ein Fan von mir ist, ist auch ein Fan meiner Dialoge«, erklärt Tarantino. »Wer sich ein Stück von David Hare oder Tennessee Williams ansieht, fragt auch nicht: ›Warum reden die nur?‹ Die Klagen, dass meine Dialoge zu lang und zu langweilig seien, höre ich bei jedem Film. Nur nicht bei *Kill Bill – Volume 1*, da beschwerte man sich, es gebe nicht genügend Dialoge.«[149]

Viele Kritiker und Zuschauer betonten jedoch, dass es in *Death Proof* eine Erlösung sei, wenn die Frauengespräche über Männer, Sex, Alkohol und Filme endlich verstummen, die Frauen in ihren Wagen steigen und der Stuntman Mike die Verfolgung aufnimmt. Dessen Chevrolet Nova ist so umgebaut, dass der Fahrer auch schwere Unfälle bei hoher Geschwindigkeit überleben kann. Die erste Actionsequenz des Films besteht aus einem einzigen Crash, der gleich aus vier Perspektiven und in Zeitlupe gezeigt wird. Mike rast frontal in den Ford Mustang der Frauen und deren Körper werden regelrecht zerfetzt. Die zweite Frauengruppe, die 14 Monate später eine andere Bar in Tennessee verlässt, lässt sich nicht so schnell ausschalten wie die erste, denn das Quartett ist im Filmgeschäft tätig, Kim und Zoë arbeiten sogar als Stuntfrauen. Mike rast in einem Dodge Charger ins Heck des Dodge Challengers der Frauen. »Ich wollte nicht irgendeine lahme Verfolgungsjagd drehen, sondern eine, bei der die Zuschauer das Gefühl bekommen, ganz nah dabei zu sein«[150], sagt Tarantino. Er legte die Messlatte hoch, da er sich bei der Gestaltung an spektakulären Vorbildern aus einigen seiner Lieblingsfilme orientierte: *Dirty Mary – Crazy Larry* (*Kesse*

Mary – Irrer Larry, 1974), *Gone in Sixty Seconds* (*Die Blechpiraten*, 1974), *White Lightning* (*Der Tiger hetzt die Meute*, 1973), *The French Connection* (1971) und *Mad Max* (1979). Tarantino bot Rodriguez an, dass dieser ihm bei den Actionsequenzen assistieren könne, doch Rodriguez lehnte dankend ab:»Ich habe fünf Kinder, ich mache bei deinem 111-Meilen-pro-Stunde-Scheiß nicht mit!«[151] Die Dreharbeiten waren tatsächlich riskant, denn der Kameradebütant Tarantino bestand darauf, dass jeder Stunt real gedreht wurde und keine computergenerierten Effekte zum Einsatz kamen. Seit er in dem Thriller *Along Came a Spider* (*Im Netz der Spinne*, 2001) erstmals einen digital erzeugten Autocrash gesehen hatte, hasste er diese filmische Neuentwicklung:»Was soll der Computerscheiß? Seit 100 Jahren werden Autos für Filme gecrasht. Warum gibt es keine Protestbewegung gegen Verarsche im Kino? Man sieht doch, dass es da um nichts geht. Da rennen nur Nullen und Einsen über die Leinwand.«[152] Negativbeispiele waren für ihn Green-Screen-Aufnahmen, wie sie für die Actionszenen von *Matrix Reloaded* (2003) und *Bad Boys II* (2003) produziert worden waren. Für seine Actionszenen verlangte er volles Risiko.

Die aus Neuseeland stammende Stuntfrau Zoë Bell, die in mehreren *Kill Bill*-Szenen Uma Thurman gedoubelt hatte, spielte sich in *Death Proof* selbst. Das hatte für Tarantino den Vorteil, dass er ihr Gesicht auch bei gefährlichen Aktionen in Großaufnahme zeigen konnte. Tarantino hatte bereits 1995 Kontakt zu Bell aufgenommen. Kurz nach seinem Erfolg mit *Pulp Fiction* las er die Nachricht, dass Bell bei einem Stunt für die Hongkong-Produktion *A Jin de gu shi* (*The Stunt Woman*, 1996) einen schweren Unfall erlitten hatte. Beim Sturz aus sechs Metern Höhe verfehlte sie ein Luftkissen und prallte kopfüber auf den Asphalt. Während sie im Krankenhaus lag und um ihre weitere Karriere bangte, wollte Tarantino sie besuchen. Die Krankenschwestern waren begeistert, doch Bell weigerte sich, in ihrem derangierten Zustand Hollywoods neuen Shootingstar zu empfangen. Zwei Wochen später suchte Tarantino Bell unangekündigt in ihrem Haus auf. »Als er kam, lag ich auf dem Sofa«, erinnert sich die Stuntfrau. »Er polterte die Treppe rauf, hockte sich auf den Boden und begann, Textzeilen aus meinen Filmen zu rezitieren. Um die Szenen wiederzugeben, schrie er immer: ›Huuaa, hoo und Iiiihhh.‹ Wir hatten einen Riesenspaß. Seine Lebendigkeit hat mich überwältigt. Er hat mich wieder aufgerichtet.«[153]

Erst im März 2007, drei Wochen vor der US-Premiere von *Grindhouse*, zeigten sich Robert Rodriguez und Quentin Tarantino zum ersten Mal gegenseitig ihre Filme. Sie hatten sie unabhängig voneinander gedreht und geschnitten. Während Rodriguez als sein eigener Cutter fungiert hatte, hatte Tarantino erneut mit Sally Menke zusammengearbeitet. *Planet Terror* und *Death Proof* wurden nachträglich durch Kratzer, schwarze Streifen und Farbstörungen künstlich älter gemacht. Rodriguez und Tarantino hatten ursprünglich vereinbart, jeweils einen 60 Minuten langen Film zu drehen, doch keiner von beiden hatte sich an diese Absprache gehalten. Um *Death Proof* zu kürzen, entfernte Tarantino einen Lapdance, den Stuntman Mike von Arlene (Vanessa Ferlito) einfordert. Diese Sequenz ist nur in der europäischen Langfassung des Films zu sehen. In der Version, die in den amerikanischen Kinos lief, erschien stattdessen kurz ein schwarzes Bild mit dem Hinweis, dass ein Stück des Filmes fehlt.

Um bei der Doppelvorführung *Planet Terror* von *Death Proof* zu trennen, wurden fünf von verschiedenen Regisseuren gedrehte Fake-Trailer eingespielt, die Filme vorstellten, deren Existenz frei erfunden war. Der Rockmusiker, Regisseur und Comicautor Rob Zombie schuf *Werewolf Women of the SS* mit Gastauftritten von Nicolas Cage und Udo Kier. Eli Roth steuerte *Thanksgiving* mit leicht erkennbaren *Halloween*-Anleihen bei. *Shaun of the Dead*-Regisseur Edgar Wright drehte den Splatterfilm-Trailer *Don't*, Robert Rodriguez fand an seinem *Machete*-Trailer so viel Gefallen, dass er dem von Danny Trejo gespielten Auftragskiller 2010 einen vollständigen Kinofilm widmete. *Hobo with a Shotgun* war der fünfte Trailer, der aber nur in ausgewählten Kinos lief. Er wurde von drei kanadischen Filmemachern inszeniert, die einen *Grindhouse*-Trailer-Wettbewerb gewonnen hatten. Quentin Tarantino steuerte keinen Trailer bei, rührte aber die Werbetrommel, indem er rund um den Filmstart in Los Angeles ein acht Wochen langes »Grindhouse Festival« mit Kopien von Trash-Filmen aus seiner privaten Sammlung ausrichtete. Sein persönliches Highlight war die Doppelvorführung des britischen Sexploitation-Streifens *The Girl From Starship Venus* (1976) und des italienischen Horrorfilms *La lupa mannara* (*The Legend of the Wolf Woman*, 1976). Das »Grindhouse Festival« war ein großer Erfolg und auch die *Grindhouse*-Filmpremiere im voll besetzten Mann's Chinese Theatre am Hollywood Boulevard erhielt Standing Ovations. Dennoch wurde bereits am Startwochenende, an dem Tarantino in seinem gelb-schwarzen Mustang von Kino zu Kino fuhr und heimlich die Reaktionen des Publikums verfolgte, deutlich, dass die Zuschauer nicht zwei Filme am Stück sehen wollten und schon gar nicht zwei Produktionen, die den Eindruck erweckten, als wären sie einer längst vergangenen Ära entsprungen. Das vorwiegend jugendliche Publikum verstand nicht, warum es teure Kinokarten für kaputte Filme kaufen sollte, wenn es ähnlichen Trash viel billiger in jeder Videothek bekommen oder kostenlos im Fernsehen anschauen konnte. Viele US-Kinos hängten Hinweistafeln aus, auf denen erklärt wurde, dass die schlechte Qualität der Filme beabsichtigt war und nicht durch den Filmvorführer korrigiert werden konnte.

»*Grindhouse* war mein erster Flop«[154], gestand Quentin Tarantino in einem Interview, das ausgerechnet sein Regiepartner Robert Rodriguez für seinen eigenen, im Dezember 2013 gegründeten Fernsehsender El Rey mit ihm führte. In einem Gespräch mit der Zeitung *Die Welt* betrieb Tarantino Ursachenforschung: »Wir haben den Bekanntheitsgrad der Grindhouse-Kultur überschätzt. Außerdem planen die Amerikaner heute ihren Kinoabend nicht mehr wie früher. Sie wollen chic essen gehen und einen Film sehen. Bei zwei Filmen reicht aber die Zeit nicht. Das war die Lektion, die wir lernen mussten. Aber das gilt nur für die USA. Im Rest der Welt sollte *Grindhouse* nie in dieser Form laufen.«[155] In Deutschland und in den anderen europäischen Ländern kamen *Death Proof* und *Planet Terror* als eigenständige Filme ins Kino – jeweils um eine halbe Stunde verlängert, aber auch nicht erfolgreicher. So brachte es *Death Proof* in Deutschland auf weniger als 500.000 Zuschauer, *Planet Terror* erreichte nicht einmal 120.000 Zuschauer.

Die Organisatoren der Internationalen Filmfestspiele von Cannes hielten Tarantino die Treue und boten ihm die Möglichkeit, *Death Proof* außerhalb des Wettbewerbs der Weltöffentlichkeit zu präsentieren. US-Blätter wie *Entertainment Weekly* und die *Los Angeles Times* nahmen das mit 25 Millionen Dollar schwache Einspielergebnis von *Grindhouse* zum Anlass, Tarantino einen Karriereknick zu attestieren. Er sei zu kindisch und erzählerisch zu undiszipliniert, er berausche sich nur noch an obskuren Obsessionen, um seine nie enden wollende Jugend abzuarbeiten. Was bei *Pulp Fiction* und *Kill Bill* noch revolutionär gewesen war, wurde Tarantino nun bei *Death Proof* als Mangel vorgeworfen. Er selbst bezeichnet das selbstverliebt wirkende Experiment rückblickend als den »weniger bedeutenden von meinen Filmen – und etwas noch Unbedeutenderes möchte ich auf keinen Fall drehen.«[156]

KAPITEL 13

INGLOURIOUS BASTERDS

Das Telefon klingelte am Morgen um 6.30 Uhr. Robert Rodriguez wusste, dass um diese Zeit nur sein Freund Quentin Tarantino anrufen würde. Euphorisch las Tarantino die Szene vor, mit der sein nächster Film beginnen sollte. Die Sequenz beschrieb wortreich, wie ein SS-Standartenführer einen französischen Milchbauern aufsucht, weil er vermutet, dass auf dessen Hof eine jüdische Familie untergetaucht ist. Rodriguez fand die Szene großartig, doch letztlich interessierte sich Tarantino gar nicht für eine fremde Meinung. »Wenn ich etwas geschrieben habe, dann bin ich so aufgeregt, dass ich es unbedingt mit Freunden teilen will«, erklärt er. »Ich will dann gar kein Feedback hören, außer, dass es genial ist.«[157]

Der frühe Anruf bei Rodriguez erfolgte bereits 1998, also zehn Jahre vor den Dreharbeiten zu *Inglourious Basterds*. Tarantino hatte *Jackie Brown* abgedreht und schrieb an mehreren Drehbüchern gleichzeitig. Sein nächstes Projekt sollte eine Hommage an den obskuren Italo-Kriegsfilm *Quel Maledetto Treno Blindato* (*Ein Haufen verwegener Hunde*, 1977) werden und von einer Guerillatruppe amerikanisch-jüdischer Söldner handeln, die im von Deutschland besetzten Frankreich Jagd auf Nazis machen.

Stilistisch stellte sich Tarantino einen »Spaghettiwestern mit der Ikonografie des Zweiten Weltkriegs«[158] vor. Allerdings verzettelte er sich beim Schreiben und sein Drehbuch wurde immer dicker. Als sich dann Uma Thurman bei einer zufälligen Begegnung erkundigte, was aus der gemeinsamen Idee zu *Kill Bill* geworden war, die sie am Set von *Pulp Fiction* entwickelt hatten, konzentrierte sich Tarantino ganz auf dieses Projekt und legte *Inglourious Basterds* auf Eis. Erst 2004 setzte er die Arbeit an diesem Drehbuch fort und las sich intensiv in die Geschichte des Zweiten Weltkriegs ein. Ursprünglich wollte er die Zuschauer mit historischen Details schockieren und sammelte viele Informationen über Hitler, Goebbels und andere Vertreter des NS-Regimes. Doch schnell verabschiedete er sich von der historischen Wahrheit. »Wann immer ich beim Schreiben an eine Weggabelung kam, an der ich die historisch richtige Antwort nicht kannte, habe ich mir eine ausgedacht«[159], sagt Tarantino. Er mischte Fakten und Fiktion und ließ seine Filmfiguren den Zweiten Weltkrieg vorzeitig beenden, indem sie in einem Pariser Kino die Führungsriege der Nationalsozialisten auslöschen. »Das ist zwar in Wirklichkeit nicht passiert, aber nur deshalb nicht, weil meine Figuren nicht existierten. Hätte es sie gegeben, wäre meine Geschichte plausibel«[160], erläutert Tarantino seinen Umgang mit den historischen Tatsachen.

Um auf keinen Aspekt seiner episch langen Erzählung verzichten zu müssen, plante Tarantino zunächst, *Inglourious Basterds* als Mini-Serie für das Fernsehen zu realisieren. Er erzählte bei einem Abendessen einigen befreundeten Produzenten von seiner Idee und erntete überwiegend Zustimmung. Nur Luc Besson hielt nichts davon. Der französische Regisseur und Produzent sagte: »Schade, dass du dein Talent ans Fernsehen verschwenden willst. Du bist einer der wenigen Regisseure, für die ich überhaupt noch ins Kino gehe, wenn sie einen neuen Film haben.«[161] Tarantino nahm sich diese Worte zu Herzen. Er beschloss, dem Kino vorerst treu zu bleiben, auch wenn ihm die harten Dreharbeiten für *Kill Bill* immer noch in den Knochen steckten. Auch Eleanor Coppola, die einst die ausufernden Dreharbeiten zu dem von ihrem Mann Francis Ford inszenierten Film über den Vietnamkrieg *Apocalypse Now* (1979) miterlebt hatte, machte dem Regisseur Mut. Tarantino erzählte ihr von seiner Angst, nach *Kill Bill* erneut ein großes Epos zu inszenieren. Er verglich sich mit einem Bergsteiger, der nicht sofort wieder den Mount Everest erklimmen könne, nachdem er gerade erst vom Gipfel zurückgekehrt war. Eleanor Coppola schüttelte den Kopf, legte ihre Hand auf Tarantinos Knie und widersprach dem Zweifler: »Du bist im besten Alter für den Everest, Quentin.«[162]

Im Anschluss an seine weltweite Werbetour für *Death Proof* widmete sich Tarantino ausschließlich *Inglourious Basterds*. Im Juli 2008 beschloss er mit Harvey und Bob Weinstein, mit den Dreharbeiten früh genug zu beginnen, um den Film im Frühjahr 2009 als Wettbewerbsbeitrag bei den Internationalen Filmfestspielen von Cannes laufen lassen zu können. Neben der Weinstein Company, die den Film in den USA vertreiben wollte, sprang auch Universal Pictures als Produzent und internationaler Vermarkter auf. Einen weiteren Teil der Produktionskosten übernahm die Zehnte Babelsberg Film GmbH, ein Tochterunternehmen der Studio Babelsberg AG, denn Tarantino war fest entschlossen, *Inglourious Basterds* in Deutschland zu drehen. Dass er für sein Drehbuch dreist die deutsche Geschichte umgeschrieben hatte, schien ihm kein Hindernis zu sein. Im Gegenteil. Tarantinos Meinung lautete: »Wenn jemand in der Welt davon träumt zu sehen, wie Adolf Hitler umgebracht wird, dann sind es neben den Juden vor allem die Deutschen der letzten drei Generationen. Sie sind es gewohnt, Filme über den Zweiten Weltkrieg immer durch die Augen der Schuld zu sehen. Bei *Inglourious Basterds* können sie aber lachen und sie fühlen sich gut unterhalten.«[163]

Mit diesem cineastischen Befreiungsschlag wähnte sich Tarantino in guter Gesellschaft: »Ich war immer fasziniert von den Anti-Nazi-Filmen, die während des Zweiten Weltkriegs in Hollywood gedreht wurden.«[164] Diese stammten oft von europäischen Regisseuren, die vor den Nationalsozialisten in die USA geflohen waren. »Sie lebten in ständiger Angst um ihre Familien und die Freunde in ihrer Heimat, trotzdem waren ihre Filme unglaublich unterhaltsam«, sagt Tarantino. Er nennt Produktionen wie Fritz Langs *Man Hunt* (*Menschenjagd*, 1941) und *Hangmen Also Die!* (*Auch Henker sterben*, 1943), Jean Renoirs *This Land is Mine* (*Dies ist mein Land*, 1943), Ernst Lubitschs *To Be Or Not To Be* (*Sein oder Nichtsein*, 1942), Jules Dassins *Nazi Agent* (1942) und *Reunion in France* (1942) sowie Douglas Sirks *Hitler's Madman* (1943). Auch das vergleichsweise unbekannte Kriegsdrama *Paris After Dark* (1943), das Regisseur Leonide Moguy im französischen Untergrund spielen ließ, gehört dazu. »Diese Regisseure erzählten atemberaubende Abenteuer und spannende Spionagegeschichten, gewürzt mit tollen Dialogen und umwerfendem Humor«, meint Tarantino. »Also dachte ich mir: Wenn die das gegen Ende des Zweiten Weltkriegs geschafft haben, als die Nazis noch eine reale Bedrohung für sie und ihre Familien waren, dann kann ich das heute erst recht wagen.«[165]

Ende Juli 2008 reiste Tarantino nach Berlin, um die Dreharbeiten vorzubereiten und erste Castings mit deutschen Schauspielern durchzuführen. »Ich hatte schon beim Schreiben des Drehbuchs entschieden, nach Berlin zu gehen«, erzählt der

Regisseur. »Das war nicht verhandelbar, weil die meisten Figuren in meinem Film Deutsche sind. Ich wollte viele deutsche Schauspieler besetzen und hätte mich nicht damit begnügt, nur ein paar Deutsche nach Los Angeles einfliegen zu lassen und die restlichen Nazis mit Schweizern, Holländern oder Dänen zu besetzen. Berlin bot mir ideale Voraussetzungen.«[166]

Am 15. Juli 2008 traf er Brad Pitt in Frankreich. Der Hollywood-Star besitzt das nördlich von Correns gelegene Château Miraval, ein Schloss, das er gelegentlich mit seiner Frau und den Kindern bewohnt. Laut Tarantino waren fünf Flaschen Wein und eine gewisse Menge Hasch erforderlich, um Brad Pitt davon zu überzeugen, die Hauptrolle des Nazijägers Aldo Raine zu übernehmen. Tarantino wollte den Schauspieler unbedingt für diesen Part gewinnen: »Beim Schreiben des Drehbuchs dachte ich zunächst: ›Brad könnte in dieser Rolle ganz gut sein.‹ Dann dachte ich: ›Also, Brad wäre in dieser Rolle wirklich verdammt gut.‹ Und schließlich: ›Verdammt, wenn ich Brad nicht für diese Rolle bekomme, bin ich aufgeschmissen!‹«[167] Der Rollenname Aldo Raine spielt auf den Schauspieler Aldo Ray an, der in den 1950er-Jahren als Sinnbild des US-Army-Leutnants in Hollywood-Kriegsfilmen wie *The Naked and the Dead* (*Die Nackten und die Toten*, 1958) oder *Men in War* (*Tag ohne Ende*, 1957) galt. Er ist aber auch durch die Figur des Vietnamveteranen Charles Rane inspiriert, den William Devane in *Rolling Thunder* (*Der Mann mit der Stahlkralle*, 1977) spielte. Die raue Maskulinität dieses Charakters erkannte Tarantino auch in seinem Hauptdarsteller: »Brad ist auf dem Gipfel seiner Schaffenskraft – nicht mehr nur ein hübscher Junge, sondern ein richtiger Mann«[168], sagte Tarantino. Vor *Inglourious Basterds* hatten Tarantino und Pitt nur indirekt zusammengearbeitet: In dem Film *True Romance*, den Tony Scott nach Tarantinos Drehbuch inszenierte, spielte Pitt den lässig-faulen Mitbewohner der Hauptfigur Clarence.

Tarantino gestaltete seine Figur des Lieutenant Aldo Raine als einen Nachkommen des amerikanischen Geschichtenerzählers Jim Bridger (1804–1881) mit indianischem Blut in seinen Adern. Im zweiten Kapitel von *Inglourious Basterds* fordert Raine die Mitglieder seiner jüdischen Einheit auf, die getöteten Nazis frei nach der Vorgehensweise seiner Vorfahren zu skalpieren. »Jeder einzelne Mann unter meinem Kommando schuldet mir 100 Nazi-Skalpe«, brüllt Raine. Die Kriegsverbrechen, die er und seine Truppe begehen, enthalten laut Tarantino eine wichtige Botschaft: »Wenn Brad Pitt als einer der Basterds einen Deutschen verhört, zeige ich ihn nicht gerade als netten Menschen. Im Grunde führt er sich, daran besteht kein Zweifel, genauso auf wie ein Nazi.«[169]

Die Rolle des deutschen Filmstars Bridget von Hammersmark, einerseits Liebling des Propagandaministers Joseph Goebbels, andererseits Spionin der alliierten Widerstandsbewegung, sollte zunächst von Nastassja Kinski gespielt werden. Tarantino traf sie in Deutschland zum Gespräch, doch es kam kein Vertrag zustande. Während der Internationalen Filmfestspiele von Venedig gab dann Diane Kruger bekannt, die Zusage für die Rolle der Bridget von Hammersmark erhalten zu haben. Die 1976 als Diane Heidkrüger im niedersächsischen Algermissen geborene Schauspielerin wurde dem internationalen Publikum durch ihre Rolle in Wolfgang Petersens historischem Drama *Troy* (*Troja*, 2004) an der Seite von Brad Pitt bekannt. Ausgerechnet Tarantino mit seinem enzyklopädischen Wissen über Filme und Schauspieler hatte keine Ahnung, dass Diane Kruger Deutsche ist. Er wollte ihr die Rolle der Bridget von Hammersmark zunächst nicht geben, weil er sie für eine Amerikanerin hielt. »Ich habe

Jahre gebraucht, um meinen deutschen Akzent loszuwerden«, sagt Diane Kruger. »Dann kommt endlich einmal ein Film, in dem ich eine Deutsche spielen kann, aber ich muss mir sagen lassen: ›Sorry, du bist nicht deutsch genug!‹«[170] Sie überzeugte Tarantino, indem sie Bridget von Hammersmark beim Casting als eine Art Marlene Dietrich anlegte, als »strenge deutsche Frau« und »eine Art Zuchtmeisterin«. Das gefiel dem Regisseur. Diane Kruger orientierte sich bei ihrer Rolle an der rauchigen Stimme von Hildegard Knef, kombiniert mit einem leicht osteuropäischen Akzent der aus Ungarn stammenden Darstellerin Ilona Massey, die zu Tarantinos Lieblingsschauspielerinnen zählt. Der Name von Hammersmark erinnert an Florian Henckel von Donnersmarck, doch Tarantino sagt, der deutsche Regisseur des Oscar-prämierten Dramas *Das Leben der Anderen* (2006) habe ihn nicht zu diesem Namen inspiriert: »Ich denke, von Donnersmarck sollte erst noch ein paar weitere Filme drehen, bevor ich einem meiner Charaktere seinen Namen spendiere. Als man mich zum ersten Mal auf diese Ähnlichkeit aufmerksam machte, überlegte ich, den Namen zu ändern. Ich habe mich dann aber dagegen entschieden, weil ich das Wort ›Hammer‹ so vielsagend finde.«[171]

Daniel Brühl und August Diehl bekamen ihre Rollen als Kriegsheld Frederick Zoller und als SS-Major Hellstrom, weil Tarantino sie zusammen in *Was nützt die Liebe in Gedanken* (2004) gesehen hatte. Daniel Brühl kannte er außerdem aus *Good Bye, Lenin!* (2003) und *Die fetten Jahre sind vorbei* (2004). Der Regisseur sah in Brühl die Idealbesetzung für die Rolle des jungen Wehrmachtssoldaten Frederick Zoller. Der Film erzählt die Geschichte, wie Zoller zum neuen Filmstar des Dritten Reichs aufgebaut werden soll: Der Soldat gelangt zu Ruhm, weil er allein, auf einem Glockenturm verschanzt, 250 feindliche

Soldaten in drei Tagen erschießt und 50 weitere in die Flucht schlägt. Diese Heldentat dient dem NS-Regime als Grundlage für den Propagandafilm *Stolz der Nation*, in dem der schauspielerisch gänzlich unerfahrene Zoller selbst die Hauptrolle spielt. Auch hier zitierte Tarantino aus der Filmgeschichte: Im Zweiten Weltkrieg stellte sich ein schmächtiger US-Soldat namens Audie Murphy auf einen brennenden Panzer und mähte mit seinem Maschinengewehr mehrere Dutzend deutsche Soldaten nieder. Die USA dankten ihrem Kriegshelden mit einer Hollywood-Karriere und vielen Hauptrollen.

Tarantino hatte sich früh auf Daniel Brühl festgelegt und lud ihn schon am Abend vor dem Casting-Termin zum Essen ein. Die beiden unterhielten sich ausführlich über Filme, doch Brühl war angespannt. Beim Vorsprechen war er dann noch nervöser, weil Tarantino mit verstellter Stimme ausgerechnet den Part der französischen Kinobetreiberin Shosanna übernahm, die die von ihm gespielte Figur nach allen Regeln der Kunst bezirzt. »Danach war ich mir sicher, ich hab's vergurkt«[172], erinnert sich Daniel Brühl. Doch Tarantino rief ihn noch am selben Tag an und verpflichtete ihn für den Film. Ausschlaggebend war auch Brühls Vielsprachigkeit. Der Schauspieler spricht neben Deutsch fließend Englisch, Spanisch, Katalanisch und Französisch. Fast 80 Prozent seines Textes in *Inglourious Basterds* sind auf Französisch.

Ende Juli 2008 traf sich Tarantino auch mit Til Schweiger. Er kannte ihn aus dem Roadmovie *Knocking on Heaven's Door* (1997). Inszeniert von dem ehemaligen Taxifahrer Thomas Jahn und produziert von Til Schweiger, der neben Jan Josef Liefers auch die Hauptrolle spielte, wirkte *Knocking on Heaven's Door* wie eine deutsche Kopie von *Pulp Fiction*. Tarantino fühlte sich offenbar geschmeichelt. Er besitzt in seiner privaten Sammlung eine Kopie des Films. Seit Til Schweiger 1998 abgelehnt hatte, in Steven Spielbergs Kriegsepos *Saving Private Ryan* (*Der Soldat James Ryan*) die Rolle eines hinterlistigen Wehrmachtssoldaten zu spielen, hatte er in Interviews immer wieder betont, er wolle keinen Nazi spielen. Tarantino machte ihm das verlockende Angebot, einen Nazi zu spielen, der andere Nazis tötet. »Der deutsche Nazi-Killer Hugo Stiglitz ist eine geile Rolle, eine der besten im ganzen Film«[173], meinte Til Schweiger in einem Interview mit der *Bild*-Zeitung. Hugo Stiglitz ist der Name eines mexikanischen Schauspielers, der seit mehr als 40 Jahren unverdrossen in mehr als 200 Western, Horror- und Actionfilmen mitgespielt hat. In diesem Fall war dem Regisseur der Klang des Namens wichtiger als das Lebenswerk: »Eigentlich mag ich Hugo Stiglitz als Schauspieler gar nicht, er ist nicht besonders gut«[174], gesteht Tarantino. Dagegen ist Corporal Wilhelm Wicki, den Gedeon Burkhard spielt, eine Verneigung vor den Regisseuren Georg Wilhelm Pabst und Bernhard Wicki. Das von Pabst inszenierte Bergsteigerdrama *Die Weiße Hölle vom Piz Palü* (1929) läuft in *Inglourious Basterds* auch im Pariser Kino der Jüdin Shosanna. Den Regisseur Bernhard Wicki verehrt Tarantino wegen seines Antikriegsfilms *Die Brücke* (1959) und vor allem wegen seines Beitrags zur internationalen Großproduktion *The Longest Day* (*Der längste Tag*, 1962). Bei diesem Film über die Landung der Alliierten in der Normandie arbeitete Wicki mit dem Briten Ken Annakin und dem Amerikaner Andrew Marton zusammen. Jeder der Regisseure filmte einen Handlungsstrang um die britisch-französischen, die amerikanischen und die deutschen Truppen in der jeweiligen Landessprache. »Wickis Teil halte ich für den besten des Films«, sagt Tarantino. »Er war sowohl ein hervorragender Regisseur als auch ein exzellenter Schauspieler.«[175]

Für die Rolle des Adolf Hitler wünschte sich Tarantino den deutschen Schauspieler Martin Wuttke, der über viele Jahre am Berliner Ensemble die Hauptrolle in Bertolt Brechts Bühnenstück »Der unaufhaltsame Aufstieg des Arturo Ui« spielte. Seine Rolle war als Parodie auf Hitler und Al Capone angelegt, und da der Führer in *Inglourious Basterds* stark überhöht wirken sollte, betrachtete Tarantino Wuttke als richtige Wahl. Wuttke selbst gesteht jedoch: »Ich hätte jede andere Rolle lieber gespielt.«[176] Er lehnte Tarantinos Angebot zunächst ab, nahm seine Absage aber wenige Tage später wieder zurück. Nicht nur ihn selbst reizte die Aussicht auf eine Zusammenarbeit mit Tarantino, auch seine Lebensgefährtin wollte ihn unbedingt in einem Tarantino-Film sehen. Bei den Dreharbeiten zu *Inglourious Basterds* benötigten die amerikanischen Maskenbildner jeden Tag drei Stunden, um Martin Wuttke Hitlers Aussehen zu verleihen. In Margarethe von Trottas Drama *Rosenstraße* (2003) hatte Wuttke Joseph Goebbels gespielt. Tarantino vergab diesen Part an Sylvester Groth, der bereits in Dani Levys Satire *Mein Führer – Die wirklich wahrste Wahrheit über Adolf Hitler* (2007) in der Rolle des Propagandaministers zu sehen gewesen war. Für einen kurzen Gastauftritt als britischer Premierminister Winston Churchill wurde der fast vergessene Hollywood-Star Rod Taylor engagiert. Dieser hatte nach seinen Hauptrollen in den Erfolgsfilmen *The Time Machine* (*Die Zeitmaschine*, 1960) und Hitchcocks *The Birds* (*Die Vögel*, 1963) nur noch in B-Movies und Fernsehserien mitgewirkt. Sein Auftritt in *Inglourious Basterds* war seine letzte Rolle, bevor er im Januar 2015 kurz vor seinem 85. Geburtstag starb. Überraschend war die Besetzung der Rolle des britischen Generals Ed Fenech mit dem kanadischen Star-Comedian Mike Myers (*Wayne's World* [1992], *Austin Powers – Das Schärfste, was Ihre Majestät zu bieten hat* [1997]). Die Maske für seinen

Auftritt war so aufwendig, dass Myers in dem Film kaum wiederzuerkennen ist. Der Rollenname erinnert an die Schauspielerin Edwige Fenech, die Tarantino einst wegen ihrer freizügigen Rollen in italienischen und französischen Komödien und Krimis vergötterte. Als Tarantino im Frühjahr 2007 *Death Proof* in Cannes präsentierte, verbrachte er ein Wochenende in Edwige Fenechs Villa in an der Côte d‹Azur. Er hatte die Schauspielerin über Eli Roths Horrorfilm *Hostel 2* kennengelernt, den er produziert hatte. Eli Roth spielt in *Inglourious Basterds* Sergeant Donny Donowitz, genannt »Bärenjude«, der mit dem Baseballschläger Nazis die Schädel zertrümmert. Der aus einer jüdischen Familie stammende Roth bezeichnete *Inglourious Basterds* auf einer Pressekonferenz in Cannes als »koscheren Porno« für Juden, die auf Rache sinnen.

Nach seinen Hauptrollen in *Pulp Fiction* und *Jackie Brown* sowie seinem Cameo-Auftritt in *Kill Bill* hätte Samuel L. Jackson gern erneut mit Tarantino gearbeitet, doch für den einzigen schwarzen Charakter in *Inglourious Basterds* – Marcel, Shosannas Filmvorführer und Liebhaber – war ein Schauspieler erforderlich, der fließend Französisch spricht. Die Rolle ging an den aus Burkina Faso stammenden Wahlfranzosen Jacky Ido, den das deutsche Kinopublikum vor allem aus der Buchverfilmung *Die weiße Massai* (2004) kennt. Samuel L. Jackson wirkte dennoch bei dem Film mit: In der Originalfassung stammt von ihm die sonore Erzählerstimme aus dem Off.

Insgesamt besetzte Quentin Tarantino 45 Rollen mit deutschen Schauspielern, zu denen auch Christian Berkel, Ken Duken, Alexander Fehling, Sönke Möhring und Jana Pallaske gehören. Im Gegensatz zu anderen Hollywood-Produktionen sollten die Darsteller in *Inglourious Basterds* tatsächlich Deutsch sprechen. Knapp 40 Minuten aller Dialoge waren schon im

Drehbuch in deutscher Sprache angelegt. Tarantino bat den deutschen Regisseur Tom Tykwer (*Lola rennt*, 1998) um eine Empfehlung, wer die entsprechenden Passagen aus dem englischen Original übersetzen könnte. Tykwer bot sich selbst an und Tarantino stimmte zu. Für die französischen Passagen kam der Stammübersetzer aller Woody-Allen-Filme zum Einsatz.

Für die Besetzung der meisten deutschen Rollen war Simone Bär verantwortlich. Sie wählte in ihrer Casting-Agentur am Hohenzollerndamm in Berlin-Wilmersdorf für jede Rolle zwei bis drei passende Schauspieler aus und empfahl sie Tarantino. Bär hatte zuvor schon die deutschen Schauspieler für Stephen Daldrys Romanverfilmung *The Reader* (*Der Vorleser*, 2008) vorgeschlagen, nachdem Florian Henckel von Donnersmarck dem Regisseur ihre Handynummer gegeben hatte. Die Arbeit mit Tarantino reizte Simone Bär: »Nach *Pulp Fiction* dachte ich schon, dieser Typ muss ganz schön verrückt sein, dieses Blut überall. Aber manche Regisseure, und oft die guten, sind etwas abgedreht. Ich mag das.«[177]

Nur wenige Wochen vor dem geplanten Drehstart im Oktober 2008 hatte Tarantino ein Problem. Er fand keinen geeigneten Schauspieler für die Rolle des SS-Standartenführers Hans Landa, der das genaue Gegenteil aller Nazi-Klischees aus Hollywoods Kriegsfilmen sein sollte. Landa ist kultiviert, höflich und elegant und parliert fließend auf Deutsch, Englisch, Französisch und Italienisch. »Ich hatte eine Rolle geschrieben, bei der es lange Zeit so aussah, als ob sie niemand spielen könnte«[178], sagt Tarantino. Zwar hatte Leonardo DiCaprio schon früh Interesse angemeldet und war zuversichtlich, dank seiner deutschen Wurzeln auch die sprachliche Herausforderung meistern zu können, doch Tarantino war zu keinem Kompromiss bereit. Er hielt die Rolle für die beste, die er je geschrieben hatte, und wollte sie perfekt besetzen.

An einem Morgen im September 2008 bestellte Tarantino die Produzenten des Films in seine Suite im Q-Hotel am Kurfürstendamm und setzte allen ein Ultimatum: Sollten sie innerhalb einer Woche nicht den passenden Hans Landa finden, würde er das Projekt *Inglourious Basterds* für gescheitert erklären. In dieser Woche vermittelte Simone Bär den gebürtigen Wiener Christoph Waltz. Der Schauspieler ging mit geringen Erwartungen zu seinem Casting-Termin, weil er sich im Traum nicht vorstellen konnte, dass Tarantino und seine Produzenten ihn für die wichtigste Rolle ihres Films besetzen würden. »Diese Figur, geschrieben von einem der talentiertesten Filmemacher der Gegenwart ... das war einfach nicht meine Prominenz-Liga«[179], erzählt Waltz. Zwar kannte ihn das deutschsprachige Publikum aus Fernsehfilmen wie *Du bist nicht allein – Die Roy Black Story* (1996) und *Der Tanz mit dem Teufel* (2001) oder aufgrund seines denkwürdigen Gastauftritts in *Herr Lehmann* (2003), doch der große Durchbruch war dem Absolventen des Theresianums, des Max-Reinhardt-Seminars und des Lee Strasberg Theatre and Film Institutes bislang versagt geblieben.

Bei Waltz' Casting stellte Tarantino bereits nach wenigen Minuten fest, dass er seinen Hans Landa gefunden hatte. »Christoph Waltz gab mir meinen Film zurück«[180], lobt der Regisseur. Der Schauspieler, der seinen Wohnsitz mehrere Jahre zuvor nach London verlegt hatte, meisterte nicht nur die fremdsprachigen Passagen mit Bravour, sondern verlieh auch Hans Landas Muttersprache eine ganz besondere Note, indem er sie von Hochdeutsch ins leicht Wienerische übertrug. »Das Hochdeutsche eignet sich für Komödien weniger gut, dagegen ist Wienerisch eine ungleich lustvollere, daher auch lustigere Art des Deutschen«[181], erklärt Christoph Waltz. Angesichts des im Wienerischen leicht veränderten Satzbaus erkennt Waltz in seinem

Heimatdialekt auch eine Parallele zu dem umgangssprachlichen kalifornischen Englisch, in dem Tarantino seine Drehbücher verfasst. Um das österreichische Idiom im Film inhaltlich zu rechtfertigen, fügte Tarantino gleich zu Beginn einen entscheidenden Satz ein, den Hans Landa an den französischen Milchbauern richtet: »Was glauben Sie, warum Hitler mich aus meinen österreichischen Alpen geholt hat?«

Die 15 Minuten lange Anfangssequenz spielt 1941 auf dem Hof des von Denis Ménochet dargestellten Bauern Perrier LaPadite. Der auf das Aufspüren untergetauchter Juden spezialisierte SS-Standartenführer Hans Landa vermutet, dass LaPadite die Familie Dreyfus versteckt hält, die einst in der Nachbarschaft wohnte und seit der deutschen Besetzung Frankreichs verschwunden ist. Tarantino drehte die dialoglastige Szene im Oktober 2008 eine Woche lang in der Sächsischen Schweiz. Die Felder in der Region waren bereits abgeerntet, doch rund um den Bauernhof erstreckte sich sattes Grün, da die Produktion die Landwirte dafür bezahlt hatte, noch einmal Saatgut auszubringen. Zur Einstimmung auf die Dreharbeiten hatte der Tontechniker große Boxen aufgestellt und beschallte die gesamte Kulisse mit der Musik aus *Kill Bill*. »Das war das Wildeste und Unglaublichste, was ich jemals an einem Set erlebt hatte«[182], erinnert sich Christoph Waltz. Im Verlauf der Einstiegsszene musste er sich als Hans Landa vom charmanten Befrager zur aggressiven Bestie wandeln. Im Drehbuch legte Tarantino den SS-Standartenführer als eine Art Sherlock Holmes an und ließ ihn sogar dessen Meerschaum-Pfeife rauchen. Landa wirkt wie ein Finanzbeamter, der seine Bücher prüft. »Die Nazis waren so bürokratisch wie brutal«[183], hatte Tarantino im Rahmen seiner Recherchen festgestellt. »Genau das wollte ich auch in meinem Film zeigen, wenn der SS-Oberste sein Aktentäschchen öffnet, seine Papiere herausholt und den Füllfederhalter zückt.« Landa schüchtert den Bauern systematisch ein, bis dieser aus Angst um seine eigene Familie das Versteck der Familie Dreyfus verrät. Danach eröffnen Landas SS-Männer das Feuer auf die Juden und nur die Tochter Shosanna kann dem Massaker entkommen. Den Vater der Familie Dreyfus spielt der Schweizer Schauspieler Patrick Elias, ein Großcousin und einer der letzten lebenden Verwandten von Anne Frank.

Die Außendreharbeiten in Sebnitz, Görlitz und im Fort Hahneberg in Berlin-Spandau litten unter dem starken Regen, der ab Oktober 2008 in Deutschland fiel. Im Dezember entstanden einige Außenaufnahmen in Paris. Tarantino wollte unbedingt vor einem Bistro im 18. Arrondissement filmen, das ihm in Claude Chabrols Drama *Le Sang des autres* (*Das Blut der Anderen*, 1984) aufgefallen war.

Der überwiegende Teil der Dreharbeiten fand in den Ateliers und auf dem Freigelände des Studios Babelsberg in Potsdam statt, auch in der gewaltigen Marlene-Dietrich-Halle. »Die Arbeit in Babelsberg war für mich etwas ganz Besonderes, denn das deutsche Kino der 1920er-Jahre war ein Höhepunkt der Filmgeschichte«[184], sagt Tarantino. »Dort zu arbeiten, wo Josef von Sternberg einst mit Marlene Dietrich *Der Blaue Engel* drehte, war ein fantastisches Gefühl.« Auch finanziell zahlte sich die Produktion auf dem ehemaligen DEFA-Studiogelände aus, da 2007 der Deutsche Filmförderfonds DFFF in Kraft getreten war, der unter anderem besagte, dass jeder internationale Film, der in Deutschland gedreht wird, automatisch Fördergelder erhält. Dieser Fonds sollte helfen, das Studio Babelsberg international wettbewerbsfähig zu machen. Angesichts der Produktionskosten von über 70 Millionen Dollar für *Inglourious Basterds* waren die vom DFFF bereitgestellten 6,8 Millionen Euro, zusammen mit 600.000 vom Medienboard Berlin-Brandenburg und 300.000 von der Mitteldeutschen Medienförderung gestifteten Euro, ein hübsches Geldgeschenk, das die Weinsteins und Universal Pictures gerne annahmen. Der Produktionsdesigner David Wasco, der schon das berühmte Lokal Jack Rabbit's Slim für *Pulp Fiction* entworfen hatte, gestaltete auch alle Kulissen für *Inglourious Basterds*. Gerne setzte er auf das handwerkliche Geschick der Babelsberger Kulissenbauer. Als Kameramann kam erneut Robert Richardson zum Einsatz, mit dem Tarantino schon *Kill Bill* gedreht hatte. In der brandenburgischen Kleinstadt Nauen wurde eine Baulücke im historischen Straßenzug genutzt, um die Außenkulisse der französischen Kellerkneipe La Louisiane zu errichten. Das Lokal selbst entstand im Studio. Im La Louisiane trifft sich der von Michael Fassbender gespielte Lieutenant Archie Hicox auf Befehl des Alliierten Oberkommandos mit den Basterds, die zur Tarnung deutsche Uniformen tragen, und mit der deutschen Agentin Bridget von Hammersmark. Das konspirative Treffen wird durch eine Gruppe betrunkener deutscher Soldaten gefährdet, die am Nachbartisch feuchtfröhlich die Vaterfreuden eines Kameraden feiern und ein Ratespiel durchführen: Sie schreiben Namen auf Zettel, die sie einander an die Stirn kleben und erraten müssen. Die Figuren, die für das Spiel gewählt werden, lassen Tarantinos profundes Wissen über die deutsche und internationale Popkultur erahnen: Winnetou, Dschinghis Khan, Mata Hari, Beethoven, Pola Negri, Edgar Wallace, G. W. Pabst, Marco Polo, King Kong, Brigitte Horney und Brigitte Helm. *King Kong* (*King Kong und die weiße Frau*, 1933) soll laut Tarantinos Recherchen einer von Adolf Hitlers Lieblingsfilmen gewesen sein.

Die Stimmung bei dem Trinkgelage kippt, als der SS-Sturmbannführer Hellstrom die Integrität der als Nazis verkleideten

Basterds hinterfragt. Der leichte amerikanische Akzent, den er bei Lieutenant Hicox heraushört, ist ihm suspekt. Als dieser dann drei Gläser Whisky bestellt und dabei dem Wirt die gewünschte Zahl mit Zeige-, Mittel-, und Ringfinger anzeigt, statt wie in Deutschland üblich Daumen, Zeige- und Ringfinger zu verwenden, ist Hellstrom klar, dass er Betrügern gegenübersitzt. Es kommt zu einer Schießerei, die die Mexican Standoffs in *True Romance* und *Reservoir Dogs* in den Schatten stellt. Alle Anwesenden sterben, mit Ausnahme von Bridget von Hammersmark und einem deutschen Soldaten, den die Doppelagentin jedoch im Nachhinein erschießt.

Die Szene in der Kellerkneipe dauerte ursprünglich 35 Minuten, doch Tarantino kürzte sie im Schneideraum, obwohl es ihm um jede Sekunde leidtat. In der deutschen Kinofassung ist sie 50 Sekunden länger als in der im Rest der Welt gezeigten Version, da das spielerische Erraten von Karl Mays Romanfigur Winnetou als Geschenk für die deutschen Zuschauer beibehalten wurde. »Ich bin stolz darauf, dass ich es geschafft habe, so viele Dialoge auf Deutsch zu inszenieren, obwohl ich die Sprache überhaupt nicht beherrsche«[185], sagt Tarantino. »Mit einem fremden Drehbuch hätte ich das sicher nicht geschafft, aber für meine eigenen Texte habe ich offenbar einen siebten Sinn. Ich merke genau, wenn ein Wort fehlt oder etwas nicht rund läuft. Diane Kruger hat mich mal gefragt, woher ich das wissen will, aber sofern es mein eigenes Drehbuch ist, macht mir keiner etwas vor.«[186]

Der deutsche Schauspieler Christian Berkel, der in der Hollywood-Produktion *Valkyrie* (*Operation Walküre – Das Stauffenberg-Attentat*, 2008) als Widerstandskämpfer Oberst Mertz von Quirnheim zu sehen war, übernahm in *Inglourious Basterds* die kleine Rolle des Wirts in der französischen Kellerkneipe. Berkel lobt die ausführlichen Proben, die Tarantino den Dreharbeiten voranstellte. Er empfand den Filmemacher als typischen Vertreter der amerikanischen Regiezunft: »Seiner Meinung nach ist es Sache des Schauspielers, seine Rolle zu interpretieren. Er redet über die Szene und erklärt sehr technisch, was er haben will. Danach regelt das jeder Schauspieler auf seine Art.«[187]

Ein Novum war Tarantinos Herangehensweise an Joseph Goebbels, den Reichsminister für Volksaufklärung und Propaganda. »Er interessierte mich vor allem in seiner Eigenschaft als oberster Filmproduzent und Studioboss der Nazis«[188], sagt Tarantino, der zur Vorbereitung auch Goebbels' Tagebücher las. In der fiktiven Welt von *Inglourious Basterds* hat Joseph Goebbels mit dem Kriegshelden Frederick Zoller den Propagandafilm *Stolz der Nation* produziert. Ihm obliegt dann auch die Entscheidung, ob Zollers Wunsch, die Filmpremiere in dem kleinen Pariser Lichtspielhaus Le Gamaar stattfinden zu lassen, entsprochen werden soll. Zoller will dadurch das Herz der Kinobetreiberin Emmanuelle Mimieux erobern, die er kurz zuvor durch Zufall kennengelernt hat. Hinter Mimieux verbirgt sich Shosanna Dreyfus, die drei Jahre zuvor ihre Familie durch das von SS-Standartenführer Hans Landa angerichtete Massaker verloren hat. In einem Restaurant kommt es zur Begegnung zwischen Joseph Goebbels und Shosanna, anschließend trifft sie ihren Peiniger Hans Landa wieder, der bei der Uraufführung des Films in ihrem Kino die Sicherheit der Ehrengäste, darunter Adolf Hitler, garantieren soll. Christoph Waltz wird die Restaurantszene, die im Café Einstein am Berliner Kurfürstendamm gedreht wurde, nie vergessen, weil er dabei für jede der 27 erforderlichen Aufnahmen je ein Stück Apfelstrudel mit Schlagsahne verspeisen musste.

Für den Cineasten Tarantino waren die Dreharbeiten in der deutschen Hauptstadt aus einem anderen Grund von Bedeutung: In Berlin, von wo aus Joseph Goebbels bis 1945 die Geschicke der deutschen Filmindustrie gelenkt hatte, gab er nun dem Propagandaminister, verkörpert von Sylvester Groth, Regieanweisungen. »So pervers es klingt: Die Filme der Nazis waren das einzig Positive, das sie hinterlassen haben«[189], sagt Tarantino. »Goebbels hat als Chef der deutschen Filmwirtschaft einige sehr gelungene Streifen herausgebracht. Viele Sachbücher konzentrieren sich nur auf die bösen Filme, aber das ist eine falsche Darstellung von über 800 Filmen, die in jenen Jahren gedreht wurden.«[190] Tarantinos deutscher Lieblingsfilm aus jenen Jahren ist das Lustspiel *Glückskinder* mit Lilian Harvey und Willy Fritsch. In einer Szene, die nicht in der finalen Fassung von *Inglourious Basterds* enthalten, aber auf der DVD als Bonusmaterial zu sehen ist, sagt Sylvester Groth als Joseph Goebbels über *Glückskinder*: »In 60 Jahren wird das der Film sein, weswegen man sich an mich erinnert.« Als Frederick Zoller Shosanna als versierte Filmkritikerin lobt, klinkt sich Goebbels wütend ein: »Ich habe Filmkritik verboten!« Auch Shosannas Äußerung, dass sie in ihrem Kino ältere Filme zeigt, weil ihr Publikum sich »lieber Filme von früher« ansieht, weckt den Unmut des Ministers: »Das deutsche Volk schaut nach vorn, nicht zurück!«

Tarantino hatte recherchiert, dass allein im Jahr 1943 im Deutschen Reich fast 1,2 Milliarden Kinokarten verkauft worden waren – fast fünfmal so viel wie 1933, als die Nationalsozialisten an die Macht kamen. »Bevor Berlin in Grund und Boden gebombt wurde, gingen die Leute wie wahnsinnig ins Kino«, erzählt der Regisseur. »Von dem Moment an, als Goebbels die Kontrolle übernahm, war auch vom Krieg so gut wie nichts im Kino zu sehen. Es gab Romanzen und Melodramen, Komödien, Musicals und Operetten. Wenn man sich nur die deutschen Filme bis 1945 ansieht, merkt man kaum, dass parallel

Krieg geführt wurde.«[191] Wer Sturmtruppen und Kampfstiefel im Stechschritt sehen wollte, musste laut Tarantino die amerikanischen Propagandafilme anschauen, aber nicht die deutschen: »Nur ein paar Filme, die unter Goebbels entstanden, wollten das Dritte Reich und den Antisemitismus voranbringen. Filme wie *Jud Süß* waren ein völlig untergeordneter Aspekt.«[192] Wahre Lobeshymnen stimmt Tarantino für Hitlers umstrittene Filmemacherin Leni Riefenstahl an: »Sie war die beste Regisseurin, die jemals lebte. Um das zu erkennen, muss man nur ihre Olympia-Filme ansehen.«[193] Neben Goebbels Tagebüchern las Tarantino auch Riefenstahls Memoiren. Am stärksten ließ er sich von den beschriebenen, banal anmutenden Gesprächen mit Adolf Hitler inspirieren. Dessen Meinung über die Olympischen Spiele in Berlin 1936 griff Tarantino im Film auf, allerdings legte er sie Goebbels in den Mund. Dazu Tarantino: »Er soll gesagt haben, am liebsten würde er gar nicht zu den Spielen gehen. Die Deutschen hätten ja doch keine Chance, Medaillen zu gewinnen. Die Amerikaner würden alles abräumen, vor allem die Schwarzen.«[194]

Der Clou an *Inglourious Basterds* ist, dass ausgerechnet Tarantinos Lebenselixier, das Kino, den Lauf der Weltgeschichte verändert: Weil Adolf Hitler, Joseph Goebbels und die restliche Führungsriege der Nationalsozialisten in Shosannas Kino ermordet werden, endet der Zweite Weltkrieg in Tarantinos blühender Fantasie bereits im Jahr 1944. In dem Pariser Kino Le Gamaar finden gleich zwei Attentate statt – ein von Shosanna und ein von den Basterds initiierter Anschlag –, ohne dass die Drahtzieher von den Plänen des jeweils anderen wissen. Durch diesen Kniff macht Tarantino seine Überzeugung, dass alle wichtigen Dinge des Lebens im Kino und durch das Kino entschieden werden, besonders deutlich.

Zur Vorbereitung auf ihre Rolle als Kinobetreiberin Shosanna absolvierte die Schauspielerin Mélanie Laurent in Los Angeles ein mehrwöchiges Training. Tarantino ließ sie im New Beverly Cinema Spulen von Kinotrailern und Cartoons in den Projektor einlegen, bevor der Hauptfilm lief. Als Königsdisziplin musste sie am Ende ihrer Ausbildung Tarantinos *Reservoir Dogs* vorführen.

Die Außenkulisse des Le Gamaar stand in Babelsberg in der Kulissenstraße, in der schon Roman Polanski sein Drama *The Pianist* (*Der Pianist*, 2002) gedreht hatte. Der Produktionsdesigner David Wasco schuf ein Lichtspielhaus, wie es im Paris der 1940er-Jahre hätte stehen können, ließ aber auch Elemente des kalifornischen Art déco einfließen. Die Innenaufnahmen entstanden in der Marlene-Dietrich-Halle, die groß genug für einen künstlich geschaffenen Kinosaal mit 300 Plätzen war. Das Foyer des Kinos und der Vorführraum mit dem Projektor waren in einer benachbarten Halle gebaut worden. Wenn David Wesco Journalisten durch die Kulissen führte, wies er stolz auf Details hin, zum Beispiel auf einen kleinen, mit einem Hakenkreuz versehenen Knopf, der dazu diente, die großen Hakenkreuz-Flaggen im Kinosaal herunterzufahren. »Wir drehen einen bis ins kleinste Detail hinein präzisen historischen Film«, betonte Wasco, »aber es ist ein Film aus einer Tarantino-Welt.«[195]

Bei den Dreharbeiten zur »Operation Kino« wirkten mehr als 300 kostümierte Komparsen mit. Sie waren im September 2008 in Babelsberg bei zwei Massencastings ausgewählt worden, zu denen weit über 5000 Männer und Frauen erschienen waren.

In dieser letzten Sequenz von *Inglourious Basterds* erscheint Bridget von Hammersmark zusammen mit einigen Basterds, die sich als italienische Filmemacher ausgeben, zur Filmpremiere. Brad Pitts Figur Aldo Raine stellt sich als Schauspieler Enzo

Girolami vor – eine Anspielung auf den Regisseur Enzo Girolami Castellari, dessen 1978 gedrehter Film *Quel maledetto treno blindato* (*Ein Haufen verwegener Hunde*) die Inspiration zu *Inglourious Basterds* lieferte. Eli Roths Figur Donny Donowitz benutzt den Decknamen Antonio Margheriti. So heißt der Regisseur des Films *Apocalisse domani* (*Asphalt-Kannibalen*, 1980), der zu Quentin Tarantinos und Eli Roths Favoriten zählt. Roth drehte für seinen Freund, Produzenten und Förderer Tarantino den Propagandafilm *Stolz der Nation*, der in Shosannas Kino uraufgeführt wird. Der Film, in dem Daniel Brühl und zahlreiche uniformierte Statisten zu sehen sind, entstand im November 2008 in der denkmalgeschützten Altstadt von Görlitz. Hier hatte auch schon Stephen Daldry für sein Drama *The Reader* (*Der Vorleser*) gedreht. Tarantino ließ Roth freie Hand und synchronisierte hinterher nur den Part eines amerikanischen Soldaten, der den Turm, auf dem sich der Scharfschütze Frederick Zoller verschanzt hat, in die Luft sprengen will. Das lange Gemetzel in *Stolz der Nation*, das in Ausschnitten auf der Leinwand des Pariser Premierenkinos zu sehen ist, montierte Eli Roth mithilfe eines Schnittcomputers selbst. Tarantinos Cutterin Sally Menke war mit dem eigentlichen Film *Inglourious Basterds* ausgelastet, der rechtzeitig zur Premiere in Cannes fertig werden musste.

Während *Stolz der Nation* im Kino läuft, verhört der SS-Standartenführer Hans Landa Bridget von Hammersmark mit unkonventionellen Methoden. Im Allgemeinen höflich und kultiviert, springt er plötzlich wütend auf und erwürgt die Kollaborateurin der Widerstandskämpfer. Die Hände, die der Zuschauer bei der Nahaufnahme von Diane Krugers Gesicht sieht, sind die Quentin Tarantinos. »Wenn in anderen Filmen gezeigt wird, wie jemand erwürgt wird, kaufe ich den Schauspielern nicht ab, dass sie in Gefahr sind«[196], erklärt der Regisseur. Daher vereinbarte er mit Kruger, dass sie – unter Aufsicht eines Stuntman – tatsächlich gewürgt wird, bis es kritisch werden könnte. Weil Tarantino die Verantwortung nicht auf Christoph Waltz abschieben wollte, drückte er selbst zu. Tatsächlich wurde Kruger beim Dreh der Szene kurz bewusstlos und war froh, dass die Aufnahme beim ersten Versuch gelang.

Die Präsentation des Propagandafilms endet in dem von Tarantino mit der Überschrift »Die Rache des Riesengesichts« versehenen fünften und letzten Kapitel von *Inglourious Basterds* abrupt. Auf der Leinwand erscheint in einer hinzugeschnittenen Szene Shosannas Gesicht in Großaufnahme. Sie erzählt von ihrer jüdischen Familie und befiehlt ihrem Filmvorführer und Liebhaber Marcel, das Kino in Brand zu setzen. Innerhalb von Sekunden stehen die leicht entzündbaren Nitrofilmrollen und die Leinwand in Flammen. Stuntkoordinator Jeff Dashnaw, der schon die Autocrashs in *Death Proof* beaufsichtigt hatte, sorgte dafür, dass der Dreh der Massenpanik, die daraufhin unter den Premierengästen ausbricht, reibungslos verlief. Die Basterds stürmen die plüschige Ehrenloge des Kinos und metzeln Hitler, Goebbels und die anderen Nazi-Größen nieder. Im dichten Rauch des Feuers ist noch immer Shosannas lachendes Gesicht zu sehen. Dann zerstören die Sprengsätze, mit denen die Basterds ihr Attentat auf Hitler geplant hatten, das gesamte Kino.

Bei der Pressekonferenz in Cannes wurde Quentin Tarantino im Mai 2009 gefragt, ob sein Herz nicht blute, wenn er Filmkopien brennen sieht. Er antwortete: »Wenn ich einen Riesenbrand mit meiner eigenen Filmsammlung entfachen müsste, um diese Barbaren im Feuer zu töten – ich wäre dazu bereit.«[197] Als ihm beim Schreiben des Drehbuchs die Idee kam, das Dritte Reich durch das Medium alter Zelluloidfilme zu vernichten, verspürte er eine kindliche Begeisterung: »Als Autor hat man seine Aha-Erlebnisse. Und als mir das einfiel, dachte ich: ›Oh mein Gott, das ist großartig!‹« Er machte sich sogar Gedanken darüber, welche Filme er anzünden würde, um Hitler zu töten: »Sind es Filme, die von den Nazis verboten wurden? Ist Lubitsch dabei? Oder Chaplin? Georg Wilhelm Pabst? Sind es die Marx Brothers? Wenn es *Jud Süß* ist, würde das bedeuten, dass Goebbels durch seine eigene Kreation vernichtet wird.«[198]

Wie sehr Tarantino seine eigene Filmsammlung liebt, bewies er den Schauspielern und der Crew von *Inglourious Basterds* an jedem Donnerstag. Dann zeigte er seine privaten Filmkopien, die extra aus Los Angeles eingeflogen wurden, in angemieteten Kinosälen. Er organisierte Pizza und Bier, griff zum Mikrofon und hielt lange Reden über die ausgewählten Filme. *The Good, the Bad and the Ugly* (*Zwei glorreiche Halunken*, 1966) und *The Dirty Dozen* (*Das dreckige Dutzend*, 1967) sollten dem Team Inspirationen für die weiteren Drehtage geben, Hongkong-Polizeifilme und anderer Trash sollten lediglich unterhalten. Auch Til Schweigers *Knockin' on Heaven's Door* wurde präsentiert und von Tarantino mit vielen lobenden Worten bedacht. Als Tarantinos private 16-Millimeter-Kopie des Propagandafilms *Der ewige Jude* (1940) gezeigt wurde, fungierte Schweiger als Dolmetscher für die englischen Muttersprachler im Publikum. Weitere Filme ließ Tarantino aus der »Filmgalerie 451« an der Torstraße in Berlin beschaffen, darunter Tinto Brass' *Salon Kitty* (1976) mit Ingrid Thulin und Helmut Berger sowie das Stummfilmdrama *Die weiße Hölle vom Piz Palü* (1929). Tarantino als großem Fan des deutschen Bergfilms tat es leid, dass er nicht zur Berlin-Premiere von Philipp Stölzls *Nordwand* erscheinen konnte, doch an jenem 23. Oktober musste er einen Nachtdreh vorbereiten.

Die Schauspieler beschrieben die Atmosphäre am Set von *Inglourious Basterds* als ausgelassen und energiegeladen. Sobald die Stimmung zu sinken drohte, rief Tarantino lautstark und in die Länge gedehnt: »Beeecause we love making movies!« Dennoch wurde in jeder Sekunde deutlich, dass Tarantino das Filmemachen als ernste Angelegenheit empfindet. Brad Pitt lieferte bei einer Pressekonferenz in Cannes die folgende Beschreibung: »Das Set ist die Kirche. Quentin ist Gott. Das Drehbuch ist die Bibel. Änderungen sind nicht erlaubt.«[199] Brad Pitt gab noch mehr Einblicke in die Arbeit Tarantinos am Set: »Er steht direkt neben der Kamera und sagt, wie ihm unsere Leistung gefallen hat. Waren wir gut, hebt er einen Daumen und ruft: ›Great!‹ Manchmal hebt er auch zwei Daumen und brüllt: ›Geeeenious!‹ Zu mir hat er das nie gesagt. Nur zu Christoph.«

So wie es Tarantino bei den Dreharbeiten von *Kill Bill* jeden Samstag ins Nachtleben von Peking gezogen hatte, so stürzte er sich nun begeistert in die Berliner Szene. Die Paparazzi lauerten ihm und seinen Stars auf, wenn sie gemeinsam um die Häuser zogen und recht betrunken aus den Kneipen und Restaurants der Hauptstadt stolperten. Journalisten protokollierten, dass sie Tarantino in der Ankerklause und der PanAm Lounge gesehen hatten, mit Diane Kruger, Brad Pitt, Daniel Brühl, Til Schweiger und Gedeon Burkhard kehrte er schon während der Proben zu einem feuchtfröhlichen Abend ins Restaurant Al Contadino Sotto Le Stelle in Berlin-Mitte ein. Wochen später knallten während der Dreharbeiten die Korken, als die Ära von US-Präsident George W. Bush zu Ende ging und Barack Obama zum ersten schwarzen Präsidenten der Vereinigten Staaten gewählt wurde. »Nach dem Wahlsieg beglückwünschten alle Europäer die Amerikaner am Set«[200], erzählt Brad Pitt, der während der Drehzeit mit Angelina Jolie und allen Kindern in einer Villa am Wannsee wohnte. Die benachbarte Villa bewohnte Ilse Wendlandt, die Witwe des *Winnetou*-Produzenten Horst Wendlandt. Die Masse an Paparazzi und Journalisten, die sich am Wannsee auf die Lauer legten, um die Familie Pitt-Jolie abzulichten, inspirierte Hans-Christoph Blumenberg zu seiner Komödie *Warten auf Angelina* (2009), in der Florian Lukas und Kostja Ullmann fünf Tage lang auf das perfekte Foto warten.

Tarantino wohnte in Berlin erst im Q-Hotel am Kurfürstendamm, dann im Mandala am Potsdamer Platz und schließlich in einer Privatwohnung in Kreuzberg, gleich um die Ecke von Til Schweiger. Die Hauptstadt hat er in bester Erinnerung. »Für die Vorbereitungen und Dreharbeiten habe ich acht Monate lang in Deutschland gelebt und gearbeitet. Da lernt man ein Land ganz anders kennen, als wenn man es für ein paar Wochen als Tourist bereist.«[201] In einem Interview mit dem *Playboy* behauptete er strahlend: »Deutschland gehört jetzt mir!«[202] Vom deutschen Volk verlangte er mehr Selbstbewusstsein: »Schaut eure Bars an! Die Klubszene! So viele Modeschöpfer von Weltrang stammen aus Deutschland! Manchmal verstehe ich euch nicht. Ihr seid nicht Spießer-Country, ihr seid mehr als cool.«[203]

Am liebsten feierte Tarantino in der nach ihm benannten Tarantino's Bar, die in Berlin-Mitte ständig seine Filme zeigt. Der Produzent Greg Nicotero machte dort eine ganz besondere Beobachtung: »Auf einem Monitor lief *Kill Bill – Volume 1* und Quentin schaute sich den Kampf zwischen Uma Thurman und Chiaki Kuriyama an. Er konnte sich davon nicht losreißen, daher fragte ich ihn: ›Wie oft hast du diese Szene schon gesehen?‹ Er sagte: ›Das ist egal. Das ist das Beste, was ich je gemacht habe.‹ Es war verblüffend für mich zu sehen, wie er seine Arbeit betrachtete. Ein bisschen wie ein stolzer Vater.«[204]

Im Februar 2009 fiel die letzte Klappe zu *Inglourious Basterds*. Die Abschlussparty war vorbereitet, doch Tarantino verschwand durch einen Hinterausgang und ließ sein Team verblüfft am Set zurück. »Ich hasse es, Adieu zu sagen«, begründete er später seinen plötzlichen Rückzug. »Ich ertrage den Gedanken nicht, wochenlang ein Team durch eine abenteuerliche Reise zu führen und dann vor allen in Tränen auszubrechen. Da flüchte ich lieber.« [205]

Da zwischen dem letzten Drehtag in Babelsberg und der geplanten Premiere in Cannes nur gut drei Monate lagen, stand Tarantino lediglich die Hälfte der Zeit zur Verfügung, die Regisseure normalerweise für den Schnitt und die Vertonung anberaumen. Aufgrund der langjährigen Zusammenarbeit mit Cutterin Sally Menke war Tarantino zuversichtlich, dass diese Zeitspanne ausreichen würde. Seine Hoffnung, dass der von ihm verehrte italienische Komponist Ennio Morricone die Filmmusik zu *Inglourious Basterds* schreiben würde, blieb angesichts des Termindrucks jedoch unerfüllt: Morricone, dessen Werke stets mit Italowestern in Verbindung gebracht werden, obwohl nur etwa 30 seiner mehr als 500 Soundtracks für dieses Genre entstanden, hatte sich bereits für Giuseppe Tornatores *Baaria* (*Baarìa – Eine italienische Familiengeschichte*, 2009) verpflichtet. Ersatzweise verwendete Tarantino acht Stücke aus Morricones reichhaltigem Schaffen, die bereits in anderen Filmen zum Einsatz gekommen waren. Auch David Bowies Song »Cat People (Putting Out Fire)«, der Tarantinos Ansicht nach von dem Regisseur Paul Schrader in dessen Film *Cat People* (*Katzenmenschen*, 1982) unter Wert eingesetzt worden war, erlebte durch *Inglourious Basterds* ein Comeback.

Die Version von *Inglourious Basterds*, die am 20. Mai 2009 als Wettbewerbsbeitrag bei den Internationalen Filmfestspielen von Cannes gezeigt wurde, war nur eine vorläufige Schnittfassung, deren Tonspur noch der letzte Schliff fehlte. Die Begeisterung des Publikums war trotzdem ungebrochen: Der Film erhielt elf

Minuten lang Standing Ovations. Neben Tarantino und seinen Schauspielern waren auch prominente Gäste wie Sharon Stone, Robert Pattinson, Ornella Muti und Paris Hilton zugegen, was vor allem jene akkreditierten Journalisten ärgerte, die wegen des Staraufgebots keinen Platz mehr bekamen.

Der Film wurde in Cannes für die Goldene Palme nominiert. 15 Jahre nachdem Tarantino die höchste Auszeichnung der Filmfestspiele für *Pulp Fiction* gewonnen hatte, rechnete er fest damit, diesen Preis noch einmal zu erhalten. Da die Goldene Palme aber an Michael Haneke für *Das weiße Band* ging, war Tarantino sehr enttäuscht: »Ich denke, ich hätte die Goldene Palme verdient. Nicht, dass ich sie Michael Haneke nicht gönnen würde, er ist schon lange in dem Festival-Zirkus und sein Film ist sicher auch einer Goldenen Palme würdig. Aber zumindest den Großen Preis der Jury hätten sie mir geben müssen.«[206] Der Abend gehörte jedoch Christoph Waltz, der in Cannes den Darstellerpreis erhielt und schlagartig weltweite Aufmerksamkeit bekam. In Interviews nannte Tarantino den Schauspieler seine Muse. Waltz hielt dagegen, dass Tarantino für ihn viel mehr als eine Muse sei: »Er ist ein Ermöglicher meiner selbst.«[207] Damit nahm der Schauspieler Bezug auf die teilweise mittelmäßigen Fernsehproduktionen, mit denen er in den vielen vorangegangenen Jahren sein Geld verdienen musste. »Durch Quentin sind Jahrzehnte meiner Bemühung zum Glühen gekommen – eine Sache, die mir, in meinem Alter, unglaublich viel bedeutet«, sagt Christoph Waltz. »Ich bin nicht in der zweiten Lebenshälfte oder im sogenannten Herbst. Bei mir ist gerade der Frühling ausgebrochen. Und die Sonne, die diesen Frühling nicht nur ermöglicht, sondern bescheint, das ist Quentin Tarantino.«[208]

Eine Woche nach der Premiere in Cannes ging Tarantino mit Sally Menke in Klausur und schnitt *Inglourious Basterds* um. Reaktionen des Publikums auf den Filmfestspielen und die Rückmeldungen von Testzuschauern in Los Angeles veranlassten ihn dazu, einige Szenen leicht zu kürzen und an anderen Stellen Material hinzuzufügen. Dadurch wurde die internationale Kinofassung fast sechs Minuten länger als die Version, die in Cannes gezeigt worden war.

Kurz vor der Premiere in Berlin am 28. Juli 2009 richtete Tarantino für das gesamte Filmteam eine interne Feier aus. Mit dieser Geste wollte er auch sein fluchtartiges Verlassen des Sets nach dem letzten Drehtag wiedergutmachen, das ihm mehrere Crewmitglieder verübelt hatten. Er stieg auf die Bühne, griff zum Mikrofon und wollte, so wie er es bei den Vorführungen seiner alten Filmkopien getan hatte, ein paar einleitende Worte sagen. Doch dann, so erzählt Tarantino selbst, wurde er von seinen Gefühlen überwältigt: »Nun stand ich also erneut vor diesen Menschen, die mir ans Herz gewachsen waren, und merkte plötzlich: Das ist kein B-Movie aus den 1970er-Jahren! Das ist ja mein Film, über den ich hier spreche! Es ist nicht nur mein Film, sondern es ist der Film, den wir zusammen gemacht haben. Und was passierte dann? Bumms! Schossen mir wieder die Tränen in die Augen.«[209]

Besonders stolz war Tarantino auf die Einweihung der Quentin-Tarantino-Straße auf dem Studiogelände in Potsdam-Babelsberg. Am 27. Juli 2009 wurde in seiner Anwesenheit in unmittelbarer Nachbarschaft zum Billy-Wilder-Platz und zur Marlene-Dietrich-Allee das Straßenschild enthüllt. Quentin Tarantino ist der einzige Filmschaffende, den das Studio Babelsberg bereits zu Lebzeiten auf diese Weise ehrte.

Inglourious Basterds lief am 20. August 2009, einen Tag vor dem Start in den amerikanischen Kinos, in Deutschland an. Auf den deutschen Filmplakaten durften, anders als im Rest der

Welt, keine Hakenkreuze zu sehen sein. Als die Plakate gedruckt wurden, war noch immer nicht klar, ob sie den rechtlichen Vorgaben entsprachen. In Deutschland dürfen Hakenkreuze zwar im Sinne der historischen Korrektheit verwendet werden, doch da Tarantinos Film Fakten und Fiktion munter mischt, wollte der deutsche Verleiher kein Risiko eingehen. Für die deutsche Kinofassung wurden die englischsprachigen Passagen synchronisiert, wobei Christoph Waltz seinen Part selbst übernahm, die französischen und italienischen Dialoge wurden untertitelt. Tarantino wäre es am liebsten gewesen, wenn in allen Ländern ausschließlich die viersprachige Originalversion gelaufen wäre: »Es ist ein wirklich globaler Ansatz, das war meine Vision. Die ausländischen Verleiher, ob es nun italienische oder französische sind, wussten, was auf sie zukommt: ein Film, den sie eben nicht von vorne bis hinten übersetzen lassen können. Das würde den Film ruinieren.«[210] Auch in den USA, in denen sich abgesehen von einer kleinen Festival-Elite die Zuschauer gemeinhin weigern, Untertitel zu lesen, musste man akzeptieren, dass die deutschen Figuren sich ein Viertel des Films über in ihrer Muttersprache artikulieren. »Genau das macht doch den Reiz dieses Films aus«, betont Tarantino. »Wenn man Nazis in US-Filmen Englisch mit einem gekünstelten deutschen Akzent sprechen lässt, entsteht dadurch genau dieser gekünstelte, unechte Eindruck, den wir von all den Kriegsfilmen aus den 1960er-Jahren kennen.«[211]

Tarantinos Rechnung ging auf: Schon am Startwochenende spielte *Inglourious Basterds* seine Produktionskosten von über 70 Millionen Dollar wieder ein. Die weltweit erzielten 320 Millionen Dollar machten den Film zu Tarantinos erfolgreichster Produktion seit *Pulp Fiction*. In einem Interview mit dem Radiomoderator Howard Stern erzählte der Regisseur ganz offen, dass von einem Gewinn dieser Größenordnung am Ende mehr als 20 Millionen Dollar in seine eigene Tasche gehen. Wichtiger als das Geld war Tarantino jedoch die Aussicht auf Anerkennung seiner Leistung. Bei der Verleihung der Golden Globes im Jahr 2010 war *Inglourious Basterds* in drei Kategorien nominiert: Beste Regie, Bester Film (Drama) und Bestes Filmdrehbuch. Der Film ging in allen Bereichen leer aus. Auch bei der Oscar-Verleihung musste Diane Kruger, die im Kodak Theatre neben Tarantino saß, den Regisseur trösten. Obwohl *Inglourious Basterds* acht Nominierungen vorweisen konnte, gehörte der Abend dem Film *The Hurt Locker* (*Tödliches Kommando – The Hurt Locker*), der sechs Oscars erhielt. Dass Kathryn Bigelow als erste Frau in der Geschichte des Oscars die Trophäe für die Beste Regie erhielt, konnte Tarantino akzeptieren. Dass *The Hurt Locker* auch in der Kategorie Bestes Originaldrehbuch prämiert wurde und ihm damit die Auszeichnung von dem Autorenneuling Mark Boal weggeschnappt wurde, empfand Tarantino dagegen als Frechheit.

Bei allen Preisverleihungen hatte *Inglourious Basterds* nur einen strahlenden Sieger: Christoph Waltz. Nachdem ihm in Cannes bereits der Darstellerpreis verliehen worden war, gewann er nun auch den Oscar, den Golden Globe, den Screen Actors Guild Award und den British Academy Award als Bester Nebendarsteller. Christoph Waltz erinnert sich an den Moment, als dieser Preisregen einsetzte: »Wir waren in Cannes, stiegen in die Autos ein, die zum roten Teppich fuhren, und jemand sagte zu mir: ›Das sind jetzt die letzten Momente deines alten Lebens. Genieße sie!‹ – ›Ja, ja, schon gut‹, höre ich mich noch antworten. ›Netter Spruch.‹ Aber dann passierten plötzlich all diese Dinge, die man sich in keiner Fantasie vorher ausmalen konnte.«[212]

Ganz Österreich feierte seinen neuen Star. Man war entsetzt, als im August 2010 bekannt wurde, dass Waltz, obwohl er in Wien geboren ist, nach wie vor nur die deutsche Staatsbürgerschaft seines Vaters besaß. Im Eilverfahren wurde dem Schauspieler aufgrund seiner »Verdienste im Interesse der Republik« zusätzlich die österreichische Staatsbürgerschaft erteilt. Quentin Tarantino war stolz, dass erstmals einer seiner Darsteller mit einem Oscar ausgezeichnet worden war. Zwischen ihm und Christoph Waltz entwickelte sich eine berufliche wie private Freundschaft, wie sie zuvor nur zwischen dem Regisseur und Samuel L. Jackson bestanden hatte.

Bei einer Pressekonferenz in Cannes wurde Tarantino gefragt, unter welchem Genre er *Inglourious Basterds* bei Video Archives einsortieren würde. Seine Antwort war gut überlegt: »Besonders differenziert sind Videotheken nicht, aber ich würde ihn bei den Kriegsfilmen einordnen, möglichst neben den Western.«[213] So wie im Film Sylvester Groth in seiner Rolle als Joseph Goebbels in einer herausgeschnittenen Szene behauptet, *Glückskinder* sei der Film, mit dem ihn auch in 60 Jahren noch die meisten Menschen in Verbindung bringen würden, so kündigte Tarantino in Cannes an: »Ich wäre nicht überrascht, wenn *Inglourious Basterds* in 20 Jahren mein Film wäre, über den die Leute noch am meisten reden.«[214] Christoph Waltz wertet es als Glücksfall, dass ein Amerikaner wie Tarantino kam, um die deutsche Geschichte zu erzählen, wie es kein deutscher oder österreichischer Regisseur getan hätte: »Unser Problem ist, dass wir uns immer wieder fragen: Darf man das? Wobei sich mir schnell die Frage aufdrängt, wer denn überhaupt die Erlaubnis erteilt. Warum sollte ein Deutscher oder Österreicher nicht so einen Film machen dürfen, wie ihn Tarantino jetzt gemacht hat? Er tut's nur einfach nicht.«[215] Während andere Filme über den Zweiten Weltkrieg mit Schuldzuweisungen arbeiten, sieht Christoph Waltz die Erfolgsformel des Tarantino-Films in dessen Unbefangenheit: »*Inglourious Basterds* will einem nichts beibringen. Er will einen teilhaben lassen.«[216]

Das Geheimnis um die orthografisch falsche Schreibweise des Filmtitels hat Quentin Tarantino übrigens nie lüften wollen. Unter seinen Fans halten sich eisern zwei Theorien: Die erste besagt, dass der Regisseur sich mit der neuen Schreibweise ein wenig von Enzo G. Castellaris *Inglorious Bastards* (*Ein Haufen verwegener Hunde*, 1978) absetzen wollte. Die zweite Theorie besagt, dass Tarantino sich ganz einfach vertippt habe, da seine Rechtschreibung noch nie die beste gewesen sein soll. Selbst Tarantinos Agentur zeigte sich ratlos, als sie im Oktober 2008 die Schreibweise verkündete: »Wir wissen auch nicht genau, warum der Titel geändert wurde. Wir glauben, es ist eine dieser Tarantino-Eigenheiten«, meinte ein Sprecher. Einen Rechtschreibfehler schloss er aber aus. Und Tarantino schweigt bis heute.[217]

KAPITEL 14

DJANGO UNCHAINED

Es war ein kalter, verregneter Tag, als Quentin Tarantino vor dem New York Friars Club mit vielen seiner Weggefährten über den roten Teppich lief. Am 1. Dezember 2010 fand in dem über 100 Jahre alten Privatklub ein sogenannter Roast für Tarantino statt. Bei dieser sehr speziellen Würdigung eines Lebenswerkes werden keine Lobeshymnen angestimmt, sondern Gemeinheiten und kompromittierende Geschichten aufgetischt. Der »Roastmaster« war an diesem Abend Samuel L. Jackson. Er und andere prominente Gäste feuerten verbal aus allen Rohren auf den Regisseur. Dessen großes Selbstbewusstsein war ebenso Zielscheibe des Spottes wie sein markantes Äußeres. »Ist euch mal seine Stirn aufgefallen? Sein nächster Film wird darauf uraufgeführt«, witzelte der MTV-Komiker Jeffrey Ross. Im weiteren Verlauf des Abends musste Tarantino mit Uma Thurman anstoßen, wobei die Schuhe der Schauspielerin als Trinkgefäße dienten. Stichwort: Fußfetischist.

Den Mitwirkenden auf der Bühne und den Zuschauern im Saal entging nicht, dass Tarantino bei diesem Kindergeburtstag für Erwachsene ein wenig abwesend wirkte und gute Miene zum albernen Spiel machte. Nur neun Wochen zuvor war seine Cutterin Sally Menke gestorben. Sie war am 27. September 2010 bei einem Spaziergang im Griffith Park zusammengebrochen. Die Todesursache blieb ungeklärt, doch da an jenem Tag in Los Angeles 45 Grad Celsius herrschten, ging die Polizei davon aus, dass ihr Kreislauf angesichts der Rekordhitze kollabiert war. Menkes Hund, der während ihrer Arbeit mit Tarantino immer im Schneideraum dabei gewesen war, wachte neben der Leiche, bis sie gefunden wurde. Die Cutterin, die seit *Reservoir Dogs* jeden Tarantino-Film geschnitten hatte, wurde nur 46 Jahre alt. Sie hinterließ ihren Mann, den Regisseur Dean Parisot, und zwei Kinder.

Der Roast im New York Friars Club hatte ursprünglich im Oktober stattfinden sollen, doch Tarantino hatte nach Sally Menkes Tod verlangt, den Termin zu verschieben. Zwei Monate später war die Trauer immer noch groß. Jeder Filmausschnitt, der beim »Roast« eingespielt wurde, weckte Erinnerungen an die vielen Arbeitsstunden, die Tarantino in fast 20 Jahren mit Sally Menke verbracht hatte. Bei der höchst emotionalen Trauerfeier nannte er Sally Menke seine beste Freundin und wichtigste Mitarbeiterin. Er sei in sie verliebt gewesen, auf eine Art und Weise, wie man seine Mutter liebe.

Als Cutter für seine künftigen Filmprojekte wählte Tarantino Fred Raskin. Raskin hatte bei *Kill Bill* bereits als Schnittassistent gearbeitet und außerdem zwei Actionfilme der *Fast & Furious*-Reihe als verantwortlicher Cutter angefertigt. Tarantinos nächster Film sollte ein Western werden, aber nicht in der Tradition des amerikanischen Regisseurs John Ford, den Tarantino als »Inbegriff der weißen Dominanz im Westerngenre«[218] kritisierte. Er wollte einen Film im Stil eines Spaghettiwesterns schaffen, als Hommage an den italienischen Meisterregisseur Sergio Leone. Dessen *Il buono, il brutto, il cattivo (Zwei glorreiche*

Halunken, 1966) ist für Tarantino bis heute der »beste Film, der jemals gedreht wurde«[219]. Tarantino hatte schon in *Kill Bill* und in *Inglourious Basterds* mit Stilmitteln und Inhalten großer Italowestern gearbeitet und wollte diesem Genre nun ein modernes Denkmal setzen.

Die zündende Idee hatte Tarantino in Japan, das er als letzte Station auf seiner Promotion-Tour für *Inglourious Basterds* besuchte. In dem Land erlebten die Western italienischen Stils, die dort als Makkaroniwestern bezeichnet werden, gerade eine Renaissance. In einem Plattenladen, der ausschließlich Filmmusik verkauft, deckte sich Tarantino mit Soundtracks von Ennio Morricone, Riz Ortolani und Luis Bacalov ein und erwarb außerdem einen kleinen Plattenspieler. Er zog sich in seine Hotelsuite zurück und ließ sich musikalisch in eine längst vergangene Epoche des Filmschaffens entführen. Vor seinem geistigen Auge sah er fünf Sklaven, die aneinandergekettet durch eine texanische Winternacht humpeln und von mürrischen Aufpassern geknechtet werden, bis ein deutscher Kopfgeldjäger einen von ihnen gewaltsam befreit. Tarantino griff zum Briefpapier des japanischen Hotels und notierte die Einstiegsszene von *Django Unchained*.

Der Name nimmt Bezug auf Sergio Corbuccis italienisch-spanischen Westernklassiker *Django* aus dem Jahr 1966. Außer dem Namen gibt es kaum Gemeinsamkeiten zwischen den beiden Hauptfiguren der Filme – dem schweigsamen Outlaw, der von Franco Nero gespielt wurde, und dem Sklaven, der im Mittelpunkt von Tarantinos Western steht. Da der Sklave zu Beginn des Films befreit wird, erweiterte Tarantino den Titel zu *Django Unchained*. Dies ist wiederum ein Verweis auf den Fortsetzungsfilm *Hercules Unchained* (*Herkules und die Königin der Amazonen*, 1959). Die Idee war nicht neu: Unter dem Titel »Django

Unchained« plante Tarantino bereits im Alter von 17 Jahren die Veröffentlichung eines Buches, für das er Interviews mit seinen Lieblingsregisseuren führen wollte. Diesen Plan setzte er aber nie in die Tat um.

»Corbuccis Western *Django* ist brutal und erbarmungslos, was daran liegt, dass sich all seine Western in der einen oder anderen Weise mit dem Faschismus auseinandersetzen«[220], erklärt Tarantino. Auch die Schurken in Corbuccis Filmen seien monströser als in den meisten anderen Produktionen jener Zeit. Tarantino musste nicht lange überlegen, welche Epoche und welche Region der USA dem Corbucci-Universum am ähnlichsten waren: der amerikanische Süden um 1858, kurz vor dem Bürgerkrieg, in der schlimmsten Phase der Sklaverei. Aufgrund dieser Zuordnung handelt es sich bei *Django Unchained* laut Tarantino auch nicht um einen lupenreinen Western, sondern um einen »Southern«, einen Südstaatenfilm, der im Bundesstaat Mississippi spielt.

Nachdem sich Tarantino für *Inglourious Basterds* mit dem deutschen Faschismus beschäftigt hatte, wollte er nun auch den amerikanischen Faschismus aufgreifen. »Amerika war nicht nur für einen, sondern für zwei Holocausts verantwortlich«[221], sagt Tarantino und bezieht sich damit auf die Unterdrückung der Ureinwohner und die spätere Ausbeutung afrikanischer Sklaven. Tarantinos Ansicht nach hatten zwar Filme wie Arthur Penns *Little Big Man* (1970) den »Holocaust an den Indianern« ansatzweise thematisiert, in amerikanischen Western war die Geschichte der Sklaverei aber komplett ausgespart worden. »Anders als Deutschland, das von der Welt gezwungen wurde, sich mit den Sünden seiner Vergangenheit zu befassen, und damit auch die Chance bekam, sich neu zu erfinden, ist Amerika bisher allen Untiefen ausgewichen«[222], kritisiert der Regisseur. »Selbst in der Schule lernt man mehr über den Goldrausch als über die Sklaverei.«[223] Als Kinofan vermisste er die filmische Auseinandersetzung mit dem Thema der Sklaverei und empfand diesen Mangel als »peinlich und beschämend – für beide Seiten. Die Fernsehserie *Roots* habe zwar in den 1970er-Jahren das Schicksal einer Sklavenfamilie in epochalen Bildern geschildert, doch mit dem Ende habe sich Tarantino schon als Kind nicht anfreunden können: Am Schluss der Serie wird ein weißer Farmer an einen Baum gebunden und ein ehemaliger Sklave erhält die Chance, seinen früheren Peiniger auszupeitschen. Tarantino hatte acht Folgen lang auf diesen Moment der Rache gewartet. Doch der Sklave lässt die Peitsche sinken, weil er ein besserer Mensch sein möchte als sein früherer Besitzer. Angesichts dieser Szene schrie der junge Tarantino fassungslos: »Verprügele ihn! Und zwar richtig!«[224]

Mehr als 30 Jahre später wollte er nun die Rache eines Sklaven inszenieren. So wie in *Inglourious Basterds* die Nationalsozialisten einer gerechten Strafe zugeführt werden, so sollten in *Django Unchained* die Sklavenhalter zur Rechenschaft gezogen und die Romantik aus Südstaatenfilmen wie *Gone With the Wind* (*Vom Winde verweht*, 1939) Lügen gestraft werden. Die Geschichte vom schwarzen Rächer ist frei erfunden, doch Tarantino glaubt, sie hätte sich im 19. Jahrhundert genau so zutragen können, denn Django hat ein nachvollziehbares Motiv: Er will seine Frau Broomhilda aus den Fängen des weißen Plantagenbesitzers Calvin Candie befreien. Dass dabei Leichen seinen Weg pflastern und Candies gesamtes Anwesen in die Luft fliegt, erachtet Tarantino als legitime Kollateralschäden.

Tarantino wollte Will Smith für die Titelrolle gewinnen. Der Regisseur und der Superstar verbrachten mehrere Tage miteinander, doch Will Smith lehnte ab. Gegenüber dem Magazin

Entertainment Weekly gab er später als Grund für seine Absage an, dass Django seiner Ansicht nach nicht die Hauptfigur des Films war, da sich alle guten Szenen um den weißen Kopfgeldjäger Dr. King Schultz drehten. Cuba Gooding Jr., der 1997 den Oscar als Bester Nebendarsteller für *Jerry Maguire* gewonnen hatte, wollte für Will Smith einspringen, doch Tarantino lehnte ihn ab. Freunden gegenüber bezeichnete Gooding Jr. diesen Korb als die größte Enttäuschung in seiner Schauspielkarriere. Auch Jamie Foxx, der 2005 für seine Leistung in der Ray-Charles-Biografie *Ray* mit einem Oscar als bester Hauptdarsteller ausgezeichnet worden war, brachte sich als Django ins Gespräch. Tarantino ließ ihn vorsprechen und war beeindruckt. Das Casting ließ den Regisseur vergessen, dass Jamie Foxx im Jahr 2006 die Rolle des Ricardo Tubbs in Michael Manns *Miami Vice*-Remake gespielt hatte, für Tarantino »einer der dämlichsten und uninteressantesten Streifen, die ich je gesehen habe.«[225] Jamie Foxx überzeugte vor allem durch sein Talent als Reiter. Er stellte in Aussicht, zu den Dreharbeiten sein Pferd Cheetah mitzubringen, das er vier Jahre zuvor zum Geburtstag geschenkt bekommen hatte. »Jamie ist ein Cowboy«, sagt Tarantino. »Als ich ihn traf, stellte ich mir vor, dass er in den 1960er-Jahren bestimmt seine eigene Western-TV-Serie gehabt hätte, wenn sie damals schon schwarze Schauspieler gecastet hätten.«[226] Der Regisseur schwor Jamie Foxx darauf ein, er müsse für die Rolle seinen Ruhm und seinen Reichtum vergessen und sich zum Sklaven degradieren lassen – zumindest in der ersten Hälfte des Films, in der sich Django langsam zum Kopfgeldjäger und zum Rächer anderer Sklaven emporschwingt. »Er kann Dinge tun, die seine Vorfahren nicht tun konnten«, betont Tarantino. »Das ist eine sehr wichtige Geschichte für alle Afroamerikaner und überhaupt für alle

Amerikaner.«[227] Neben dieser historischen Dimension beeindruckte Jamie Foxx auch die Liebesgeschichte zwischen Django und Broomhilda. Die Rolle von Djangos Gattin besetzte Tarantino mit Kerry Washington, die auch schon in *Ray* die Ehefrau der von Jamie Foxx verkörperten Titelfigur gespielt hatte. Broomhilda, benannt nach Marlene Dietrichs schwarzer Hausangestellten in der Westernkomödie *The Spoilers* (*Die Freibeuterin*, 1942), erhielt den Familiennamen Von Shaft, da in Tarantinos Filmuniversum Django und Broomhilda die Urururgroßeltern des New Yorker Privatdetektivs John Shaft, des Titelhelden in Gordon Parks' *Shaft* (1971), sind.

Um Broomhilda zu retten, macht Django gemeinsame Sache mit dem Kopfgeldjäger Dr. King Schultz, einem ehemaligen Zahnarzt aus Düsseldorf, gemeinsame Sache. Für die Rolle des kauzigen Deutschen war Tarantino einerseits der in dem Italowestern *Il grande silenzio* (*Leichen pflastern seinen Weg*, 1968) von Klaus Kinski gespielte Kopfgeldjäger Inspiration, andererseits wurde der Charakter durch verschiedene Figuren aus Karl-May-Verfilmungen und die historische Figur des Doc Holliday, der ebenfalls Zahnarzt war und sich zum Revolverhelden mauserte, geprägt. Beim Schreiben hatte Tarantino von Anfang an Christoph Waltz im Sinn: »Seit *Inglourious Basterds* ist Christoph in meinem künstlerischen Denken verankert, sodass sich die Figur fast von selbst entwickelt hat.«[228] Nicht erst seit dem Preisregen, der nach *Inglourious Basterds* auf Christoph Waltz niedergegangen war, verband den Schauspieler und den Regisseur eine besondere Männerfreundschaft, über die sich kaum jemand mehr wundert als Tarantino selbst: »Ich bin ja bekanntlich ein großer Fan und Verfechter der Popkultur. Christoph dagegen ist ein echter Snob – und stolz darauf.«[229] Tarantino legte in seinem privaten Kino gern Kopien seiner Lieblingsfilme für Waltz ein, im Gegenzug nahm Waltz Tarantino in Los Angeles zu einer Inszenierung von »Der Ring der Nibelungen« mit. Der Regisseur beließ es bei diesem einen Opernbesuch, schnappte aber viele Namen und Handlungsstränge aus dem deutschen Heldenepos auf, die er umgehend in *Django Unchained* einbaute.

Wenn Christoph Waltz bei Tarantino zu Gast war, saß er in der Küche und hatte als Einziger das Vorrecht, Auszüge aus dem Drehbuch zu lesen. Dass Tarantinos Handschrift kaum zu entziffern ist, machte diese Aufgabe nicht leichter. Tarantino folgt als Autor jedoch der Devise »Man kann Poesie nicht mit einer Maschine schreiben«[230]. Und weil Tarantino seine Texte als Poesie versteht, sollen sie auch nur von den besten Schauspielern gesprochen werden: »Sowohl Christoph als auch Sam Jackson haben diese Wirkung auf mich. Ich kann gar nicht anders, als für sie zu schreiben, weil sie meine Texte singen. Sie verwandeln sie in Musik, was sie auch sein sollen.«[231] Tarantino war deshalb schockiert, als Christoph Waltz zunächst eine Beteiligung an *Django Unchained* ablehnte. Ihm schien die Rolle des Dr. King Schultz zu sehr auf seine Persönlichkeit zugeschnitten. Waltz verknüpfte eine Zusage mit der Bedingung, dass seine Figur als durch und durch guter Mensch dargestellt würde. Er erhielt daraufhin einen Brief, in dem Tarantino kurz und bündig konstatierte: »Of Course, Mein Herr! – Q«. Der Schauspieler sagte für die Rolle zu, indem er Tarantino wissen ließ: »Mein Herr, Of Course! – CW«[232].

Das erste Drittel des Films wird von Dr. King Schultz dominiert, danach muss dieser sich die Leinwand mit dem diabolischen Großgrundbesitzer Calvin Candie teilen. Leonardo DiCaprio kündigte frühzeitig an, die Rolle des Unsympathen spielen zu wollen. Tarantino zögerte, weil er Candie als älteren Mann konzipiert hatte. Da DiCaprio jedoch hartnäckig blieb, machte

Tarantino aus dem betagten Plantagenbesitzer einen jungenhaften, launischen und gelangweilten Schnösel, der über das Erbe seiner Vorfahren herrscht wie einst Ludwig XIV. über Frankreich. »Wenn man eine gigantische Plantage besitzt mit weißen Arbeitern und all diesen schwarzen Sklaven, dann ist das genauso, als wenn man der König eines kleinen Landes wäre«, erklärt Tarantino. »Das Herrenhaus ist der Palast und all die Menschen um ihn herum sind seine Untergebenen.«[233] Leonardo DiCaprio liebte die Rolle, weil Candie bei ihm das Gefühl blanken Hasses auslöste. Bereitwillig spielte er zum ersten Mal in seiner Karriere einen Schurken und zum ersten Mal seit vielen Jahren nur eine Nebenrolle. Auch Samuel L. Jackson übernahm eine negativ besetzte Rolle: Er spielte Candies alten Hausdiener Stephen, der sich mit seinem Unterdrücker identifiziert und dessen Gemeinheiten übernommen hat. Laut Jackson ist Stephen die »verabscheuungswürdigste schwarze Figur in der Geschichte des Films«[234]. Der Schauspieler erzählt, dass er anfangs Schwierigkeiten hatte, sich in die Gedankenwelt dieses Kollaborateurs hineinzuversetzen, doch nachdem er sich bewusst gemacht hatte, dass es in der Epoche der Sklaverei unter den Schwarzen nicht nur Opfer, sondern auch Täter gegeben hatte, sprach ihn die Rolle umso mehr an.

Der Beginn der Dreharbeiten musste um einige Monate verschoben werden, weil Christoph Waltz beim Reittraining vom Pferd fiel und sich das Becken brach. Später scherzte Waltz bei der Golden-Globe-Verleihung, dass das Reiten keine große Herausforderung gewesen sei – wohl aber der Sturz. Der erfahrene Reiter Jamie Foxx streute Salz in Christoph Waltz' Wunden, indem er ihm einen Sattel mit Sicherheitsgurt schenkte. Quentin Tarantino schwelgte während der Vorbereitungszeit für seinen ersten Western in Erinnerungen an sein persönliches Erlebnis von Reiterromantik: 2005, nach der intensiven Arbeit an *Kill Bill*, hatte er eine Reitsafari in Botswana gebucht und in den Monaten vor dem Flug dreimal pro Woche in Los Angeles Reitunterricht auf einer Pferdefarm genommen. In Botswana hatte er es sicher im Sattel sitzend genossen, unter Anleitung eines Rangers Zebraherden zusammenzutreiben. Nachdem er in den folgenden sechs Jahren nicht mehr auf einem Pferd gesessen hatte, musste er beim Drehstart feststellen, dass er alles verlernt hatte. Daher überließ er das Reiten seinen Darstellern und schaute nur noch zu. Den versehrten Christoph Waltz ließ er als Dr. King Schultz anfangs auf dem Bock einer Pferdekutsche sitzen, damit die Dreharbeiten endlich beginnen konnten.

Die erste Klappe fiel Ende Januar 2012. Als Kameramann war zum dritten Mal Robert Richardson engagiert worden. Mit einem Budget von 100 Millionen Dollar sollte *Django Unchained* Tarantinos bislang teuerster Film werden. Gedreht wurde vorwiegend im Süden der USA, darunter auch in New Orleans, dessen Wirtschaft bis heute unter den Folgen des Hurrikans Katrina von 2005 leidet. Tarantino hatte seinem Produktionsdesigner J. Michael Riva den Auftrag gegeben, die Sklavenhändler-Stadt Greenville als grauenhaften Ort zu gestalten, als »eine Art Auschwitz für Schwarze«[235]. Er zweifelte daran, ob er es Hunderten von Afroamerikanern zumuten konnte, sich als Statisten in Ketten legen und von weißen Schauspielern erniedrigen zu lassen. Kurzzeitig zog er in Erwägung, die Dreharbeiten nach Brasilien oder in die Karibik zu verlegen, um seine schwarzen Mitbürger vor den physischen und vor allem psychischen Strapazen zu bewahren. Er kontaktierte Sidney Poitier, denn die Meinung des ersten schwarzen Oscar-Gewinners in der Kategorie Bester Hauptdarsteller war ihm wichtig. Poitier, dessen Tochter Sydney Tamiia in Tarantinos *Death Proof* mitgespielt hatte, überzeugte den Regisseur, *Django Unchained* in den USA zu drehen. Er sagte: »Quentin, ich weiß nicht, warum, aber ich habe das Gefühl, dass du geboren wurdest, um diese Geschichte zu erzählen. Du musst keine Angst vor deinem eigenen Film haben. Behandle die Menschen wie Schauspieler und nicht als Teil der Kulisse! Sag ihnen, was du vorhast, und gib den Menschen im Süden die Chance, Geld zu verdienen!«[236]

Auch für die Schauspieler waren die Dreharbeiten zum Teil eine seelische Tortur. Das ganze Team hatte Tränen in den Augen, als Kerry Washington als Broomhilda von sadistischen Sklavenhaltern ausgepeitscht wurde und nackt und wimmernd am Boden saß. Um am Set die richtige Atmosphäre zu schaffen, ließ Tarantino vor der eigentlichen Aufnahme über Lautsprecher den emotionalen Song »No weapons formed against me, share prosper on me …« einspielen.

»Es gibt viel schmerzhaftes Zeug in diesem Film«, sagt Tarantino. »Er soll ja auch schockieren, doch wenn ich zeigen würde, was damals wirklich alles passiert ist, wäre der Film gar nicht zu ertragen.«[237] Umso wichtiger war es ihm, sein Team während der langen Dreharbeiten bei Laune zu halten. In Jackson Hole, Wyoming, mietete er ein Kino an, um Western und Samurai-Filme aus seiner eigenen Sammlung zu zeigen. Auch an anderen Orten fand sich die Gelegenheit zur Vorführung. Tarantino präsentierte Bill Berrys Blaxploitation-Film *Brotherhood of Death* (1976) im Doppelpack mit Sergio Corbuccis *Il granze silenzio* (*Leichen pflastern seinen Weg*, 1968). Außerdem zeigte er Corbuccis *Minnesota Clay* (1965), die US-japanische Koproduktion *Shogun Assassin* (*Henker des Shogun*, 1980) und George Shermans *Big Jake* (1971) mit John Wayne in der Hauptrolle. »Einige der Filme haben eine Verbindung zu *Django Unchained*, andere machen einfach nur Spaß«[238], erklärt Tarantino, der in seinen ersten Western nicht nur viele Filmzitate integrierte, sondern auch Gastauftritte von Stars, die er verehrt: Don Johnson spielt den Plantagenbesitzer Big Daddy, dessen Ku-Klux-Klan als ein Haufen Trottel dargestellt wird. Tarantino schätzte den Schauspieler schon, bevor er Detective Sonny Crockett in der Erfolgsserie *Miami Vice* wurde: »Ich habe alle seine Filme in den 1970er-Jahren gesehen. Als er mit *Miami Vice* einen Hit landete, dachte ich nur: Das wird auch langsam Zeit, ich bin sein Fan, seit ich ein kleiner Junge war.«[239] Auch Franco Nero, der als 25-Jähriger für seine Hauptrolle in dem Film *Django* (1966) in der Maske in einen älteren Mann verwandelt werden musste, absolviert in *Django Unchained* einen Gastauftritt als Amerigo Vessepi, der seinen Sklaven gegen einen Sklaven von Calvin Candie kämpfen lässt. Um Franco Nero für die Rolle zu gewinnen, besuchte Tarantino den Schauspieler in Rom und beeindruckte ihn damit, dass er fast jede Szene aus Neros Filmen perfekt nachspielen konnte. Franco Nero gilt bis heute als Inbegriff des Helden in Italowestern, obwohl er die Rolle des Django abgesehen von dem ersten Film von 1966 nur noch ein weiteres Mal in einem rund 20 Jahre später produzierten Remake gespielt hat. In fast 40 weiteren Filmen, die den Namen Django im Titel trugen, kamen andere Schauspieler zum Einsatz, darunter Terence Hill in *Preparati la bara!* (*Django und die Bande der Gehenkten*, 1968). In *Django Unchained* sitzt Jamie Foxx mit Franco Nero am Tresen und erklärt, nachdem er seinen Namen buchstabiert hat, dass das »D« am Anfang stumm sei. Franco Nero entgegnet lediglich: »Ich weiß.«

Quentin Tarantino hat einen Kurzauftritt als Aufseher eines Sklaventransports, der Django zu seiner todbringenden Arbeit in einem Bergwerk überführen soll. Im Original spricht Tarantino mit australischem Akzent. *Django Unchained* ist somit der zweite Western, in dem Tarantino zu sehen ist. Sein Debüt gab er in dem japanischen Film *Sukiyaki Western Django* (2007) von Takashi Miike. Bei diesem Auftritt handelte es sich um ein Tauschgeschäft: Tarantino hatte sich dazu bereit erklärt, nachdem der Regisseur Takashi Miike 2005 in dem Horrorfilm *Hostel* aufgetreten war, der von Eli Roth inszeniert und von Tarantino produziert worden war.

In *Django Unchained* endet der Rachefeldzug des Titelhelden mit einem Gemetzel auf dem Candyland-Anwesen. Tarantino unterlegte die Gewalt nicht nur mit der Filmmusik aus alten Italowestern, sondern setzte auch auf deren surrealistische Darstellung des Tötens und Sterbens. Wenn der rechtschaffene Django auf böse Menschen feuert, werden deren Körper zerfetzt und Blutfontänen schießen hervor, greifen jedoch Schurken die Guten an, wirkt die Gewalt sehr realistisch. Bei Testvorführungen erkannte Tarantino, dass der Kampf der Sklaven und die Beißattacken der Hunde gegen die Sklaven zu brutal geraten waren: »Ich habe die Szenen geändert, weil ich die Zuschauer nicht traumatisieren will.«[240]

Die öffentliche Filmpremiere von *Django Unchained* sollte im Dezember 2012 in Los Angeles stattfinden, da jedoch wenige Tage zuvor bei dem Amoklauf an der Sandy Hook Elementary School in Newtown, Connecticut, 20 Schüler und sechs Lehrer erschossen worden waren, münzte die Weinstein Company den Abend zu einer privaten Feier für alle Mitwirkenden des Films und deren Familien um. In Interviews sah sich Tarantino einmal mehr mit dem Vorwurf konfrontiert, seine Filme würden die Gewalt in der amerikanischen Gesellschaft fördern. Er entgegnete: »Schon Shakespeare wollte man immer für die Anarchie in Londons Straßen verantwortlich machen. Ich bin aber in keiner Weise verantwortlich für das, was ein verrückter Mensch tut.«[241] Über YouTube verbreitete sich rasch das Interview, das Krishnan Guru-Murthy für *Channel Four News* mit Tarantino führte. Darin weigerte sich der Regisseur, Fragen zum Thema Gewalt zu beantworten, da er dazu in den 20 Jahren, die seit *Reservoir Dogs* vergangen waren, seiner Meinung nach oft genug Stellung bezogen hatte. Als Krishnan Guru-Murthy nachhaken wollte, wurde es Tarantino zu bunt: »Ich bin nicht Ihr Sklave und Sie sind nicht mein Master. Sie können mich nicht nach Ihrer Pfeife tanzen lassen. Ich bin kein Affe.«[242]

Erwartungsgemäß stimmte der Regisseur Spike Lee in den Chor der Kritiker ein. Ohne *Django Unchained* gesehen zu haben, rief er öffentlich zum Boykott auf, da der Film das Erbe seiner Vorfahren beschmutze. Spike Lee, der trotz seiner selbstverliehenen Hoheit über schwarze Themen nie einen Film über die Sklaverei gedreht hat, ärgerte sich vor allem über das Wort »Nigger«, das in *Django Unchained* 116-mal fällt. Tarantino hielt dagegen, das Wort sei tatsächlich das hässlichste der englischen Sprache, aber es stamme eben aus jener hässlichen Zeit, in der sein Film spielt. Auch Samuel L. Jackson verteidigte den Regisseur: »Ich finde diese Diskussion überflüssig. Kein Wort ist per se tabu. In der Zeit der Sklaverei, die im Film beschrieben wird, wurde nun mal auf diese Weise über Schwarze gesprochen. Wenn man diese Zeit authentisch darstellen will, aber gerade dieses Wort meidet, ist das nicht authentisch.«[243]

Django Unchained erwies sich als kommerziell erfolgreichster Film in Tarantinos bisheriger Karriere. Er spielte weltweit 425 Millionen Dollar ein. Großen Anteil an diesem Erfolg hatte die Tatsache, dass der Film in den USA am ersten Weihnachtstag anlief. »Der 25. Dezember ist traditionell ein Tag, an dem schwarze Familien ins Kino gehen«, erklärt Tarantino. »Man sitzt den ganzen Tag zusammen, es gibt Geschenke, ein sehr frühes Abendessen, und danach wird es einfach ein bisschen langweilig. Und an diesem *Django Unchained*-Tag, früher Weihnachten genannt, sind nun komplette Familien – von der Oma bis zum jüngsten Spross – ins Kino gegangen, um sich meinen Film anzusehen.«[244] Tarantino gelang es, der schwarzen Community, als deren Mitglied sich der Regisseur seit seiner Jugend betrachtet, einen eigenen Westernhelden als Identifikationsfigur zu geben. Jamie Foxx schlug seitens des konservativen Teils der amerikanischen Bevölkerung viel Kritik entgegen, nachdem er in der Comedy-Sendung *Saturday Night Live* in seinem Eröffnungsmonolog den missglückten Scherz formuliert hatte, wie cool es sei, Weiße zu ermorden. Wenn der Schauspieler in Interviews auf diesen Fauxpas angesprochen wurde, reagierte er bemitleidenswert hilflos: »Ich meine, ich ... Ich bin ein Comedian. Also, ich meine, ich bin kein ... Ich weiß gar nicht, was ich sagen soll«[245], stammelte er vor den Kameras der *Today Show*. Auf das spätere Interview mit der *Frankfurter Allgemeinen Zeitung* bereitete er sich besser vor. Darin stellte er *Django Unchained* als *Roots* der nächsten Generation dar: »Mehr als *Roots* konnten wir damals nicht verkraften. Jetzt haben wir mehr emotionales Kapital, wir haben einen schwarzen Präsidenten, wir sehen hier einen schwarzen Mann mit seiner Frau in den Sonnenuntergang reiten, wie es früher die weißen Helden getan haben.«[246]

Dass nur ein Jahr nach *Django Unchained* Steve McQueens Drama *12 Years a Slave* erneut die Sklaverei zum Thema machte, gefiel Quentin Tarantino. Er und McQueen hatten sich schon 2012 getroffen, als beide gleichzeitig in Louisiana an ihren Filmen arbeiteten. Tarantino sagte: »Kein Problem, wenn es mehr als einen Film über die Sklaverei gibt. Es gibt ja auch mehr als einen Gangsterfilm und mehr als einen Western.«[247] *12 Years a Slave* wurde für neun Oscars nominiert und gewann in den

Kategorien Bester Film, Bestes adaptiertes Drehbuch und Beste Nebendarstellerin (Lupita Nyong'o). Ein Jahr zuvor war *Django Unchained* für fünf Oscars nominiert worden. Christoph Waltz freute sich über seinen zweiten Oscar als Bester Nebendarsteller. Tarantino erhielt zum zweiten Mal einen Oscar für das Beste Originaldrehbuch. Seine Dankesrede strotzte vor Selbstbewusstsein, das viele Zuhörer als Arroganz auslegten. Zwar lobte Tarantino die Leistung seiner Schauspieler, er machte aber deutlich, dass nicht die Darsteller, sondern die von ihm erfundenen Figuren in Erinnerung bleiben würden. Der Gesichtsausdruck, den die Kamera in diesem Moment von Jamie Foxx festhielt, sprach Bände.

Im Mai 2014 äußerte Tarantino die Absicht, die bestehende 165 Minuten lange Fassung von *Django Unchained* um jene 90 Minuten zu erweitern, die im Schneideraum herausgenommen wurden, und den Film dann in Form einer Miniserie in vier einstündigen Episoden von einem privaten Kabelkanal in den USA ausstrahlen zu lassen. Dieser Plan wurde bisher nicht in die Tat umgesetzt. Tarantino hat in seiner gesamten Karriere auch noch nie einen Director's Cut auf den Markt gebracht. Da er bei den Brüdern Harvey und Bob Weinstein von jeher künstlerische Freiheit genoss, sagt der Regisseur im Brustton der Überzeugung: »Mein Director's Cut läuft immer sofort in 3000 Kinos an, nicht erst später auf DVD.« Als Ausnahme von dieser Regel kündigte er ebenfalls 2014 an, mit *Kill Bill: The Whole Bloody Affair* einen Director's Cut seines Rache-Epos mit Uma Thurman veröffentlichen zu wollen. Die vierstündige Langfassung von *Volume 1* und *Volume 2* sollte um eine halbstündige Anime-Sequenz erweitert werden und nach einer limitierten Kinoauswertung auf DVD erscheinen. Auch dieses Projekt wartet noch auf Vollendung.

KAPITEL 15

THE HATEFUL EIGHT

Am 27. November 2013 verkündete Quentin Tarantino in Jay Lenos *Tonight Show*, dass nach *Django Unchained* auch sein achter Film ein Western werden sollte. Der angekündigte Titel *The Hateful Eight* löste bei der Fangemeinde begeisterte Spekulationen aus, da er an John Sturges' Klassiker *The Magnificent Seven* (*Die glorreichen Sieben*, 1960) erinnert, der wiederum auf Akira Kurosawas Historienfilm *Shichinin no samurai* (*Die sieben Samurai*, 1954) basiert. Für einen Film des nostalgischen Kinofans Tarantino klang die Mischung aus Western und Martial-Arts-Drama plausibel.

Nach und nach wurden Details der Geschichte bekannt, die wenige Jahre nach dem amerikanischen Unabhängigkeitskrieg spielt. Während eines schweren Schneesturms sitzen acht höchst unterschiedliche Persönlichkeiten, darunter Kopfgeldjäger, eine Kriminelle, ein Sheriff, ein Henker und ein General, in einer Postkutschenstation in den Bergen fest. Auf engstem Raum zusammengekauert, wächst unter den Fremden das Misstrauen, was angesichts der großen Vorräte an Waffen und Munition zu einer tödlichen Gefahr wird.

Die Idee, einen Western auf stark reduziertem Raum spielen zu lassen, hatte Tarantino erstmals 1997 in einem Interview zum

Kinostart von *Jackie Brown* geäußert. Damals hatte er als Schauplatz jedoch ein Gefängnis in Yuma, Arizona, vorgesehen. Tarantino hatte von einer Westernversion von Franklin J. Schaffners Gefangenendrama *Papillon* (1973) gesprochen, die er in dieser Form jedoch nie realisierte. Die Vorbilder für *The Hateful Eight* waren überraschenderweise nicht Tarantinos Lieblingswestern *Rio Bravo* (1959) und *Il buono, il brutto, il cattivo* (*Zwei glorreiche Halunken, 1966*), sondern alte Westernserien wie *Bonanza*, *The Men from Shiloh* (*Die Leute von der Shiloh Ranch*) und *The High Chaparral*. In seiner Kindheit begeisterte sich Tarantino vor allem für jene Serien, in denen die Hauptfiguren einmal pro Staffel zu Nebenfiguren wurden, da Gaststars in der Rolle von Gesetzlosen auftauchten, die auf der Ponderosa oder der Shiloh Ranch das Kommando übernahmen. Der Zuschauer litt unter der gleichen Ungewissheit, was diese Männer im Schilde führten, wie die altbekannten Serienhelden. Tarantino beschloss, einen Western zu drehen, der sich ausschließlich mit seltsamen Fremden beschäftigt und in dem für Sympathieträger wie die *Bonanza*-Familie Cartwright kein Platz ist. »Ich wollte nichts als einen Haufen ruchloser Typen, die sich gegenseitig ihre Vorgeschichte erzählen, die wahr sein kann oder auch nicht«, sagt Tarantino. »Ich wollte sie in einen Raum sperren, dem sie nicht entkommen können, ihnen ein paar Knarren in die Hand drücken und einfach mal abwarten, was passiert.«[248]

Unter den Schauspielern, die für die acht zentralen Rollen besetzt wurden, finden sich viele Darsteller wieder, mit denen Tarantino bereits bei früheren Filmen zusammengearbeitet hatte: Samuel L. Jackson als Major Marquis »The Bountyhunter« Warren, Kurt Russell als John »The Hangman« Ruth, Walton Goggins als Chris »The Sheriff« Mannix, Jennifer Jason Leigh als Daisy »The Prisoner« Domergue, Tim Roth als Oswaldo »The

Little Man« Mobray, Michael Madsen als Joe »The Cowpuncher« Gage, Demián Bichir als Bob »The Mexican« und Bruce Dern als General Sandy »The Confederate« Smithers. »Alle meine Lieblingsregisseure hatten so etwas wie eine Stammtruppe, mit der sie immer wieder gearbeitet haben«, erklärt Tarantino seine Treue gegenüber den Darstellern. »Diese Leute verstehen die Welt, in der man lebt, sie verstehen, was man sagt, sie verstehen die Methode, nach der man arbeitet.«[249] Doch Tarantino besetzte auch neue Schauspieler wie Channing Tatum. Der Star des Stripper-Dramas *Magic Mike* (2012) und »Sexiest Man Alive« (*People Magazine*) des Jahres 2012 war überrascht, wie wenige Ideen er bei den Dreharbeiten einbringen durfte: »Er hat schon die ganze Arbeit für die Schauspieler gemacht«, erzählte Channing Tatum in der Late-Night-Show *Jimmy Kimmel Live*. »Er weiß, wo die Figur geboren wurde, wie sie aufwuchs ... Man möchte ihn am liebsten fragen: ›Willst du die Figur nicht selbst spielen?‹«[250]

Der erste Teaser-Trailer für *The Hateful Eight* war schon mehrere Wochen vor dem geplanten Drehstart fertig und war ein reiner Animationsfilm. Er lief ab dem 22. August 2014 im Vorfeld von Robert Rodriguez' *Sin City: A Dame to Kill For*. Im Januar 2015 stand Tarantinos neues Projekt dann jedoch auf der Kippe, weil ein erster Entwurf des Drehbuchs im Internet auftauchte. Das war zwar auch schon bei anderen Tarantino-Filmen passiert, doch diesmal reagierte der Regisseur zorniger als in vergangenen Jahren. Er kündigte an, den Film nicht mehr realisieren zu wollen, sondern das Buch in Form eines Romans zu veröffentlichen. Zudem verklagte er das Klatschmagazin *Gawker*, auf dessen Internetseite ein Link zu dem Drehbuch veröffentlicht worden war, auf eine Million Dollar Schadensersatz. Tarantino beschuldigte die Creative Artists Agency (CAA), das Drehbuch unbefugt an Dritte weitergegeben zu haben. CAA vertritt unter anderem Bruce Dern, der neben Tim Roth und Michael Madsen als einziger Schauspieler das Drehbuch zu lesen bekommen hatte. CAA dementierte und gab Tarantino die Schuld, da dieser seine Drehbücher ohne Sicherheitsvorkehrungen wie Wasserzeichen weitergebe, und ließ außerdem zwischen den Zeilen durchklingen, dass der Regisseur ja von dem öffentlichkeitswirksamen Streit über das Drehbuch-Leck in Hollywood profitierte.

Tarantino blieb hart und sagte die geplanten Dreharbeiten ab. Erst im April 2014 kam wieder Bewegung in das Projekt. Das Los Angeles County Museum of Art organisierte im United Artists Theatre eine öffentliche Lesung zur Präsentation des Drehbuchs. In dem Kinopalast mit spanisch-gotischer Gewölbedecke und großen Wandgemälden, die von Hollywoods goldenem Zeitalter zeugen, versammelten sich am Ostersamstag circa 1600 Zuschauer. Sie nahmen billigend in Kauf, dass sie am Eingang ihre Mobiltelefone abgeben mussten, und zahlten bis zu 200 Dollar für eine Eintrittskarte. Der Erlös kam der Filmabteilung des Museums zugute. Auf der Bühne erschien Quentin Tarantino im schwarzen Cowboyanzug mit roter Bordierung, als prominente Verstärkung brachte er Samuel L. Jackson, Kurt Russell, Tim Roth, Denis Ménochet, Bruce Dern, Michael Madsen, Amber Tamblyn, Walton Goggins, James Parks, Dana Gourrier, Zoë Bell und James Remar mit.

Fröhlich lächelnd kündigte Tarantino an, dass das Wort »Nigger« in den folgenden drei Stunden 322-mal fallen werde. Während der Lesung gab er immer wieder Regieanweisungen und ergänzte Schießereien, die von den Schauspielern angedeutet wurden, indem sie eine Hand zur Pistole formten, mit lautmalerischen Knalleffekten. Das Publikum dankte am Ende mit fünf Minuten langen Standing Ovations und verließ den Kinopalast mit dem Gefühl, dass *The Hateful Eight* eines Tages wohl doch auf die Leinwand kommen würde. Warum sonst hätte Tarantino im Verlauf des Abends mehrfach betont, dass er das Drehbuch inzwischen stark überarbeitet und ein völlig neues Ende geschrieben habe? Ende Mai 2014 wurde aus der Vermutung Gewissheit. Die Weinstein Company gab bekannt, dass Tarantino das überarbeitete Drehbuch im kommenden Winter verfilmen würde. Da alle Szenen im Schnee spielen, fiel New Mexico als übliche Kulisse für das Westerngenre aus. Als mögliche Drehorte brachten sich die US-Bundesstaaten Wyoming, Utah und Colorado ins Gespräch. Im November 2014 erhielt Colorado den Zuschlag, weil es fünf Millionen Dollar Fördergelder zum veranschlagten Budget von 44 Millionen Dollar beisteuerte. In Telluride, wo 1969 schon der Westernklassiker *True Grit* (*Der Marshal*) mit John Wayne gedreht worden war, fiel am 23. Januar 2015 die erste Klappe für *The Hateful Eight*. Hauptmotiv war die 360 Hektar große Schmid Ranch, die unweit von Telluride auf einer Hochebene vor der beeindruckenden Kulisse der Rocky Mountains steht.

Pünktlich zum Drehstart versank die Ranch im Schnee und mit ihr die Kulisse der Postkutschenstation Minnie's Haberdashery. Tarantino wollte, dass die eisige Kälte in jeder Szene nachvollziehbar wird. Sogar bei Innenaufnahmen wurden die Temperaturen am Set auf den Gefrierpunkt heruntergekühlt. Bei jedem Satz, den ein Schauspieler sprach, entwich seinem Mund eine Nebelwolke. Für Walton Goggins, der in *Django Unchained* die Nebenrolle des Billy Crash gespielt hatte, war die Kälte ein schmerzhafter Kontrast zum feuchtheißen Klima in New Orleans, wo Tarantino seinen ersten Western gedreht hatte. »Wenn man für einen Quentin-Tarantino-Film zusagt, arbeitet man mit den besten Leuten zusammen, aber man muss sich auch auf extreme Bedingungen einstellen – körperlich wie seelisch«[251], berichtet Goggins. Samuel L. Jackson schwor bei den Dreharbeiten auf lange Unterhosen und auf Kostüme aus mehreren Lagen Stoff. Doch abgesehen von der klirrenden Kälte genossen die Schauspieler jede Minute am Set. »Wir wurden zu einer echten Gemeinschaft«, sagt Samuel L. Jackson und führt das nicht zuletzt darauf zurück, dass Tarantino zu Beginn jeden Drehtags alle Mobiltelefone einsammeln ließ: »Er mag keine elektronischen Geräte am Set, deshalb konnte sich zwischen den Szenen niemand in sein Handy vergraben.«[252]

Von Anfang an beschäftigte Tarantino die Frage, wie er die schneebedeckten Weiten Colorados und die beeindruckende Berglandschaft angemessen mit der Kamera einfangen konnte. Es machte ihm zu schaffen, dass die meisten Kinos inzwischen von Film auf digitale Technik umgestellt wurden: »Ich kann es nicht ertragen, dass ich über Jahre an einem Film arbeite und er dann in der Qualität einer DVD im Kino zu sehen ist. Das ist einfach nicht gut genug für mich.«[253] Er orientierte sich an einer Idee des Regisseurs Chistopher Nolan, einem anderen Verfechter der Überlegenheit des Mediums Film gegenüber digitalen Produktionen: Als 2014 Nolans Science-Fiction-Film *Interstellar* anlief, belohnte der Regisseur ausgewählte Kinos mit einem exklusiven Zeitfenster für Vorabpräsentationen, sofern sein Werk nicht digital, sondern mithilfe eines traditionellen Filmprojektors abgespielt wurde.

Tarantino ging jedoch noch einen großen Schritt weiter. Es gelang ihm, Harvey und Bob Weinstein zu überzeugen, seinen Western im höchst seltenen und teuren Ultra-Panavision-70-Verfahren drehen zu dürfen, um seinem Publikum die größten und vor allem breitesten Filmbilder bieten zu können. In der Geschichte des Kinos ist *The Hateful Eight* erst der elfte Film, der mit dieser speziellen Aufnahmetechnik entstand. Er steht damit in der Tradition von Klassikern wie *Ben Hur* (1959), *Mutiny on the Bounty* (*Meuterei auf der Bounty*, 1962), *Battle of the Bulge* (*Ardennen 1944 – Die letzte Schlacht*, 1965) und *It's a Mad, Mad, Mad, Mad World* (*Eine total, total verrückte Welt*, 1963). Seit 1966, als Charlton Heston und Laurence Olivier für *Khartoum* (*Khartoum – Aufstand am Nil*) vor der Kamera standen, wurde kein Film mehr mit Ultra Panavision 70 gedreht.

Für den Nostalgiker Tarantino war es das größte Glück auf Erden, die Technik, mit der sich das Kino in den 1960er-Jahren ein letztes Mal gegen die stetig wachsende Konkurrenz des Fernsehens zu wehren versucht hatte, ein halbes Jahrhundert später wieder einsetzen zu können. Er wagte die handwerkliche Herausforderung allerdings nur, weil er mit dem Kameramann Robert Richardson den erforderlichen Profi an seiner Seite hatte. Die gewaltige Kamera, die Tarantino gern mit dem M4-Sherman-Panzer aus dem Zweiten Weltkrieg vergleicht, arbeitet mit einer anamorphotischen Linse, die das Bild in der Horizontalen mit einem Faktor von 1,25 zusammendrückt und mit einer Frequenz von 24 Bildern pro Sekunde auf einem 65-Millimeter-Filmnegativ aufnimmt. Daraus kann später eine 70-Millimeter-, aber auch die übliche 35-Millimeter-Kopie erstellt werden. Bei beiden Formaten muss das Bild während der Vorführung mit einem sogenannten Anamorphoten entzerrt werden. Dabei ist ein Seitenverhältnis von 2.76 zu 1 möglich – sofern man überhaupt noch ein Kino findet, das eine entsprechend breite Leinwand hat.

Obwohl das Aufnahmesystem seit 50 Jahren nicht mehr zum Einsatz gekommen war, bewahrte die Firma Panavision die schwerfälligen Kameras und die speziellen Linsen auf und hielt sie instand. Somit wurde *The Hateful Eight* mit denselben Linsen gedreht wie *Ben Hur* im Jahr 1959. »Panavision hat unseren Film nicht nur unterstützt, sie betrachten ihn als ein Vermächtnis«[254], sagt Tarantino.

Dem offiziellen US-Filmstart am 8. Januar 2016 soll am 25. Dezember 2015 eine exklusive Roadshow in weltweit 50 ausgewählten Kinos vorausgehen. Deren Leinwände und Filmprojektoren sind für das Ultra-Panavision-70-Verfahren umgerüstet worden. Nur so kann der 70-Millimeter-Film seine gewaltige Pracht entfalten. »Es ist wie ein Besuch im Theater oder bei einem Sinfoniekonzert«, lobt Tarantino die Königsdisziplin des bildstarken Erzählkinos. Der erste Weihnachtstag ist mit Bedacht gewählt: Zum einen hat der traditionelle Kinotag der farbigen Bevölkerung der Vereinigten Staaten bereits *Django Unchained* zu einem furiosen Startwochenende verholfen, zum anderen ermöglicht dieser Termin, dass *The Hateful Eight* in die Auswahl für die nächste Oscar-Verleihung aufgenommen werden kann. Vor allem Kameramann Robert Richardson darf dank seiner Beteiligung an diesem Film auf den vierten Oscar in seiner Karriere hoffen. Er hat unter der Regie von Oliver Stone bereits durch *JFK* (*JFK – Tatort Dallas*, 1991) einen Oscar gewonnen, die Zusammenarbeit mit Martin Scorsese brachte ihm je einen Oscar für The *Aviator* (2004) und *Hugo* (2011) ein. Die Zusammenarbeit mit Quentin Tarantino hat bislang zu zwei Oscar-Nominierungen geführt: für *Inglourious Basterds* und *Django Unchained*, nicht aber für *Kill Bill*.

»Wenn wir einen guten Job machen und *The Hateful Eight* zu einem 70-Millimeter-Event wird, dann merken die Leute, dass man solch ein Erlebnis nicht im Fernsehen geboten bekommt und solche Bilder nicht auf seinem iPhone oder iPad sehen kann«, sagte Tarantino in seinen ersten Interviews zu *The Hateful Eight*. »Ich hoffe, dass dieses Seh-Erlebnis den digitalen

Vormarsch aufhalten wird und die Leute begeistert sagen: *Das bedeutet es, ins Kino zu gehen. Das* müssen wir für die Zukunft retten. *Davon* wollen wir noch viel mehr sehen.«[255]

Da große Bilder auch große Musik brauchen, erfüllte Ennio Morricone Tarantinos lang gehegten Wunsch, die Filmmusik zu schreiben. Tarantino verwendet somit zum ersten Mal in seiner Karriere einen durchgehend für alle Szenen komponierten Soundtrack. Für Ennio Morricone bedeutete diese Arbeit eine späte Rückkehr zu seinen Wurzeln, hatte er doch seit der Bud-Spencer-Komödie *Occio alla penna* (*Eine Faust geht nach Westen*, 1981) keine Filmmusik mehr für einen Western geschrieben.

So ist *The Hateful Eight* das vielleicht letzte Denkmal für eine längst vergangene Epoche des Films. Und aus Quentin Tarantino, dem einstigen Erneuerer des Hollywood-Kinos, wurde bei seinem achten Film ein engagierter Bewahrer alter Kinotugenden.

KAPITEL 16
KILL BILL – VOLUME 3?

Aus Sicht seiner Fangemeinde war die Entscheidung, dass Quentin Tarantino im Jahr 2016 einen Stern auf dem »Hollywood Walk of Fame« erhalten wird, längst überfällig. Sein in Messing gegossener Name und ein kleines Kamerasymbol werden einen altrosafarbenen Terrazzo-Stern auf dem Bürgersteig entlang des Hollywood Boulevards zieren. Seit 1958 hat die Handelskammer von Hollywood mehr als 2500 Filmemacher, Schauspieler, Musiker, Moderatoren und sogar Zeichentrickfiguren und Hunde mit einem Stern gewürdigt. Im Sommer 2015 verkündete das Gremium, dass auch Quentin Tarantino, zusammen mit Michael Keaton, Steve Carell, Bradley Cooper, Cyndi Lauper, Kathy Bates und weiteren Künstlern, diese Ehre zuteilwerden sollte. Die Voraussetzungen für die Auszeichnung sind berufliche Errungenschaften in der jeweils prämierten Kategorie (Film, Fernsehen, Musik, Radio, Theater), eine seit mindestens fünf Jahren anhaltende Karriere im Showbusiness sowie ein gemeinnütziger Beitrag zum Wohl des amerikanischen Volkes.

Mehr als 20 Jahre nach seinem Regiedebüt betrachtet Tarantino selbst all diese Kriterien als erfüllt. Im Alter von 29 Jahren wurde er dank *Reservoir Dogs* zum Helden des Independent-Kinos, mit 31 Jahren gewann er seinen ersten Oscar für *Pulp Fiction*, mit knapp 50 Jahren den zweiten Oscar für *Django Unchained*. Obwohl er in einem Vierteljahrhundert nur acht Filme geschrieben und inszeniert hat, gelang es ihm, die westliche Kinowelt zu revolutionieren. Er gehört noch immer zu den wichtigsten und erfolgreichsten Filmemachern der Welt. Dabei ist das Geheimnis seines Erfolges eher schlicht: »Ich mache Filme für Fans – und ich bin mein größter Fan«[256], sagt Tarantino. Sein Freund Robert Rodriguez stützt diese These: »Er dreht die Filme, die er sehen will. Er macht sie nicht, um etwas zu erreichen. Darum sind sie erfolgreich und haben eine andauernde Wirkung. Wenn andere mögen, was ihm gefällt, dann sollen sie es mögen. Aber er dreht sie für sich selbst.«[257]

Dieser Tunnelblick setzt nicht nur ein außergewöhnliches Talent voraus, sondern auch einen Produzenten, der sich auf einen derart selbstbewussten Filmemacher einlässt. Tarantino hat ihn in Harvey Weinstein gefunden. »Er ist mein cineastischer Vater und Patron«, sagt Tarantino. »Ohne Harvey Weinstein wäre meine Karriere anders verlaufen, weil ich meiner Muse nicht so hätte folgen können, wie ich es wollte und getan habe.«[258] Dass der Produzent und der Filmemacher seit 1992 so gut miteinander harmonieren, führt Tarantino auf ihr vergleichbar großes Ego zurück: »Wir sind beide davon überzeugt, jeden zu allem überreden zu können.«[259] Mit dieser Einstellung sammelten sie Erfolge, Preise und Millionen, was in Hollywood Macht und Unabhängigkeit bedeutet.

Das Image des Kino-Rebellen haftet Quentin Tarantino auch noch mit über 50 Jahren an. Ernsthafte Konkurrenten, die ihn vom Thron stoßen könnten, so wie er einst Oliver Stone aufs Altenteil schickte, fürchtet er nicht: »Auch wenn es eine Menge interessanter junger Filmemacher gibt, sehe ich, ehrlich gesagt, im Moment keine Avantgarde, die mich zu überrennen droht.«[260] Dennoch denkt er ans Aufhören. Im November 2014 kündigte Tarantino auf dem American Film Market an, dass sein zehnter Film sein letzter werden solle. *The Hateful Eight* war sein achter Film. »Ich finde, Regisseure sind wie Boxer«, sagt Tarantino. »Man sollte wissen, wann man die Handschuhe an den Nagel hängen muss.«[261] Er ist der Meinung, dass Regisseure mit zunehmendem Alter nicht automatisch bessere Filme drehen. Im Gegenteil: »Es gibt eine Menge Regisseure, die ich für ihre frühen Werke bewundere, die aber später nur noch Schrott gedreht haben.«[262] Als Beispiele nennt er Billy Wilder oder auch Stanley Kubrick, dessen Spätwerk *Eyes Wide Shut* (1999) er nichts mehr abgewinnen konnte: »Soll ich mir wirklich einen erotischen Film von jemandem anschauen, der ihn nicht mehr hochkriegt?«[263] Er selbst wolle nicht erst dann aufhören, wenn das Publikum ihn darum bittet: »Ich will kein Regisseur sein, der seine besten Filme schon gedreht hat. Ich will, dass mein bester Film noch vor mir liegt.«[264]

Das wirft die Frage auf, mit welcher Arbeit Tarantino seine Fans und Feinde in den nächsten Jahren überraschen wird. Andeutungen hat er im Lauf seiner Karriere immer wieder gemacht, doch ob aus diesen Ideen irgendwann Filme werden, ist ungewiss. Im Juli 2015 äußerte Tarantino auf der Comic-Con in San Diego, dass er nach *Django Unchained* und *The Hateful Eight* gern einen dritten Western drehen würde. Als Grund für diese Absicht führte er an, dass sich ein Filmemacher erst nach seinem dritten Werk dieses Genres guten Gewissens als »Western-Regisseur« bezeichnen dürfe. Und sonst? »Ehrlich gesagt, wüsste ich mit Ausnahme eines reinen Horrorfilms – entweder einem Monsterfilm oder etwas richtig Furchteinflößendem – kein anderes Genre, in dem ich mich unbedingt noch ausprobieren müsste«[265], sagt Tarantino. Dazu passt, dass er gern die Geschichte von Godzilla weiterspinnen würde. In seiner Vision verehren die Einwohner von Tokio die riesige Echse als Gottheit, weil sie die japanische Millionenmetropole schon oft vor anderen Monstern beschützt hat. Der Arbeitstitel, unter dem dieses Projekt in Tarantinos Schublade schlummert, ist »Living Under the Rule of Godzilla«.

Sein großer Wunsch, einmal bei einem James-Bond-Film Regie zu führen, scheint nicht in Erfüllung zu gehen. »Wir brauchen einen Regisseur, der die Bond-Tradition würdigt«[266], erklärt der Produzent der berühmten Filmreihe Michael G. Wilson, Stiefsohn des legendären Albert R. Broccoli, der die Abenteuer um den Geheimagenten 1962 aus der Taufe hob. Zwar gefallen Wilson die bisherigen Filme Tarantinos, doch er sieht keine Schnittmenge mit den Bond-Geschichten: »Das ist eine sehr spezielle Filmsprache, da könnten wir unser jugendliches Publikum und die Altersfreigabe vergessen.«[267] Schon nach dem Erfolg von *Pulp Fiction* hatte Tarantino versucht, die Filmrechte an Ian Flemings Roman *Casino Royale* zu kaufen, damit er seine eigene Vision eines Bond-Films realisieren konnte. Der Broccoli-Clan hatte zunächst eine Verfilmung dieses ersten James-Bond-Romans ausgeschlossen, doch kaum hatten die Medien von Tarantinos Interesse berichtet, hatten die Produzenten ihre Meinung geändert. »Plötzlich war überall im Internet zu lesen: ›Das ist der Bond-Film, den sich alle Fans wünschen‹«, sagt Tarantino. »Das heißt, ich habe damals eine Nachfrage geschaffen, die vorher nicht existierte.«[268] Mit *Casino Royale* gelang im Jahr 2006 eine erfolgreiche Wiederbelebung der Bond-Reihe, der neue Hauptdarsteller Daniel Craig und der ernstere Unterton wurden von allen Seiten gelobt. Tarantino ärgert sich bis heute darüber über das Verhalten der Produzenten: »Die wollten sich nicht einmal mit mir treffen. Und noch unverschämter: Sie sagten nicht mal Danke, nachdem ihr Film so erfolgreich lief.«[269]

Eine Fortsetzung von *Pulp Fiction* schließt Tarantino kategorisch aus, eine Weiterführung von *Kill Bill* erscheint dagegen möglich. Nachdem Beatrix Kiddo in *Volume 1* ihre Rivalin Vernita Green erstochen hat, verspricht sie deren vierjähriger Tochter Nikki: »Wenn du groß bist und dich rächen willst, werde ich auf dich warten.« Diese Mission der inzwischen erwachsenen Tochter könnte die Basis einer möglichen Fortsetzung sein. Im wahren Leben ist Ambrosia Kelley, die in *Kill Bill* Nikki spielte, mittlerweile 20 Jahre alt und weiterhin als Schauspielerin aktiv. Auf der Comic-Con in San Diego bekräftigte Tarantino im Juli 2015 einmal mehr, dass er und Uma Thurman weiterhin daran interessiert seien, einen dritten Teil von *Kill Bill* zu drehen. Allerdings kann er sich auch ein Prequel von *Kill Bill* vorstellen. Darin würde er die Vorgeschichte jeder einzelnen Killer-Ikone erzählen – allerdings als japanisches Anime und nicht mit Schauspielern vor einer Kamera. Auch die Vorgeschichte der *Inglourious Basterds* will Tarantino eventuell noch inszenieren. Die frühe Drehbuchfassung, die für eine zwölfteilige Fernsehserie gereicht hätte, bietet noch viele gute Passagen, die er langfristig gern auf der Leinwand sehen würde.

Von einigen Filmgenres sieht der Regisseur definitiv ab: »Zum Beispiel kann ich angestaubte Kostümdramen nicht ertragen. Diese steifen Jane-Austen- und Henry-James-Adaptionen langweilen mich zu Tode.«[270] Auch verfilmte Biografien stoßen ihn ab: »Damit wollen sich Schauspieler nur für einen Oscar empfehlen.« Elvis Presleys Leben findet er als Filmversion genauso langweilig wie eine etwaige Verfilmung seines eigenen Werdegangs: »Ich wäre sehr geschmeichelt, aber ich würde mir den Film nicht anschauen.«[271]

Im Herbst seines Lebens will Tarantino es gelassen angehen. Er will Theaterstücke schreiben, auch Romane und Sachbücher über Film. »Oder ich betreibe ein kleines Kino, in dem ich einfach alle meine Lieblingsfilme zeige«[272], ergänzt er. Sogar ein gutbürgerliches Leben als Familienvater kann er sich vorstellen: »Man hat als älterer Kerl nicht mehr so viel auf dem Zettel und kann sich intensiver um die Kinder kümmern.«[273] Zwar sei das Babyfieber, das er mit Ende 30 verspürt habe, inzwischen abgeklungen, doch als Patenonkel von Michael Madsens Söhnen konnte er ein wenig Erfahrung im Umgang mit den Kleinsten sammeln. Sollte Tarantino eines Tages Vater werden, will er sein erstes Kind übrigens Trigger nennen. Egal, ob es ein Junge oder ein Mädchen wird. Trigger war der blondmähnige Hengst des singenden Westernhelden Roy Rogers. Tarantino verehrt das Pferd, seit er es in den Filmen des in Vergessenheit geratenen Regisseurs William Witney sah.

Doch wer soll Triggers Mutter werden? Welche Frau akzeptiert, dass sie als Eignungstest für eine mögliche Beziehung mit Tarantino den Western *Rio Bravo* sehen muss? Allerdings sieht der Filmemacher sich selbst als großen Romantiker: »Wenn ich verliebt bin, dann werde ich sehr, sehr leidenschaftlich. Ich kann mich für Frauen ebenso begeistern wie für Filme. Und wie jeder andere Mensch erlebe auch ich meine größten Glücksmomente nicht im Kino, sondern in der Liebe.«[274] Auch der therapeutische Effekt einer festen Beziehung ist Tarantino nicht verborgen geblieben: »Hätte ich eine Frau, wäre ich wahrscheinlich um einiges umgänglicher und nicht so eine Art Steinzeit-Typ, der abends zurück in seine Höhle muss.«[275]

Vorerst bleibt das Kino seine große Liebe und seine Filme sind seine Babys, die eines Tages sein Erbe antreten werden: »Ich will der Typ sein, den die ungeborenen Kinder von morgen noch total cool finden«[276], sagt Tarantino. »Ich will, dass meine Filme auch für nachfolgende Generationen etwas ganz Besonderes sind.« Dieses Ziel entfacht in ihm auch heute noch das gleiche Feuer wie in seinen Anfangsjahren als Filmemacher. 1992, als Tarantino in Cannes seinen Debütfilm *Reservoir Dogs* präsentierte, nahm er an einer Podiumsdiskussion mit Tim Robbins, Edward James Olmos und John Turtorro teil. Die drei Schauspieler, die ihre Regiedebüts *Bob Roberts*, *American Me* und *Mac* vorstellten, lamentierten, dass die Arbeit als Regisseur strapaziös, aufreibend und in jeglicher Hinsicht abschreckend sei. Tarantino beschrieb seine Erfahrungen völlig anders: »Ich habe jede Minute, jede Sekunde und alles daran geliebt. Ich hatte das Gefühl, dass ich ein besserer Regisseur als Videothekar bin – und ich war ein verdammt guter Videothekar!«[277]

QUELLEN

Vorbemerkung zum Quellenverzeichnis:
Alle fremdsprachigen Quellen – ganz gleich, welcher Art – sind, soweit nicht anders gekennzeichnet, vom Autor selbst sinngemäß ins Deutsche übersetzt worden.

1 »The Howard Stern Show«, 5.12.2012, Sirius XM Radio Inc.
2 ebda.
3 Thomas Hüetlin: »Blut ist auch nur eine Farbe«, *Der Spiegel*, 9/98, S. 198–200.
4 Quentin Tarantino: »It's a corrupted cinema«, the-talks.com, 28.10.2013.
5 Jerome Charyn: »Quentins wilde Art«, *Frankfurter Rundschau*, 5.2.2000, S. ZB2.
6 Quentin Tarantino: »It's a corrupted cinema«, the-talks.com, 28.10.2013.
7 »The Director's Chair: Rodriguez & Tarantino«, El Rey, 13.8.2014
8 Thomas Hüetlin: »Blut ist auch nur eine Farbe«, *Der Spiegel*, 9/98, S. 198–200.
9 Stacey Sher in »Quentin Tarantino: 20 Years of Filmmaking«, Bonusmaterial der DVD-Box »Tarantino XX – 20 Years of Filmmaking«, Studiocanal, 2013.
10 Hanns-Georg Rodek: »Bin ich so gut, wie ich glaube?«, *Die Welt*, 13.10.2003, S. 29.
11 ebda.
12 »The Director's Chair: Rodriguez & Tarantino«, El Rey, 13.8.2014.
13 »Panel-Interview zu Jackie Brown«, Bonusmaterial auf der Reservoir Dogs-DVD in der DVD-Box »Tarantino XX – 20 Years of Filmmaking«, Studiocanal, 2013
14 »Quentin Tarantino: A Life in Pictures«, Francine Stock im Gespräch mit Quentin Tarantino, bafta.org, 21.12.2011.
15 »The Making of Reservoir Dogs«, Bonusmaterial auf der Reservoir Dogs-DVD in der DVD-Box »Tarantino XX – 20 Years of Filmmaking«, Studiocanal, 2013.

16 Richard Pleuger: »Mein Name reicht! Groß oder nur größenwahnsinnig? Hollywoods Wunderkind Quentin Tarantino über seine reife Krimileistung Jackie Brown«, *Focus*, 11.04.1998, S. 138.
17 »The Director's Chair: Rodriguez & Tarantino«, El Rey, 13.8.2014.
18 Ulli Lössl: »Ich bin kein Freak«, *Max*, 08/2007, S. 41.
19 »The Director's Chair: Rodriguez & Tarantino«, El Rey, 13.8.2014.
20 »The Howard Stern Show«, 5.12.2012, Sirius XM Radio Inc.
21 »Dennis Hopper talks to Quentin Tarantino«, 17.03.1994, http://wiki.tarantino.info/index.php/ Dennis_Hopper_talks_to_QT).
22 »Quentin Tarantino: A Life in Pictures«, Francine Stock im Gespräch mit Quentin Tarantino, bafta.org, 21.12.2011.
23 Martin Wittmann: »Hände hoch! Regisseur Quentin Tarantino über seinen neuen Film Django Unchained, seine Jugend im Pornokino, das Nibelungenlied und die große Liebe«, *Süddeutsche Zeitung*, 11.1.2013, S. 10.
24 Quentin Tarantino im Audiokommentar von True Romance in der DVD-Box »Tarantino XX – 20 Years of Filmmaking«, Studiocanal, 2013.
25 »The Director's Chair: Rodriguez & Tarantino«, El Rey, 13.8.2014.
26 Quentin Tarantino im Audiokommentar von True Romance in der DVD-Box »Tarantino XX – 20 Years of Filmmaking«, Studiocanal, 2013.
27 Quentin Tarantino im Audiokommentar von True Romance in der DVD-Box »Tarantino XX – 20 Years of Filmmaking«, Studiocanal, 2013.
28 ebda.
29 »The Howard Stern Show«, 5.12.2012, Sirius XM Radio Inc.
30 Mark Seal: »Quentin Tarantino: The Making of Pulp Fiction«, *Vanity Fair*, 3/2013, http://www.vanityfair.com/hollywood/2013/03/making-of-pulp-fiction-oral-history.
31 »The Howard Stern Show«, 5.12.2012, Sirius XM Radio Inc.
32 »The Making of Reservoir Dogs«, Bonusmaterial auf der Reservoir Dogs-DVD in der DVD-Box »Tarantino XX – 20 Years of Filmmaking«, Studiocanal, 2013.
33 »The Director's Chair: Rodriguez & Tarantino«, El Rey, 13.8.2014
34 Quentin Tarantino im Audiokommentar von True Romance in der DVD-Box »Tarantino XX – 20 Years of Filmmaking«, Studiocanal, 2013.
35 Jeremy Kirk: »32 Things we learned from the True Romance Commentary«, 23.8.2013, filmschoolrejects.com – http://filmschoolrejects.com/features/32-things-we-learned-from-the-true-romance-commentary.php
36 Mark Seal: »Quentin Tarantino: The Making of Pulp Fiction«, *Vanity Fair*, 3/2013, http://www.vanityfair.com/hollywood/2013/03/making-of-pulp-fiction-oral-history.
37 Lawrence Bender in »Quentin Tarantino: 20 Years of Filmmaking«, Bonusmaterial der DVD-Box »Tarantino XX – 20 Years of Filmmaking«, Studiocanal, 2013.
38 Richard Gladstein in »Quentin Tarantino: 20 Years of Filmmaking«, Bonusmaterial der DVD-Box »Tarantino XX – 20 Years of Filmmaking«, Studiocanal, 2013.

39 ebda.
40 ebda.
41 Lawrence Bender in »Quentin Tarantino: 20 Years of Filmmaking«, Bonusmaterial der DVD-Box »Tarantino XX – 20 Years of Filmmaking«, Studiocanal, 2013.
42 ebda.
43 »The Director's Chair: Rodriguez & Tarantino«, El Rey, 13.8.2014.
44 ebda.
45 Lars Grote: »So viele Speichen – Plausch mit Volker Schlöndorff auf seinem sonnengelben Sofa«, *Märkische Allgemeine*, 2.12.2008, S. 3.
46 »Quentin Tarantino: A Life in Pictures«, Francine Stock im Gespräch mit Quentin Tarantino, bafta.org, 21.12.2011.
47 »The Director's Chair: Rodriguez & Tarantino«, El Rey, 13.8.2014.
48 »The Making of Reservoir Dogs«, Bonusmaterial auf der Reservoir Dogs-DVD in der DVD-Box »Tarantino XX – 20 Years of Filmmaking«, Studiocanal, 2013.
49 ebda.
50 Wolfgang Höbel und Thomas Hüetlin: »Du sollst Gott nahe sein«, *Der Spiegel*, 42/2003, S. 162.
51 »The Director's Chair: Rodriguez & Tarantino«, El Rey, 13.8.2014.
52 Stacey Sher in »Quentin Tarantino: 20 Years of Filmmaking«, Bonusmaterial der DVD-Box »Tarantino XX – 20 Years of Filmmaking«, Studiocanal, 2013.
53 Lawrence Bender in »Quentin Tarantino: 20 Years of Filmmaking«, Bonusmaterial der DVD-Box »Tarantino XX – 20 Years of Filmmaking«, Studiocanal, 2013.
54 »The Director's Chair: Rodriguez & Tarantino«, El Rey, 13.8.2014.
55 Stacey Sher in »Quentin Tarantino: 20 Years of Filmmaking«, Bonusmaterial der DVD-Box »Tarantino XX – 20 Years of Filmmaking«, Studiocanal, 2013.
56 N. N.: »Ich habe die Sexpost von George Clooney gelesen«, *Playboy*, 11/2003, S. 46–50.
57 ebda.
58 Tobias Kniebe: »Wie die wilden Stiere«, *Süddeutsche Zeitung*, 5.2.1998, S. 23.
59 Quentin Tarantino im Audiokommentar von True Romance in der DVD-Box »Tarantino XX – 20 Years of Filmmaking«, Studiocanal, 2013.
60 ebda.
61 ebda.
62 ebda.
63 ebda.
64 ebda.
65 N. N.: »Meine Schwester ist schuld, dass ich Schauspieler bin«, *Frankfurter Allgemeine Sonntagszeitung*, 22.7.2012, S. 43.
66 ebda.

67 Richard Gladstein in »Quentin Tarantino: 20 Years of Filmmaking«, Bonusmaterial der DVD-Box »Tarantino XX – 20 Years of Filmmaking«, Studiocanal, 2013.
68 ebda.
69 ebda.
70 Mike Simpson in »Quentin Tarantino: 20 Years of Filmmaking«, Bonusmaterial der DVD-Box »Tarantino XX – 20 Years of Filmmaking«, Studiocanal, 2013.
71 John Travolta in »Quentin Tarantino: 20 Years of Filmmaking«, Bonusmaterial der DVD-Box »Tarantino XX – 20 Years of Filmmaking«, Studiocanal, 2013.
72 Mark Seal: »Quentin Tarantino: The Making of Pulp Fiction«, *Vanity Fair*, 3/2013, http://www.vanityfair.com/hollywood/2013/03/making-of-pulp-fiction-oral-history.
73 ebda.
74 Richard Gladstein in »Quentin Tarantino: 20 Years of Filmmaking«, Bonusmaterial der DVD-Box »Tarantino XX – 20 Years of Filmmaking«, Studiocanal, 2013.
75 Claus Lutterbeck: » Ich habe unglaubliche Antennen«, *Stern*, 20.3.1997, S. 52.
76 »The Director's Chair: Rodriguez & Tarantino«, El Rey, 13.8.2014.
77 Stacey Sher in »Quentin Tarantino: 20 Years of Filmmaking«, Bonusmaterial der DVD-Box »Tarantino XX – 20 Years of Filmmaking«, Studiocanal, 2013.
78 Quentin Tarantino: »Die Antenne Gottes«, *Weltwoche*, 29.3.2007, S. 74.
79 N. N.: »Einer flog übers Ziel hinaus«, *Süddeutsche Zeitung-Magazin*, 13.7.2007, S. 28.
80 Eric Stoltz in »Quentin Tarantino: 20 Years of Filmmaking«, Bonusmaterial der DVD-Box »Tarantino XX – 20 Years of Filmmaking«, Studiocanal, 2013.
81 Marco Schmidt: »Fünf Flaschen Wein – dann hatte ich Brad. Kultregisseur Quentin Tarantino über sein Kriegsepos«, *Münchner Merkur*, 20.8.2009, S. 3.
82 Internet Movie Data Base: Quentin Tarantino, Quotations.
83 Andreas Kilb: »Tick, Trick und Ornament – Über Quentin Tarantino und seinen dritten Spielfilm«, *Die Zeit*, 16.04.1998, S. 16.
84 »The Director's Chair: Rodriguez & Tarantino«, El Rey, 13.8.2014.
85 Tobias Kniebe: »Eiscreme / Musste Steve Buscemi zwei Sommer lang durch die Gegend fahren, weil er kein Geld hatte. Jetzt ist der Schauspieler wieder in einem Eiswagen gelandet. Warum?«, *Jetzt – Jugendmagazin der Süddeutschen Zeitung*, 20.1.1997, S. 14.
86 Elizabeth Avellan in »Quentin Tarantino: 20 Years of Filmmaking«, Bonusmaterial der DVD-Box »Tarantino XX – 20 Years of Filmmaking«, Studiocanal, 2013.
87 Paul Thomas: »Quentin Tarantino – The Rebirth of Cool«, *Max*, 4/1998, S. 150.
88 Robert Rodriguez in »Quentin Tarantino: 20 Years of Filmmaking«, Bonusmaterial der DVD-Box »Tarantino XX – 20 Years of Filmmaking«, Studiocanal, 2013.
89 Wolfgang Höbel und Thomas Hüetlin: »Du sollst Gott nahe sein«, *Der Spiegel*, 42/2003, S. 162.
90 Ulli Lössl: »Ich bin kein Freak«, *Max*, 8/2007, S. 41.

QUELLEN

91 Marco Schmidt: »Fünf Flaschen Wein – dann hatte ich Brad. Kultregisseur Quentin Tarantino über sein Kriegsepos«, *Münchner Merkur*, 20.8.2009, S. 3.
92 Stacey Sher in »Quentin Tarantino: 20 Years of Filmmaking«, Bonusmaterial der DVD-Box.
93 Mr. Pink: What was the name of the chick who played Christie Love?
Nice Guy Eddie: Pam Grier.
Mr. Orange: No it wasn't Pam Grier. Pam Grier was the other one. Pam Grier did the film. Christie Love was like Pam Grier TV Show without Pam Grier.
Mr. Pink: So who was Christie Love?
Mr. Orange: How the fuck should I know?
Mr. Pink: Great. Now I'm totally fucking tortured.
94 Pam Grier in »Quentin Tarantino: 20 Years of Filmmaking«, Bonusmaterial der DVD-Box »Tarantino XX – 20 Years of Filmmaking«, Studiocanal, 2013.
95 ebda.
96 Richard Pleuger: »Mein Name reicht! Groß oder nur größenwahnsinnig? Hollywoods Wunderkind Quentin Tarantino über seine reife Krimileistung Jackie Brown«, *Focus*, 11.4.1998, S. 138.
97 Tobias Kniebe: »Kino statt Knast. Der Bücherklau geht um: Quentin Tarantino über Jackie Brown«, *Süddeutsche Zeitung*, 16.04.1998, S. 17.
98 Robert Forster in »Quentin Tarantino: 20 Years of Filmmaking«, Bonusmaterial der DVD-Box »Tarantino XX – 20 Years of Filmmaking«, Studiocanal, 2013.
99 ebda.
100 Paul Thomas: »Quentin Tarantino – The Rebirth of Cool«, *Max*, 4/1998, S. 150.
101 Robert Forster in »Quentin Tarantino: 20 Years of Filmmaking«, Bonusmaterial der DVD-Box »Tarantino XX – 20 Years of Filmmaking«, Studiocanal, 2013.
102 Pam Grier in »Quentin Tarantino: 20 Years of Filmmaking«, Bonusmaterial der DVD-Box »Tarantino XX – 20 Years of Filmmaking«, Studiocanal, 2013.
103 Richard Pleuger: »Mein Name reicht! Groß oder nur größenwahnsinnig? Hollywoods Wunderkind Quentin Tarantino über seine reife Krimileistung Jackie Brown«, *Focus*, 11.04.1998, S. 138.
104 Marcus Roth: »Die Liebenden von Tsim Sha-Tsui – Gespräch mit Wong Kar-wai über seinen Film Chungking Express, Stileinflüsse, Ohrwürmer und Hongkongs Zukunft«, *Frankfurter Rundschau*, 28.03.96, S. 27.
105 Tobias Kniebe: »Kino statt Knast. Der Bücherklau geht um: Quentin Tarantino über Jackie Brown«, *Süddeutsche Zeitung*, 16.4.1998, S. 17.
106 ebda.
107 Quentin Tarantino: »Ich bin Gottes Antenne«, *Tagesspiegel*, 22.7.2007, S. 3.
108 Marco Schmidt: »Spike Lee – X:Zentrisch«, *Frankfurter Rundschau*, 19.5.2001, S. M24.
109 Paul Thomas: »Quentin Tarantino – The Rebirth of Cool«, *Max*, 4/1998, S. 150.
110 Fintan O'Toole: «Turn out the Lights on ›Wait Until Dark‹«, *New York Daily News*, 6.5.1998, S. 23.

111 Albert Guasch: »Review: ›Wait Until Dark‹«, *The Miami Herald*, 05.04.1998, S. 57.
112 »The Director's Chair: Rodriguez & Tarantino«, El Rey, 13.8.2014.
113 Harald Pauli: »Die Braut trägt Hass«, *Focus*, 13.10.2003, S. 210.
114 ebda.
115 Tobias Kniebe: »Uma Thurman über Rache«, *Süddeutsche Zeitung*, 11.10.2003, S. ROM8.
116 Quentin Tarantino in »The Making of Kill Bill«, DVD-Box »Tarantino XX – 20 Years of Filmmaking«, Studiocanal, 2013.
117 Wolfram Knorr: »Fieberglanz im Auge«, *Weltwoche*, 9.10.2003, S. 56.
118 Peter Körte: »Wenn wir es nicht in der Kamera machen können, können wir es gar nicht machen – Quentin Tarantino über digitale Bilder, Entenpressen, Blutbäder und über Kill Bill: Volume 1«, *Frankfurter Allgemeine Zeitung*, 16. Oktober 2003, S. 45.
119 Jochen Siemens: »Ein mordsmäßiges Doppel«, *Stern*, 42/2003, S. 244.
120 Wolfgang Höbel und Thomas Hüetlin: »Du sollst Gott nahe sein«, *Der Spiegel*, 42/2003, S. 162.
121 Peter Beddies: »Quentin Tarantino: Ohne Uma Thurman hätte es »Kill Bill« nie gegeben«, *Leipziger Volkszeitung*, 22.4.2004, S. 9.
122 Peter Beddies: »Schund macht Spaß«, Die Welt, 17.7.2007, S. 26.
123 Robert Rodriguez in »Quentin Tarantino: 20 Years of Filmmaking«, Bonusmaterial der DVD-Box »Tarantino XX – 20 Years of Filmmaking«, Studiocanal, 2013.
124 Katharina Dockhorn: »Meine Filme sind prüde«, *epd Film*, 1.11.2003, S. 33.
125 Michael Cieply: »Chopping spree: Tarantino's back«, *International Herald Tribune*, 3.9.2002, S. 18.
126 Quentin Tarantino in »The Making of Kill Bill«, DVD-Box »Tarantino XX – 20 Years of Filmmaking«, Studiocanal, 2013.
127 Wolfgang Höbel und Thomas Hüetlin: »Du sollst Gott nahe sein«, *Der Spiegel*, 42/2003, S. 162.
128 David Carradine in »The Making of Kill Bill«, DVD-Box »Tarantino XX – 20 Years of Filmmaking«, Studiocanal, 2013.
129 Quentin Tarantino in »The Making of Kill Bill«, DVD-Box »Tarantino XX – 20 Years of Filmmaking«, Studiocanal, 2013.
130 RZA in »Quentin Tarantino: 20 Years of Filmmaking«, Bonusmaterial der DVD-Box »Tarantino XX – 20 Years of Filmmaking«, Studiocanal, 2013.
131 Robert Rodriguez in »Quentin Tarantino: 20 Years of Filmmaking«, Bonusmaterial der DVD-Box »Tarantino XX – 20 Years of Filmmaking«, Studiocanal, 2013.
132 Quentin Tarantino in »The Making of Kill Bill«, DVD-Box »Tarantino XX – 20 Years of Filmmaking«, Studiocanal, 2013.
133 A. O. Scott: »Blood Bath & Beyond«, *The New York Times*, 10.10.2003, S. 32.
134 Jochen Siemens: »Ein mordsmäßiges Doppel«, *stern*, 42/2003, S. 244.
135 Katharina Dockhorn: »Meine Filme sind prüde«, *epd Film*, 1.11.2003, S. 33.

QUELLEN

136 Tobias Kniebe: »Der eiskalte Bengel«, *Süddeutsche Zeitung*, 10.10.2003, S. 15.
137 ToWi: »Tarantino Präsident der Cannes-Juny«, 16.02.2004. http://www.kino.de/film/reservoir-dogs-wilde-hunde-1991/news/tarantino-praesident-der-cannes-jury/
138 »The Howard Stern Show«, 5.12.2012, Sirius XM Radio Inc.
139 Jochen Siemens: »Ein mordsmäßiges Doppel«, *stern*, 42/2003, S. 244.
140 Lawrence Bender in »Quentin Tarantino: 20 Years of Filmmaking«, Bonusmaterial der DVD-Box »Tarantino XX – 20 Years of Filmmaking«, Studiocanal, 2013.
141 Robert Rodriguez in »Quentin Tarantino: 20 Years of Filmmaking«, Bonusmaterial der DVD-Box »Tarantino XX – 20 Years of Filmmaking«, Studiocanal, 2013.
142 Internet Movie Data Base: Grindhouse, Trivia.
143 Daniel Kothenschulte: »Filme ohne Geld werden besser«, *Frankfurter Rundschau*, 10.10.2007, FEU1.
144 ebda.
145 Quentin Tarantino: »It's a corrupted cinema«, the-talks.com, 28.10.2013.
146 Dieter Osswald: »Ein cooler Trip«, *Thüringer Allgemeine Zeitung*, 17.7.2007, S. 4.
147 Dominik Schütte: »Ich habe tolle Füße«, *Neon*, 9/2009, S. 39.
148 Ulli Lössl: »Ich bin kein Freak«, *Max*, 08/2007, S. 41.
149 Rüdiger Sturm: »Mein Gehirn ist wie ein großer Schwamm«, *Welt am Sonntag*, 08.07.2007, S. 61.
150 Ulli Lössl: »Ich bin kein Freak«, *Max*, 08/2007, S. 41.
151 Robert Rodriguez in »Quentin Tarantino: 20 Years of Filmmaking«, Bonusmaterial der DVD-Box »Tarantino XX – 20 Years of Filmmaking«, Studiocanal, 2013.
152 Peter Beddies: »Schund macht Spaß«, *Die Welt*, 17.7.2007, S. 26.
153 Petra Bergheim: »Tarantinos Stuntgirl«, *Frankfurter Rundschau*, 24.7.2007, S. 13.
154 »The Director's Chair: Rodriguez & Tarantino«, El Rey, 13.8.2014.
155 Peter Beddies: »Schund macht Spaß«, *Die Welt*, 17.7.2007, S. 26.
156 »The Howard Stern Show«, 5.12.2012, Sirius XM Radio Inc.
157 »The Director's Chair: Rodriguez & Tarantino«, El Rey, 13.8.2014.
158 Philipp Oehmke und Martin Wolf: »Meine eigene Welt«, *Der Spiegel*, 32/2009, S. 120.
159 ebda.
160 ebda.
161 »The Director's Chair: Rodriguez & Tarantino«, El Rey, 13.8.2014.
162 »The Howard Stern Show«, 5.12.2012, Sirius XM Radio Inc.
163 Martin Schwickert: »Illusion von Rache«, *Abendzeitung*, München, 17.1.2013, S. 19.
164 Marco Schmidt: »Fünf Flaschen Wein - dann hatte ich Brad«, *Münchner Merkur*, 20.8.2009, S. 3.
165 ebda.

166 Martin Scholz: »Bumm, bumm, bumm, bumm«, *Frankfurter Rundschau*, 03.08.2009, S. 18.
167 Marco Schmidt: »Fünf Flaschen Wein – dann hatte ich Brad«, *Münchner Merkur*, 20.08.2009, S. 3.
168 ebda.
169 Peter Zander: »Meine Figuren sind schlauer als ich«, *Die Welt*, 21.08.2009, S. 25.
170 Ulf Lippitz und Björn Rosen: »Ich erkenne Kontrolleure schon von weitem«, *Tagesspiegel*, 8.5.2011, S. 1.
171 Hanns-Georg Rodek: »Je obskurer der Name, desto mehr Spaß«, *Welt am Sonntag*, 2.8.2009, S. 49.
172 Peter Zander: »Warum sind Sie so nervös, Herr Brühl?«, *Berliner Morgenpost*, 6.12.2009, S. 30.
173 Norbert Körzdörfer: »Meine Party-Nächte mit Brad Pitt«, *Bild-Zeitung*, 19.8.2009, S. 1.
174 Hanns-Georg Rodek: »Je obskurer der Name, desto mehr Spaß«, *Welt am Sonntag*, 02.8.2009, S. 49.
175 ebda.
176 N. N.: »Das Spielen ist kein Rauschzustand«, *Frankfurter Allgemeine Sonntagszeitung*, 14.3.2010, S. 53.
177 Judka Strittmatter: »Erfolg kann schädlich sein«, *Süddeutsche Zeitung Magazin*, 50/2012. http://sz-magazin.sueddeutsche.de/texte/anzeigen/39069/2
178 Christine Kruttschnitt und Ulrike von Bülow: »Das ist doch großartiges Kasperletheater!«, *Stern*, 04/2013, S. 86ff.
179 Tobias Kniebe: »Christoph Waltz über Bastarde«, *Süddeutsche Zeitung*, 1.8.2009, S. V2/8.
180 Patrick Heidmann: »Ich bin stolz«, *Frankfurter Rundschau*, 17.1.2013, S. 31.
181 Stefan Grissemann: »Geh aus dem Weg und gib den Blick frei«, *die tageszeitung*, 15.08.2009, S. 21.
182 Rüdiger Sturm: »Ein echt fiktiver Nazi«, *Frankfurter Rundschau*, 27.05.2009. http://www.fr-online.de/panorama/christoph-waltz-im-interview-ein-echt-fiktiver-nazi,1472782,3292158.html
183 Peter Zander: »Meine Figuren sind schlauer als ich«, *Die Welt*, 21.8.2009, S. 25.
184 Patrick Heidmann: »Das ist verdammter Mist«, *Berliner Zeitung*, 07.8.2009, S. 23.
185 Marco Schmidt: »Fünf Flaschen Wein – dann hatte ich Brad«, *Münchner Merkur*, 20.08.2009, S. 3.
186 ebda.
187 Ulf Poschardt: »Auch in der Fremde bin ich immer ein Deutscher geblieben«, *Welt am Sonntag*, 28.12.2008, S. 59.
188 Philipp Oehmke und Martin Wolf: »Meine eigene Welt«, *Der Spiegel*, 32/2009, S. 120.
189 ebda.

QUELLEN

190 ebda.
191 Marco Schmidt: »Fünf Flaschen Wein – dann hatte ich Brad«, *Münchner Merkur*, 20.8.2009, S. 3.
192 ebda.
193 Philipp Oehmke und Martin Wolf: »Meine eigene Welt«, *Der Spiegel*, 32/2009, S. 120.
194 ebda.
195 Matthias Schmidt: »Hier gibt's was auf die Nazis!«, *Stern*, 19/2009, S. 94ff.
196 Internet Movie Data Base: Inglourious Basterds, Trivia.
197 Susan Vahabzadeh: »Die Rache von Papa Jean«, *Süddeutsche Zeitung*, 17.8.2009, S. 11.
198 ebda.
199 Brad Pitt, Pressekonferenz zu Inglourious Basterds in Cannes, Mai 2009, Youtube.com.
200 Martin Scholz: »Ich weine nicht. Ich bin knallhart«, *Franfurter Rundschau*, 20.02.2009. http://www.fr-online.de/panorama/brad-pitt-im-gespraech--ich-weine-nicht--ich-bin-knallhart-,1472782,3326356.html
201 Martin Schwickert: »Illusion von Rache«, *Abendzeitung*, München, 17.1.2013, S. 19.
202 N. N.: »Deutschland gehört jetzt mir«, *Playboy*, 09/2009, S.131ff.
203 Dominik Schütte: »Ich habe tolle Füße«, *Neon*, 9/2009, S. 39.
204 Greg Nicotero in »Quentin Tarantino: 20 Years of Filmmaking«, Bonusmaterial der DVD-Box »Tarantino XX – 20 Years of Filmmaking«, Studiocanal, 2013.
205 Marco Schmidt: »Fünf Flaschen Wein – dann hatte ich Brad«, *Münchner Merkur*, 20.8.2009, S. 3.
206 Harald Pauli: »Ich bin doch kein Idiot!«, *Focus*, 34/2009, S. 56.
207 N. N.: »Christoph Waltz schwärmt von Taranino«. *Die Welt*, 13.1.13. http://www.welt.de/newsticker/news3/article112732665/Christoph-Waltz-schwaermt-von-Tarantino.html
208 Carolin Dendler: »Oscar-Star Christoph Waltz: Heimliche Hochzeit«, *Bild am Sonntag*, 13.1.2013, S. 1.
209 Dominik Schütte: »Ich habe tolle Füße«, *Neon*, 9/2009, S. 39.
210 Martin Scholz: »Bumm, bumm, bumm, bumm«, *Frankfurter Rundschau*, 3.8.2009, S. 18.
211 ebda.
212 Tobias Kniebe: »Über den Dingen zu stehen, ist ja auch fad«. *Süddeutsche Zeitung*, 31.8.2011, S. 13.
213 Quentin Tarantino, Pressekonferenz zu Inglourious Basterds in Cannes, Mai 2009, Youtube.
214 »The Director's Chair: Rodriguez & Tarantino«, El Rey, 13.8.2014.

215 Martin Scholz: »Tausendmal schlimmer als die Schweinegrippe«, *Frankfurter Rundschau*, 22.8.2009, S. 18.
216 ebda.
217 http://www.cinema.de/kino/news-und-specials/news/titelaenderung-inglourious-basterds-statt-inglorious-bastards,3421235,ApplicationArticle.html
218 Internet Movie Data Base: Django Unchained, Trivia.
219 ebda.
220 Peter Körte: »Die Leute sollen Django applaudieren«, *Frankfurter Allgemeine Zeitung*, 14.1.2013, S. 23.
221 Richard Kämmerlings: »Man sieht, was alles im Menschen steckt«, *Welt am Sonntag*, 14.4.2013, S. 54.
222 Patrick Heidmann: »Ich bin stolz«, *Frankfurter Rundschau*, 17.1.2013, S. 31.
223 ebda.
224 Thomas Hüetlin: »Vom Dynamit verweht«, *Der Spiegel*, 03/2013, S. 130.
225 Rüdiger Sturm: »Mein Gehirn ist wie ein großer Schwamm«, *Welt am Sonntag*, 8.7.2007, S. 61.
226 Internet Movie Data Base: Django Unchained, Trivia.
227 ebda.
228 Martin Schwickert: »Illusion von Rache«, *Abendzeitung*, München, 17.1.2013, S. 19.
229 Patrick Heidmann: »Ich bin stolz«, *Frankfurter Rundschau*, 17.1.2013, S. 31.
230 Harald Pauli: »Auch der langweiligste Stinker hat viele interessante Aspekte«, *Focus*, 03/2013, S. 120.
231 Charles McGrath: »Alles findet in meinem Universum statt«, *Welt am Sonntag*, 13.1.2013, S. 46.
232 Internet Movie Data Base: Django Unchained, Trivia.
233 Christoph Petersen: »Filmstarts am Set von ... Quentin Tarantinos Django Unchained«, Filmstarts, 12.12.2012, www.filmstarts.de/specials/1292.html?tab=1.
234 Steven Geyer und Martin Scholz: »Keine Lust zum Streiten«, *Mitteldeutsche Zeitung*, 26.01.2013, S. 25.
235 Andreas Borcholte und Thomas Hüetlin: »Das ist das Höllenfeuer«, *Der Spiegel*, 22.01.2013, S. 57.
236 N. N.: »Sidney Poitier to Quentin Tarantino: Man up«, straight.com, 24.12.2012, http://www.straight.com/blogra/sidney-poitier-quentin-tarantino-man.
237 Martin Wittmann: »Hände hoch!«, Süddeutsche Zeitung, 11.1.2013, S. 10.
238 Christoph Petersen: »Filmstarts am Set von ... Quentin Tarantinos Django Unchained«, Filmstarts, 12.12.2012, www.filmstarts.de/specials/1292.html?tab=1.
239 Internet Movie Data Base: Django Unchained, Trivia.
240 Patrick Heidmann: »Ich bin stolz«, *Frankfurter Rundschau*, 17.1.2013, S. 31.
241 ebda.

QUELLEN

242 Krishnan Guru-Murthy im Interview mit Quentin Tarantino. Channel 4 News, 10.01.2013, http://bit.ly/1aF6pOJ.
243 Steven Geyer und Martin Scholz: »Keine Lust zum Streiten«, *Mitteldeutsche Zeitung*, 26.1.2013, S. 25.
244 Andreas Borcholte und Thomas Hüetlin: »Das ist das Höllenfeuer«, *Der Spiegel*, 22.1.2013, S. 57.
245 http://www.eurweb.com/2012/12/jamie-foxx-cant-quite-defend-his-kill-all-the-white-people-snl-joke-watch/
246 Bert Rebhandl: »Der Western ist kein weißes Genre mehr«, *Frankfurter Allgemeine Zeitung*, 16.1.2013, S. 12.
247 Joachim Hentschel: »Jenseits aller Menschlichkeit«, *Süddeutsche Zeitung*, 16.1.2014, S. 10.
248 Internet Movie Data Base: The Hateful Eight, Trivia.
249 Charles McGrath: »Alles findet in meinem Universum statt«, *Welt am Sonntag*, 13.1.2013, S. 46.
250 www.youtube.com/watch?v=K-p9Imrq_vQ
251 Mike Fleming Jr.: »Quentin Tarantino on Retirement, Grand 70 MM Intl Plans For The Hateful Eight«, deadline.com, 10.11.2014.
252 Harald Pauli: »Politiker? Die lügen doch!«, *Focus*, 13.6.2014, S. 81.
253 Patrick Heidmann: »Ich bin stolz«, *Frankfurter Rundschau*, 17.1.2013, S. 31.
254 Mike Fleming Jr.: »Quentin Tarantino on Retirement, Grand 70 MM Intl Plans For The Hateful Eight«, deadline.com, 10.11.2014.
255 Jacob Kastrenakes: »Quentin Tarantino defends the decision to shoot – and screen – The Hateful Eight on 70mm film«, theverge.com, 11.7.2015.
256 »The Director's Chair: Rodriguez & Tarantino«, El Rey, 13.8.2014.
257 Robert Rodriguez in »Quentin Tarantino: 20 Years of Filmmaking«, Bonusmaterial der DVD-Box »Tarantino XX – 20 Years of Filmmaking«, Studiocanal, 2013.
258 »The Director's Chair: Rodriguez & Tarantino«, El Rey, 13.8.2014.
259 Quentin Tarantino im Audiokommentar von *True Romance* in der DVD-Box »Tarantino XX – 20 Years of Filmmaking«, Studiocanal, 2013.
260 Dominik Kamalzadeh: »Es gibt auch Gewalt, die Spaß machen kann«, *Der Standard*, 11.1.2013, S. 14.
261 Charles McGrath: »Tarantino unchained – or at least unfettered«, *International Herald Tribune*, 22.12.2012, S. 18.
262 »The Howard Stern Show«, 5.12.2012, Sirius XM Radio Inc.
263 Ulli Lössl: »Ich bin kein Freak«, *Max*, 08/2007, S. 41.
264 »The Howard Stern Show«, 5.12.2012, Sirius XM Radio Inc.
265 »Quentin Tarantino: A Life in Pictures«, Francine Stock im Gespräch mit Quentin Tarantino, bafta.org, 21.12.2011.
266 Rüdiger Sturm: »Wir müssen auf Risiko gehen«, *Wirtschaftswoche*, 22.10.2012, S. 114.

267 Isabell Hülsen und Thomas Thuma: »Wir sind ein Alptraum«, *Der Spiegel*, 43/2008, S. 172.
268 Rüdiger Sturm: »Mein Gehirn ist wie ein großer Schwamm«, *Welt am Sonntag*, 8.7.2007, S. 61.
269 ebda.
270 ebda.
271 Quentin Tarantino: »It's a corrupted cinema«, the-talks.com, 28.10.2013.
272 Marco Schmidt: »Fünf Flaschen Wein – dann hatte ich Brad. Kultregisseur Quentin Tarantino über sein Kriegsepos«, *Münchner Merkur*, 20.8.2009, S. 3.
273 N. N.: »Selbst wenn die Kacke am Dampfen ist, ich will, dass die Leute lachen«, *Playboy*, 02/2013, S. 102ff.
274 Marco Schmidt: »Fünf Flaschen Wein – dann hatte ich Brad. Kultregisseur Quentin Tarantino über sein Kriegsepos«, *Münchner Merkur*, 20.8.2009, S. 3.
275 N. N.: »Selbst wenn die Kacke am Dampfen ist, ich will, dass die Leute lachen«, *Playboy*, 02/2013, S. 102ff.
276 ebda.
277 Lisa Nesselson: »Flavor of the Month or Taste of Things to Come? October 1992«, parisvoice – the webzine for English speaking Parisians, www.parisvoice.com/-archives-97-86/377-interview-quentin-tarantino.

FILMOGRAFIE

Regie

2015	*The Hateful Eight*
2012	*Django Unchained*
2009	*Inglourious Basterds*
2007	*Death Proof (Death Proof – Todsicher)*
2005	*CSI: Crime Scene Investigation (CSI: Las Vegas)* (Doppelfolge »Grave Danger«/»Grabesstille«)
2005	*Sin City* (als Special Guest Director neben Robert Rodriguez)
2004	*Kill Bill: Volume 2*
2003	*Kill Bill: Volume 1*
1997	*Jackie Brown*
1995	*Four Rooms (Silvester in fremden Betten)* (Segment »The Man from Hollywood«)
1995	*ER (Emergency Room – Die Notaufnahme)* (Folge »Motherhood«/»Mütter«)
1994	*Pulp Fiction*
1992	*Reservoir Dogs (Reservoir Dogs – Wilde Hunde)*
1987	*My Best Friend's Birthday*
1983	*Love Birds in Bondage* (unvollendeter Kurzfilm)

Autor

2015 *The Hateful Eight*
2012 *Django Unchained*
2009 *Inglourious Basterds*
2007 *Death Proof (Death Proof – Todsicher)*
2005 *CSI: Crime Scene Investigation (CSI: Las Vegas)* (Doppelfolge »Grave Danger«/»Grabesstille«)
2004 *Kill Bill: Volume 2*
2003 *Kill Bill: Volume 1*
1997 *Jackie Brown*
1996 *From Dusk Till Dawn* (Regie: Robert Rodriguez)
1995 *Dance Me to the End of Love* (Kurzfilm, Regie: Aaron A. Goffman)
1995 *Four Rooms (Silvester in fremden Betten)* (Segment »The Man from Hollywood«)
1995 *ER (Emergency Room – Die Notaufnahme)* (Folge »Motherhood«/»Mütter«)
1994 *Natural Born Killers* (Story; Regie: Oliver Stone)
1994 *Pulp Fiction*
1993 *True Romance* (Regie: Tony Scott)
1992 *Reservoir Dogs (Reservoir Dogs – Wilde Hunde)*
1987 *My Best Friend's Birthday*
1983 *Love Birds in Bondage* (unvollendeter Kurzfilm)

FILMOGRAFIE

Schauspieler

2014 *She's Funny That Way* (Broadway Therapy)
(Regie: Peter Bogdanovich)

2012 *Django Unchained*

2009 *Inglourious Basterds*

2007 *Sukiyaki Western Django* (Regie: Takashi Miike)

2007 *Planet Terror* (Regie: Robert Rodriguez)

2007 *Death Proof (Death Proof – Todsicher)*

2005 *The Muppets' Wizard of Oz* (*Muppets: Der Zauberer von Oz*) (Regie: Kirk R. Thatcher)

2004 *Alias* (*Alias – Die Agentin*) (Folge »After Six«)
(Regie: Maryann Brandon)

2002 *Alias* (*Alias – Die Agentin*) (Doppelfolge »After Six«)
(Regie: Jack Bender)

2000 *Little Nicky* (*Little Nicky – Satan Junior*)
(Regie: Steven Brill)

1996 *Curdled* (*Curdled – Der Wahnsinn*)
(Regie: Reb Braddock)

1996 *Girl 6* (Regie: Spike Lee)

1996 *From Dusk Till Dawn* (Regie: Robert Rodriguez)

1995 *Dance Me to the End of Love*
(Kurzfilm; Regie: Aaron A. Goffman)

1995 *Four Rooms* (*Silvester in fremden Betten*)
(Segment »The Man from Hollywood«)

1995 *Desperado* (Regie: Robert Rodriguez)

1995 *Destiny Turns on the Radio* (*Destiny – Hoher Einsatz in Las Vegas*) (Regie: Jack Baran)

1995 *All American Girl* (Folge »Pulp Sitcom«)
(Regie: Terry Hughes)

1994	*Somebody to Love* (*Liebe bis zum Tod*) (Regie: Alexandre Rockwell)
1994	*Sleep With Me* (*Sleep With Me – Liebe zu dritt*) (Regie: Rory Kelly)
1994	*Pulp Fiction*
1992	*Eddie Presley* (Regie: Jeff Burr)
1992	*Reservoir Dogs* (*Reservoir Dogs – Wilde Hunde*)
1988	*Golden Girls* (Folge »Sophias Wedding: Part 1«) (Regie: Terry Hughes)
1987	*My Best Friend's Birthday*
1983	*Love Birds in Bondage* (unvollendeter Kurzfilm)